Thorsten Havener
Dr. med. Michael Spitzbart

DENKEN SIE NICHT AN EINEN BLAUEN ELEFANTEN!

Die Macht der Gedanken

Rowohlt Taschenbuch Verlag

8. Auflage August 2010

Originalausgabe
Veröffentlicht im Rowohlt Taschenbuch Verlag,
Reinbek bei Hamburg, März 2010
Copyright © 2010 by Rowohlt Verlag GmbH,
Reinbek bei Hamburg
Lektorat Mendlewitsch + Meiser, Düsseldorf
Zeichnung auf S. 32 Gerda Raichle
Foto auf S. 130 © Natural History Museum, London
Abbildung auf S. 167 © Mark Palmer, Ambigram
Tattoo Artist (www.wowtattoos.com)
Die deutsche Übersetzung von Heinrich und Annemarie Böll
der Geschichte «Das letzte Blatt» von O. Henry
mit freundlicher Genehmigung des Patmos Verlags.
Satz Documenta PostScript, InDesign, bei
KCS GmbH, Buchholz bei Hamburg
Druck und Bindung CPI – Clausen & Bosse, Leck
Printed in Germany
ISBN 978 3 499 62609 8

Inhalt

Einleitung 9

Kapitel 1

UNSERE GEDANKEN SIND NICHT FREI 15

Body and Mind – zwei in eins 17

Nichts als heiße Luft 25
Körper macht Geist 28
Kann man wollen, was man will? 39
Das Märchen von der Freiheit 48
Gedanken sichtbar machen 58

Neues aus der Gedankenwelt 64

Halbvoll ist mehr als halbleer 65
Was sagen bloß die anderen? 66
Spieltheorie oder Gefangenendilemma? 67
Ich weiß, was du willst 69
Der Stoff, aus dem die Gedanken sind 69

Mit allen fünf Sinnen 77

Stiefkind: über das Riechen 78
Senat: über das Hören 81
Star: über das Sehen 83
Gourmet: über das Schmecken 89
Sensibelchen: über das Tasten 92

Nachdenkliches über Gedanken 97

Von der Qual zu überlegen und selbstgemachten Hindernissen 102
Erkennen auf drei Ebenen 110

Das Gehirn – alte Mythen und neue Fakten 118

Ein egoistischer Nimmersatt 119
Das flexible Organ 120
Drei-Pfund-Universum 120
Ein kleiner, feiner Unterschied 122
... und sie vermehren sich doch 123
Dünger fürs Gehirn 126
Viel Denken bringt nicht viel 128
Die Anatomie einer Kopfgeburt 128
Was ist das, ein Gedanke? 130
Großrechner Gehirn: Zentrum für Gut und Böse 131
Auch Gehirne freuen und fürchten sich 133
Ich fühle, also bin ich 135
An der Quelle der Emotionen 135

Kapitel 2

UNSERE GEDANKEN SIND FREI 137

Weg mit den Überzeugungen 138

Anleitung zum Über-sich-Hinauswachsen 143
Atmen: Luft zum Reflektieren 145
Entspannen: die Kraft der Ruhe 146
Visualisieren: Bilder, die bleiben 150
Ankern: entscheiden und konditionieren 162
Reframen: Perspektivwechsel gefordert 166
Denken macht stark 176

Kapitel 3

MINDPOWER: DIE WELT AUS DEN ANGELN HEBEN 180

Vom Placebo zum Nocebo und wieder zurück 180

Das letzte Blatt – eine Geschichte von O. Henry 185
Vom richtigen Denken 193

Masterplan für Ziele 209
Die zwei Gesichter der Susan Boyle 217
Übertriff dich selbst 224

Kapitel 4

MNEMOTECHNIK: UPDATES FÜRS GEHIRN 229

Haveners kleine Denkschule 229

Schlagende Verbindungen: Link Method of Memory 231
Das Loci-System: alles am rechten Platz 237
Königsdisziplin: Peg System of Memory 239
Dem Mindset Beine machen 245
Optimal lernen 248
Der Nachtfalter 249

Dank 255

Einleitung

Der größte Vorteil meines Berufs besteht darin, ständig interessante Menschen kennenzulernen. Eine der außergewöhnlichsten Begegnungen in letzter Zeit war für mich ein Treffen mit dem Forensiker Dr. Mark Benecke. Er ist ein ausgewiesener Experte auf seinem Gebiet. Wir hatten uns sofort viel zu erzählen, denn er macht bei Leichen genau das, was ich bei Lebenden versuche: Er ergründet ihre Geheimnisse. Ich fühle mich bei den Lebenden allerdings viel wohler...

Grund unserer Begegnung war eine Fernsehsendung, zu der wir gemeinsam eingeladen waren und wo wir uns und unsere Arbeit präsentieren konnten. Nach dem Auftritt saßen wir noch in der Garderobe zusammen und unterhielten uns. Plötzlich holte Mark ein paar Geldstücke aus seiner Tasche. Er warf das Kleingeld achtlos auf den Tisch und bat mich, eine der Münzen genau im Auge zu behalten. Er bewegte mystisch seine Hand darüber und plötzlich begann sich das Geldstück auf dem Tisch zu bewegen! Er konzentrierte sich weiter auf diese Münze – ganz langsam begann sie sich aufzustellen. Als sie auf dem Rand stehen blieb, beendete er seine Vorführung. «Was hältst du davon?», wollte er wissen. «Du bist echt ein Freak – hast du dir etwa einen Magneten in den Finger implantieren lassen?» – «Ja, genau!», antwortete er vollkommen gelassen.

Dieser Mann hatte sich tatsächlich einen Magneten einpflanzen lassen, um den Eindruck zu erwecken, er könnte Gegenstände durch Gedankenkraft in Bewegung bringen! Eigentlich hätte mich das gar nicht so sehr überraschen dürfen: Er hatte sich auch die Originalunterschriften von Dieter Hallervorden und Helge Schneider sowie die Gullydeckelaufschrift der Stadt Bogota auf seine Haut tätowieren lassen. Glücklicherweise entschloss er sich irgendwann, nicht den dunklen Pfad der Magie zu betreten und den Leuten nicht zu erzählen, dass er wirklich

Materie durch Gedankenkraft bewegen könne, wie viele andere es tun. Er gibt offen zu, dass bei seinen Darbietungen etwas anderes, etwas Erklärbares dahintersteckt. So ehrlich sind bei weitem nicht alle! Ist ein Mensch nämlich bereit, sich einen Magneten einoperieren zu lassen, um einen solchen Effekt zu erzielen, dann können Sie davon ausgehen, dass er wahrscheinlich ohne jede Moral zu noch viel krasseren Methoden greift, um seine Umwelt von der angeblichen Kraft seiner Gedanken zu überzeugen und daraus Profit zu schlagen.

Auf der einen Seite gibt es also etliche Scharlatane in der Zunft, auf der anderen aber auch viele seriöse Leute. Denn es ist unbestritten und wissenschaftlich bewiesen, dass unsere Gedanken maßgeblichen Einfluss auf unser Leben, unsere Zufriedenheit und unsere Gesundheit haben, und diese Tatsache lässt sich nutzen. Die Grenzen zwischen den Größen sind allerdings sehr schwer zu ziehen. Gerade die Gedankenwelt ist wissenschaftlich ein wenig erforschtes Feld. Viele Erkenntnisse beruhen ausschließlich auf Erfahrungswerten. Ich habe hier probiert, ein Gleichgewicht zwischen empirisch belegten Fakten und meinen persönlichen Erfahrungen herzustellen, um mich dem Phänomen zu nähern. Jedes Mal, wenn es sich um eine Hypothese oder nicht wissenschaftlich fundierte Annahme handelt, weise ich deshalb auch explizit darauf hin und versuche, Ihnen Hintergrundwissen zu vermitteln, damit Sie die notwendige Basis bekommen, die Thesen zu bewerten. An diesen Stellen kommt immer der Mediziner Dr. Michael Spitzbart zu Wort. Sie erkennen seine Ausführungen an den grauen Kästchen [i]. Er führt Sie in seine Denkwelt ein. Widersprüche sind denkbar – sogar erwünscht.

Wohin wird die Reise also in diesem Buch gehen? Gedanken sind mein Metier und deshalb auch erneut das Thema an dieser Stelle. Zunächst möchte ich Ihnen zeigen, wie unfrei wir unter Umständen denken und schließlich handeln, ohne uns dessen bewusst zu sein. In späteren Kapiteln stelle ich Ihnen dann einige Methoden vor, durch die Sie dem Ideal des freien Denkens und Handelns sehr viel näher kommen können, als Sie glauben. Das Spannende und Schöne ist, dass Sie die meisten Methoden und Tricks, die ich Ihnen präsentieren möchte, direkt nach dem Lesen anwenden können. Durch regelmäßiges Training werden Sie die zugrunde liegenden Prinzipien immer schneller und besser beherrschen.

Sie werden viele der Methoden kennenlernen, mit denen ich auf Tourneen, bei Vorträgen und in großen Talkshows Menschen verblüfft und mein Publikum begeistert habe. Ich zeige Ihnen Wege, wie Sie innerhalb kürzester Zeit geistig fit und konzentriert sein werden und andere durch Ihre mentalen Fähigkeiten in Erstaunen versetzen können.

Je mehr Sie sich mit den hier beschriebenen Techniken beschäftigen, desto eher werden Sie über Ihre neuen Fähigkeiten selbst staunen können. Glauben Sie mir: Alle diese Strategien funktionieren, ohne dass Sie auch nur über einen Hauch von übersinnlicher Fähigkeit verfügen. Ich möchte keine Pauschalurteile fällen, aber für mich sind die Berichte von okkulten Phänomenen und übersinnlichen Erlebnissen oft nicht glaubwürdig. Das heißt nicht, dass das bei Ihnen persönlich nicht anders sein kann und Sie solche Erfahrungen nicht bereits gemacht haben können.

Vieles Seltsame um uns herum können wir nur beschreiben, nicht aber erklären. Das ist mir klar. So hatte auch der Satz: «Ich glaube nur, was ich sehe!», für mich endgültig seine Gültigkeit verloren, nachdem ich David Copperfield zum ersten Mal live erlebte. Würde ich nur glauben, was ich sähe, dann könnte Copperfield wirklich fliegen, und die Erde wäre eine Scheibe. Bitte verstehen Sie mich richtig: Ich finde es einerseits sehr wertvoll und wichtig, sowohl Skepsis walten zu lassen als auch seinen Verstand zu gebrauchen. Ich halte es andererseits für genauso wichtig zu berücksichtigen, dass es immer viele Wahrheiten gibt und nicht nur die eine. Unser Intellekt kann meistens nur eine Sicht einnehmen, unsere persönliche. Bitten Sie zum Beispiel einen Menschen, der vorrangig durch seine Ratio gesteuert ist, Ihnen das Phänomen «Glück» zu erklären. Sollten da wirklich nur chemische Prozesse im Spiel sein? Kaum zu glauben. Wir alle können intensiv Glückseligkeit empfinden, müssen es deshalb aber lange nicht erklären können. Bitten Sie doch nächstes Mal jemanden, für den alles greifbar und belegbar sein muss, die Wirkung von Bachs Goldberg-Variationen zu beschreiben. Falls Sie bei der Musik nicht vor Begeisterung ausflippen wie ich, ersetzen Sie sie einfach durch Ihr Lieblingsmusikstück. Die Krux, die gleich deutlich wird: Wir haben bei solchen Phänomenen, die von persönlicher Begeisterung abhängig sind, keine Möglichkeit, unsere Gefühle über Sprache auszudrücken, definitiv nicht. Wir bewegen uns hier im Reich der unergründlichen Emotionen – und die lassen sich oft nur äußerst schwer beschreiben, das heißt dem Gegenüber nicht 100-prozentig verständlich machen. Das ist menschlich.

Ich werde Ihnen hier Strategien präsentieren, die mein Leben sehr stark verändert haben. Sie haben mir geholfen, zunächst mich selbst und später auch meine Mitmenschen besser kennenzulernen. Möglicherweise werden auch Sie sich und Ihr Denken dadurch verändern. Das Schöne daran: In unserer Gedankenwelt gibt es keine Grenzen. Sie ist Ursprung und Zentrum allen Seins. Unsere Fähigkeit, zufrieden und glücklich zu sein, hängt somit entscheidend von der Beschaffenheit unserer Gedanken ab. Eine Wunderwelt steht uns zur Verfügung. Wir müssen sie nur ergründen. Vieles von dem, was ich Ihnen in diesem Buch erklären will, ist nicht neu. Von irgendeiner der Methoden haben Sie bestimmt schon mal gehört. Trotzdem habe ich den Eindruck, dass sich im richtigen Moment fast niemand an die relevante Technik erinnert, deshalb muss man sie sich immer wieder vergegenwärtigen. Ich möchte Ihnen hier natürlich nicht vorschreiben, was Sie denken sollen. Das wäre vermessen. Ich beschreibe Ihnen lediglich eine gezielte

Auswahl von Methoden, die Ihnen zeigen sollen, *wie* Sie denken können, um Ihren persönlichen Zielen näher zu kommen. Meine Absicht ist es, Sie ein Stück weit dahin zu begleiten, dass Sie so denken und leben können, wie Sie es möchten, dass Sie so wenig wie möglich beeinflusst werden und Sie sich so fühlen, wie Sie sich fühlen *wollen*. Auf diesem spannenden Weg wünsche ich Ihnen viel Vergnügen.

Kapitel 1

UNSERE GEDANKEN SIND NICHT FREI

Denken Sie nicht an einen blauen Elefanten!» – als der Rowohlt Verlag mir den Titel für das neue Buch vorschlug, war ich sofort begeistert. Mit dieser Aufforderung auf dem Cover erfahren Sie als Leser schon beim Anblick des Buchumschlags, worum es in weiten Teilen des Inhalts gehen wird: um unsere Unfähigkeit, in gewissen Momenten frei zu denken – oder haben Sie beim Lesen des Titels etwa nicht an einen blauen Elefanten gedacht? Ich gebe zu, das Beispiel ist nicht neu – aber es funktioniert immer wieder. Mein Bühnenprogramm ist voller Momente, in denen ich die Tatsache nutze, dass unsere Gedanken Gefangene mit dem Urteil «lebenslänglich» sind. Dadurch kann ich das Verhalten vieler Menschen sehr gut einschätzen und den Eindruck erzeugen, ich könnte in die Zukunft schauen. Bei einem Experiment bringe ich beispielsweise einen Zuschauer dazu, aus drei Umschlägen genau den auszuwählen, den ich für ihn vorgesehen habe – der Angesprochene aber hat dabei das Gefühl, völlig frei zu handeln.

Machen wir doch hier zunächst etwas Ähnliches: Jedes Mal, wenn Sie von nun an die Wörtchen «Klopf, klopf, klopf» lesen, klopfen Sie mit Ihrem rechten Zeigefinger auf den Tisch. Testen wir es: «Klopf, klopf, klopf.» Sie sollten jetzt dreimal mit Ihrem rechten Zeigefinger auf den Tisch geklopft haben. Richtig? Nun denken Sie bitte an das Wort «Feuer». Dabei können Sie sich entweder die Buchstaben so vorstellen, wie sie gerade vor Ihnen stehen, oder – besser – Sie denken an ein schönes wär-

mendes Kaminfeuer oder ein vernichtendes Buschfeuer. Fühlen Sie die Hitze und denken Sie intensiv an «Feuer». Jedes Mal, wenn Sie von nun an mit Ihrem rechten Zeigefinger auf den Tisch klopfen, werden Sie so intensiv wie möglich an «Feuer» denken.
- «Klopf, klopf, klopf» – «Feuer».
- «Klopf, klopf, klopf» – «Feuer».

Auch während Sie die nächsten Sätze lesen, denken Sie bitte bei den Wörtern «Klopf, klopf, klopf» immer an «Feuer». Jedes Mal also, wenn ich in diesem Text «Klopf, klopf, klopf» sage, tippen Sie mit Ihrem rechten Zeigefinger auf den Tisch und denken an «Feuer». «Klopf, klopf, klopf!» Es kann sein, dass ich mitten in einem Satz die Wörtchen «Klopf, klopf, klopf» einfüge. Auch dann verbinden Sie diese Sequenz mit «Feuer».

Ab jetzt versuchen Sie bitte, *nicht* mehr an «Feuer» zu denken, sobald Sie mit Ihrem Finger den Tisch berühren. Sie werden sehen: Das ist unmöglich. Von nun an brauche ich Ihnen zum Wörtchen «Klopf» nichts mehr zu suggerieren. Sie haben sich selbst darauf konditioniert und verbinden das Klopfen auf dem Tisch auch gegen Ihren Willen mit dem Gedanken an Feuer. «Klopf, klopf, klopf!» Ab jetzt brauchen Sie nicht einmal mehr auf den Tisch zu klopfen: Es reicht aus, wenn Sie die Wörter «Klopf, klopf, klopf» lesen – Sie denken automatisch an ... Sehen Sie!

Im obigen Abschnitt habe ich in Ihren Gedanken die Wörter «Klopf, klopf, klopf» mit einer Bewegung kombiniert und zusätzlich mit dem Wort «Feuer» verankert. Nach einer ganz kurzen Phase der Konditionierung verbinden Sie jetzt sowohl diese Wörter als auch die Bewegung unweigerlich mit «Feuer» – und es wird Ihnen unmöglich sein, das nicht zu tun. Genau so hat Iwan Petrowitsch Pawlow seine Hunde konditioniert. Kurz vor jeder Fütterung hat er ein Glöckchen klingeln lassen. Innerhalb kürzester Zeit wussten die Tiere, dass der Klang des

Glöckchens mit Futter in Verbindung steht, und haben bereits angefangen zu sabbern, sobald es geläutet wurde. Das ist das bekannteste Beispiel für eine klassische Konditionierung. Und genauso funktionieren jetzt bei Ihnen die Wörter «Klopf, klopf, klopf». Na, woran haben Sie jetzt gedacht? Seien Sie daher froh, dass ich Sie mit diesem Anker nicht dazu gebracht habe zu sabbern – aber das habe ich ja in meinem ersten Buch bereits getan. Wie Sie solche Verbindungen für sich nutzen können, werde ich Ihnen an späterer Stelle ausführlich beschreiben. «Klopf, klopf, klopf!»

Body and Mind – zwei in eins

Zum Einstieg in dieses Thema möchte ich Sie zu folgendem Experiment ermuntern – am besten, Sie legen sofort los, während Sie diese Zeilen lesen:

FUSS-KREISEN-EXPERIMENT
- Entspannen Sie sich und setzen Sie sich bequem vor Ihr Buch.
- Bewegen Sie nun Ihren rechten Fuß kreisförmig im Uhrzeigersinn.
- Während Sie Ihren Fuß weiter bewegen, malen Sie mit Ihrer rechten Hand eine 6 in die Luft.
- In welcher Richtung kreist Ihr Fuß jetzt?

Sie haben soeben Ihrem Gehirn simultan zwei gegensätzliche Signale gesendet und es somit überlastet ... Dieser Test zeigt also sehr deutlich, dass sich unsere Gedanken sofort auf unseren Körper auswirken können. Eine Konzentration auf eine zweite Richtung hat zur Folge, dass unser Fuß plötzlich in der anderen und nicht mehr in der ersten Richtung kreist. Die

Energie folgt der Aufmerksamkeit. Die Grenzen zwischen unseren Gedanken und unserem Körper verschwinden: Alles ist eins. «Klopf, klopf, klopf!»

Diese Tatsache können Sie zum Beispiel nutzen, um Kontrolle über Ihren Puls auszuüben. In meinem ersten TV-Special präsentierte ich eine Nummer, bei der ich meinen Puls extrem senkte. Für den Zuschauer hatte es sogar den Anschein, als hätte mein Puls tatsächlich komplett ausgesetzt. Auf dieses Flatliner-Experiment werde ich sehr oft angesprochen. Es hat offensichtlich einen großen Eindruck hinterlassen. Soweit ich weiß, war ich der Erste, der dieses Phänomen im deutschen Fernsehen zeigte. Zunächst musste ich für diesen Effekt lernen, meine Pulsfrequenz willentlich erheblich zu senken. Unter normalen Umständen ist das recht einfach, wie Sie gleich sehen werden. Wenn allerdings Dutzende Kameraleute, ein Regisseur und ein Produzent am Set ihrer Arbeit nachgehen und darüber hinaus Medizinstudenten anwesend sind, um die Sache genau unter die Lupe zu nehmen, dann ist die Situation eine ganz andere. Genauso, wie es sehr einfach sein kann, bei «Wer wird Millionär?» Herrn Jauch von zu Hause aus die richtigen Antworten zu geben, wenn Sie bequem auf der Couch sitzen, im Studio aber würden Sie unter Umständen keinen klaren Gedanken fassen können.

Um mich auf das Flatliner-Experiment vorzubereiten, machte ich zuerst folgende Übung: Ich legte mein Pulsmessgerät an und setzte mich bequem auf einen Stuhl. Dann entspannte ich mich und konzentrierte mich auf nichts Spezielles, ich saß einfach nur da, ließ meine Gedanken kommen und gehen – hielt keinen Gedanken fest – und schaute, welche Pulsfrequenz an meinem Handgelenk angezeigt wurde. Als Nächstes schloss ich die Augen und stellte mir eine friedliche Szene am Meer vor. Das sanfte Blau der Bucht, der Geruch salziger Luft und das Geräusch gleichmäßiger Brandung. Ich atmete entspannt ein und aus. Einige Minuten nach dieser kurzen Visualisierung öffnete ich die Augen und blickte erneut auf den Pulsmesser: Mein Puls war erheblich ruhiger als vor dieser Übung. Diese Technik des Visualisierens wird in Kapitel 2 unter «Visualisieren: Bilder, die bleiben» noch detaillierter erklärt werden. Sie können diese Übung aber auch schon jetzt ausprobieren. «Klopf, klopf, klopf.» Keine Sorge, das war jetzt das letzte Mal, dass ich Sie habe an «Feuer» denken lassen ... Damit die Nummer ein wenig effektvoller wird, schlage ich folgende Vorgehensweise vor:

DAS HERZSCHLAG-EXPERIMENT

- Suchen Sie sich zunächst mindestens zwei Mitwirkende.
- Leiten Sie das Spiel mit folgenden Worten ein: «Jeder weiß, dass unser Herzschlag von unserem Körper automatisch gesteuert wird. Er unterliegt unserem Unterbewusstsein, genau wie unsere Atmung, unsere Verdauung und sogar unsere Zellteilung. Dennoch kann man den Puls allein durch den eigenen Willen, durch die Kraft der Gedanken steuern – nach oben und nach unten.»
- Bitten Sie einen Ihrer Mitspieler, auf einem Stuhl Platz zu nehmen! Wenn Sie möchten, dann können Sie vorab auch das Experiment mit dem Biss in die Zitrone zeigen, das ich in meinem ersten Buch beschrieben habe, um auf dieses Experiment einzustimmen. Sie können es hier auf Seite 202 auch noch einmal nachlesen. Sagen Sie: «Sicherlich haben Sie schon davon gehört, dass sich Gedanken auf unseren Körper auswirken können. Sie werden jetzt gleich – sobald ich mit dem Satz beginne – Ihren Puls spürbar erhöhen!»
- Geben Sie einem zweiten Mitspieler Ihre Uhr, damit er den Puls der Person auf dem Stuhl messen kann. Falls sich Ihre Testperson damit nicht auskennt, erklären Sie Ihr Folgendes:
- Legen Sie zum Pulsmessen das rechte Handgelenk Ihres Gegenübers in die geöffnete linke Hand, sodass Sie die Handinnenseite der anderen Person sehen können.

- Schließen Sie jetzt die linke Hand. Ihre Finger befinden sich jetzt in einer Reihe am rechten Rand des Handgelenks Ihres Mitspielers – unterhalb Ihres Daumens. Jetzt rutschen Sie mit den Fingern ein wenig zur Mitte des Handgelenks. Dort spüren Sie eine harte Sehne. Kurz vor der harten Sehne, wo es weich ist, finden Sie den Puls. Möglicherweise müssen Sie noch ein wenig nach oben oder unten ausweichen. Der Puls wird nie mit dem Daumen gemessen, da Sie dort auch Ihren eigenen Puls fühlen können und so Ihren eigenen Puls mit dem Puls der anderen Person verwechseln könnten.
- Dann können Sie beginnen. Richten Sie sich an die Person, deren Puls gemessen werden soll: «Die ersten Minuten zählen noch nicht. Bitte entspannen Sie sich, sodass wir Ihren Ruhepuls ermitteln können. Sitzen Sie bequem und entspannt.»
- Die überwachende Person soll warten, bis der Sekundenzeiger der Uhr auf der Zwölf ankommt – bei einer Digitaluhr bedeutet das, dass die Sekundenanzeige auf null steht. Sagen Sie ihr leise, sodass es außer Ihnen beiden niemand hören kann, dass sie mit dem Zählen erst beginnen soll, wenn eine Minute vergangen ist. Dann soll sie die Schläge pro Minute messen.
- Während der Puls gemessen wird, reden Sie langsam und leise und lenken Ihr Gegenüber vom Geschehen am Handgelenk ab.
- Nach etwa drei Minuten fragen Sie, wie viele Herzschläge pro Minute gezählt wurden, und antworten dann: «Sehr gut, das ist unser Richtwert. Auf mein Kommando wird jetzt gleich Ihr Puls spürbar ansteigen. Ihr Herzschlag erhöht sich – allein durch die Kraft Ihrer Gedanken! Fertig?»
- Stellen Sie sicher, dass die Person, die den Puls misst, bereit ist und den Puls der Testperson auch tatsächlich spürt. Dann sagen Sie Folgendes: «Stellen Sie sich vor, Sie sind allein in einem Haus. Ganz allein. Sie bemerken, dass die Türen alle verschlossen sind. Sie haben keinen Schlüssel. Es gibt nichts, worüber Sie sich Sorgen machen müssen. Es ist nicht schlimm, dass Sie

keinen Schlüssel haben, gleich kommt jemand zurück in das Haus. Es gibt keinen Grund, in Panik zu geraten.» Spätestens jetzt steigt der Puls an, denn diese Wortwahl ist tückisch und nicht so beruhigend, wie sie auf den ersten Blick erscheint.
- «Der Raum ist groß. Am hinteren Ende sehen Sie eine Treppe, die nach oben führt. Jetzt riechen Sie Rauch – im Haus ist ein Feuer ausgebrochen. Sie sind im Erdgeschoss, und die Flammen kommen immer näher. Sie müssen das Gebäude unbedingt verlassen – aber die Türen sind verschlossen. Das Feuer lodert jetzt hinter Ihnen – Sie müssen da raus. Rennen Sie, so schnell Sie können! Laufen Sie die Treppe hoch – schneller.»
- Wenn Sie alles richtig gemacht haben, springt der Puls Ihrer Testperson bei diesem Szenario in die Höhe. Beenden Sie den Test an dieser Stelle und beruhigen Sie sie so weit, dass ihr Puls wieder auf normale Geschwindigkeit sinkt. Zum Beispiel, indem Sie über angenehme Themen sprechen wie Urlaub oder Lieblingsfilme.

Sie haben gerade gezeigt, wie sich ein Gedanke auf eine lebenswichtige Körperfunktion auswirken kann. Allein die Konzentration auf eine bestimmte Sache kann ausschlaggebend für unseren Herzschlag sein. Falls diese Suggestion nicht funktionieren sollte, geben Sie Ihrem Mitspieler doch einfach ein Pornoheft in die Hand – besonders bei Männern eine effektive Methode.

Mit diesem Zusammenspiel aus Kopf und Körper lässt sich auch die Wirkungsweise von Placebos erklären. Sollten unsere Gedanken und die Richtung unserer Aufmerksamkeit maßgeblich Einfluss auf den Puls nehmen können, dann müsste das auch mit anderen Körperfunktionen möglich sein. Die Energie folgt der Aufmerksamkeit ... und bin ich in der Lage, die Aufmerksamkeit in die richtigen Bahnen zu lenken, dann kann sich das stark auf mein Wohlbefinden auswirken. Ich habe einmal von einer Studie gelesen, die gezeigt haben soll, dass Placebos bei leichten Schmerzen weitaus bessere Wirkung erzielten als echte Medikamente. Nichts anderes mache ich bei meinen Kindern, wenn sie mit einem verschrammten Knie zu mir kommen und meine Hilfe brauchen. Was tut also der verantwortungsbewusste Vater? Er pustet auf die Wunde – dann wird alles sofort besser. Für alle Fälle kommt selbst auf den kleinsten Kratzer immer noch ein dickes Piratenpflaster, denn dann spüren die Kleinen überhaupt nichts mehr.

Ein anderes Beispiel: Meine Tochter hat große Probleme, abends einzuschlafen. In ihrem Kopf schwirren noch so viele Gedanken herum, die geordnet werden müssen. Viele neue Eindrücke hindern sie daran, Ruhe zu finden. Eine gute Freundin unserer Familie ist Kinderärztin. Unser Kind weiß das – mit der Konsequenz, dass alles, was diese Freundin über Gesundheit sagt, bei ihr sofort in Stein gemeißelt ist. Es wird wirklich zum Gesetz!

Bei einem gemeinsamen Besuch in einem der schönsten Biergärten Münchens, der «Waldwirtschaft», saßen wir einmal bei einem Radler, Steckerlfisch und Obatzden zusammen und sprachen über ihre Einschlafschwierigkeiten. Völlig überrascht sprach die Freundin sie an: «Wieso kannst du denn nicht einschlafen? Bekommst du denn nicht die Kügelchen mit den blauen Punkten?» Das saß, denn von Kügelchen mit blauen Punkten hatte sie noch nie etwas gehört. Ich bis dahin übrigens auch nicht. Die befreundete Ärztin nahm instinktiv die Rolle der allwissenden Medizinerin ein und erklärte uns allen, dass die Kügelchen mit den blauen Punkten sehr schnell müde machten. Und für meine Tochter galt ihr Wort von nun an unerschütterlich.

Was also machte der verantwortungsvolle Vater wieder? Er nahm ein paar Globuli – eine homöopathische Medizin – und malte mit einem blauen Kuli einen Punkt auf die Kügelchen. Von diesen Schlafglobuli bekam meine Tochter noch am selben Abend drei Stück. Sie schlief auf der Stelle ein. Das ist die Kraft der Gedanken. Bevor Sie mir jetzt böse E-Mails schreiben, dass ich meine Tochter tablettenabhängig mache oder Globuli – zumal mit Tintenspuren – sowieso völliger Unfug seien, möchte ich eines vorausschicken: Sie hat schnell fest geschlafen! Das Heilmittel hatte sein Ziel erreicht. Da für mich die Wirksamkeit das Maß der Wahrheit ist, war diese Methode in diesem Moment genau die richtige. Nur die gewünschte Wirkung zu haben und in diesem Fall keine negativen Nebenwirkungen in Kauf nehmen zu müssen, das war doch ein Versprechen. Wir verbrachten einen ruhigen Abend dank der Kraft der Suggestion und der Macht der Gedanken.

Ich beschrieb in meinem ersten Buch ausführlich, dass sich unsere Gedanken nicht nur durch unseren Körper äußern, sondern dass die Art und Weise, wie wir mit uns umgehen, auch Auswirkungen auf unsere Emotionen haben kann. Das ist ein weiteres Beispiel für die Einheit von Körper und Geist. Beide beeinflussen sich gegenseitig. Immerzu. Es existieren keine Grenzen.

Das erinnert mich an Folgendes: Nach einem Vortrag kam eine Zuschauerin zu mir und erzählte, dass es in den USA eine Klinik für depressive Menschen gebe, in der man Patienten als erste Maßnahme eine Halskrause verpasse. Diese Halskrause zwinge die Patienten dazu, den Kopf nach oben zu halten und nicht mehr nach unten zu schauen.

Das Ergebnis: Viele Menschen fühlten sich damit nach wenigen Tagen sehr viel besser und konnten entlassen werden! Ich kann mir gut vorstellen, dass das wahr ist. Eine gerade Körperhaltung stimmt uns optimistischer! Das ist jedoch nicht immer der Fall. Nach Verkehrsunfällen bringt sie unter Umständen gar nichts und bewirkt nur, dass es dem Patienten schlechter geht als vorher. Denn Juckreiz und Hitze treiben ihn förmlich in den Wahnsinn. Die Laune sinkt. Offensichtlich nutzt eine Halskrause also mehr, wenn man sie zweckentfremdet oder einfach anders betrachtet.

Der bewährte Blick nach oben wird auch von amerikanischen Telefonseelsorgern als Hilfsmaßnahme benutzt. Einer der ersten Sätze, die ein suizidgefährdeter Anrufer gesagt bekommt, lautet: «Schauen Sie jetzt an die Decke.» Allein der aufwärtsstrebende Blick hebt also die Stimmung. Bisher habe ich gezeigt, dass sich der Grundsatz «Es gibt keine Grenzen» sehr gut anwenden lässt. Nun möchte ich diesen Gedanken noch ein wenig weiterspinnen.

Kürzlich las ich, dass wir im Durchschnitt pro Atemzug 700 000 Hautschuppen einatmen, hauptsächlich die unserer Mitmenschen. Zusätzlich atmen wir noch viele andere Stoffe ein. Berechnungen besagen, dass wir durchschnittlich pro Atemzug 10^{22} Atome aufnehmen. Das sind 10 Trilliarden (als Zahl 10 000 000 000 000 000 000 000) pro Atemzug! Diese Atome verteilen sich überall in unserem Körper. Beim Ausatmen stoßen wir in etwa genauso viele Atome wieder aus. Es ist zwar ungefähr dieselbe Anzahl, es sind aber andere Atome. Diese kommen aus allen Bereichen unseres Körpers: Gehirn, Magen, Muskeln, Haut usw. Wir atmen also kleinste Bestandteile unseres Körpers aus und dafür andere Bestandteile unserer Umwelt wieder ein. Pro Atemzug 10 Trilliarden Atome! Das Axiom, dass es keine Grenzen gibt, bekommt durch diese Erkenntnis eine ganz neue Dimension.

Forschungen mit radioaktiven Isotopen haben ergeben, dass in genau diesem Moment, in dem Sie diese Zeilen lesen, sich in Ihrem Körper Atome befinden, die einst im Körper von Johann Sebastian Bach waren. Der Name Bach ist dabei nur als Platzhalter gewählt – Sie könnten jede beliebige Person einsetzen. Genauso hätte ich Vincent van Gogh nehmen können oder auch Frau Schmidt aus dem Gemüseladen um die Ecke. Wir alle haben zahlreiche Atome anderer Menschen in uns. Alles, was vor uns auf der Erde existiert hat, war zumindest zum Teil aus Atomen zusammengesetzt, die sich genau in diesem Moment in Ihrem Körper befinden. Wenn man diese Betrachtung ein wenig weiterspinnt, dann kommen wir zur Erkenntnis, dass allein in den letzten drei Wochen zahllose Atome durch Ihren Körper gereist sind. Das bedeutet, dass Sie innerhalb eines Jahres 98 Prozent Ihres Körpers atomar neu zusammensetzen. Ihr Gehirn ist also in ein paar Jahren aus ganz anderen Atomen zusammengesetzt als heute, trotzdem haben Sie gewöhnlich noch alle Erinnerungen und Erfahrungen Ihrer Vergangenheit gespeichert. Unsere Augen beispielsweise verändern sich, trotzdem können Sie Blau und Rot immer noch unterscheiden. Unsere Ideen, Hoffnungen und Überzeugungen bleiben, und wir können sie trotzdem neu definieren.

All diese Überlegungen habe ich einem Vortrag von Dr. Deepak Chopra entnommen. Sie veranschaulichen meiner Meinung nach sehr gut, dass es buchstäblich keine Grenzen gibt. Ich habe seinen Erkenntnissen nichts hinzuzufügen: Nicht nur zwischen Körper und Geist besteht ein enges Band, sondern generell ist alles mit allem verbunden. Eine simple, aber eindeutige Wahrheit.

Nichts als heiße Luft

Tauchen wir doch noch ein Stückchen weiter in Chopras Philosophie ein: Wenn alles aus Atomen besteht, woraus bestehen denn dann Atome? Jeder Physiker wird Ihnen auf diese Frage antworten, dass Atome aus einem Atomkern und einer Atomhülle bestehen. Der Kern enthält positiv geladene Protonen. Die Hülle wird aus negativ geladenen Elektronen gebildet, die auf Bahnen um den Atomkern herumrasen.

Für unsere Betrachtung ist der Größenunterschied zwischen Kern und Hülle bemerkenswert. Sie können sich das Verhältnis so vorstellen: Hätte der Kern die Größe eines Kirschkerns, dann wäre die Hülle so groß, dass der komplette Kölner Dom hineinpassen würde. Bei diesem Satz sehe ich förmlich meine Chemielehrerin vor mir stehen und begeistert über Atome reden. Das wiederum bedeutet, dass selbst ein Atom bis auf ein paar Teilchen aus Leere besteht! Aus nichts! Alles, was uns umgibt, auch Sie selbst, besteht aus schwingenden Teilchen, die wiederum aus Leere bestehen. Bei all meiner Begeisterung für diese Sicht der Dinge sollte ich jedoch nicht unerwähnt lassen, dass es sich im alltäglichen Leben für mich nicht als sinnvoll erwiesen hat, die Welt so zu betrachten: Steuere ich mit meinem Auto auf einen Baum zu, dann halte ich es als vernünftiger Mensch für sehr sinnvoll, diesem Baum rechtzeitig auszuweichen. Er besteht nämlich nur *fast* aus nichts, das bisschen kreisende Elektronen und Protonen im Kern reicht sehr wohl aus, um mein Auto beim Aufprall zu demolieren, genau wie ein Stock in der Hand eines gewaltbereiten Menschen mir im echten Leben den Kopf einschlagen kann. Dennoch finde ich es unglaublich faszinierend, dass alles um uns herum praktisch aus nichts besteht – und dennoch greifbar ist.

Dieses Axiom würde ich gern auf unsere Gedanken übertragen. Sie sind nicht greifbar – dennoch sind sie ganz sicher da! Wie wir bereits gesehen haben, wirken sie sich auf unseren Körper und unsere Umwelt aus. Fast alles in Ihrer Umgebung verdeutlicht das: Der Stuhl, auf dem Sie sitzen, Ihre Kleidung und auch dieses Buch – all diese Dinge um Sie herum waren irgendwann einmal nur ein Gedanke im Kopf eines Menschen. Dieser Mensch hatte genügend Ausdauer, seinen Gedanken Realität werden zu lassen. Jetzt können Sie ihn anfassen. Unsere Gedanken sind also Teil von uns, auch wenn wir sie nicht greifen können. Wir denken täglich ungefähr 60 000 einzelne Gedanken. Fragen Sie mich bitte nicht, wie Forscher so eine Zahl bestimmen. Keine Ahnung, wie das geht. Aber vertrauen wir darauf, dass sie stimmt. Von diesen 60 000 Gedanken hängt ab, wie wir die Welt sehen und wie glücklich wir sind. Sehr bitter ist in diesem Zusammenhang die Tatsache, dass von diesen 60 000 Gedanken täglich nur circa 3 000 neu sind! Psychologen gehen davon aus, dass wir 95 Prozent unserer Gedanken von gestern einfach heute wieder denken, da bleibt dann nur noch

Platz für 3000 neue. Das ist, gelinde gesagt, sehr wenig. Wenn ich mich gestern schon über das Wetter aufgeregt habe, dann mache ich das heute also wieder, falls es sich nicht geändert hat. Oder noch besser: Das Wetter hat sich geändert, ich rege mich aber trotzdem wieder darüber auf. Ist das Gedankenfreiheit? Mein Opa sagte zu Leuten, die sich nur übers Wetter unterhalten haben, in der Regel: «Besser als gar kein Wetter!» – diese Antwort finde ich sehr gut.

Stellen Sie sich vor, Sie bauen ein Haus aus Legosteinen. Das Gebäude besteht aus 60 000 Einzelteilen. Jeden Tag haben Sie die Möglichkeit, 3000 Steine zu ersetzen. Fügen Sie diese einfach an genau derselben Stelle ein, an der die alten herausgenommen wurden, dann schaffen Sie in Ihrem ganzen Leben kein neues Haus – jedes Gebäude sähe aus wie das alte. Wäre es da nicht sinnvoller, die neuen Steine dort einzubauen, wo sie Ihnen in diesem Moment am wichtigsten oder sinnvollsten angeordnet zu sein scheinen? Klar, einige dürfen nicht verrückt werden, weil sonst alles in sich zusammenfällt. Aber im Laufe der Zeit haben Sie die Möglichkeit, jeden Stein zu ändern, und bei genügend Zeit kann ein ganz neues Gebilde entstehen. Ein Gebilde, das mit dem ursprünglichen Haus nach einiger Zeit überhaupt nichts mehr zu tun hat. Sie können also nach Belieben die Steine sowie die Form des Gebäudes ändern. Das ist Freiheit!

Wie schon betont: Gedanken sind unsichtbar, dennoch sind ihre Auswirkungen überall und immerzu spürbar! Um Ihnen weiter Mut zu machen, mir in diese Richtung zu folgen, schlage ich Ihnen folgenden Test vor. Sie sollten sich dafür mindestens vier Minuten Zeit nehmen. In dieser Phase wird Ihr Körper auf Ihre Gedanken reagieren. Sie werden durch Ihre Gedanken die Form Ihrer Hand verändern!

EXPERIMENT DER WACHSENDEN HAND

- Halten Sie zunächst Ihre Handflächen aneinander, um die Länge der Hände zu messen. Als Anhaltspunkt können die Falten an den Handgelenken an der Innenseite des Unterarms dienen. Es kann sein, dass eine Hand ein wenig länger ist als die andere. Das ist völlig normal.
- Als Nächstes heben Sie locker eine Hand nach oben. Mein Vorschlag: Männer nehmen die linke Hand, Frauen die rechte. Konzentrieren Sie sich auf diese Hand. Locker, aber mit voller Konzentration richten Sie Ihre ganze Aufmerksamkeit auf die Hand und stellen sich vor, dass die gehobene Hand länger wird. Tun Sie das genau so, wie es für Sie angenehm ist. Vielleicht stellen Sie sich bildlich vor, dass die Hand länger wird, oder Sie spüren, wie die Hand sich verändert. Möglicherweise wird sie warm oder beginnt zu kribbeln. Stellen Sie sich vor, wie die Haut sich dehnt, wie die Muskeln größer werden und die Sehnen länger.
- Wenn Sie das vier Minuten lang mit voller Konzentration getan haben, dann halten Sie die Handflächen erneut zum Vergleich aneinander. Am deutlichsten wird der Unterschied am Mittelfinger sein.

Vielleicht hilft es, die Erkenntnisse der Medizin, Psychologie und Philosophie einzubeziehen, um den Gedanken auf die Spur zu kommen. Werden wir also wissenschaftlich.

Körper macht Geist

Die moderne Hirnforschung scheint das, was New-Age-Anhänger und andere Spirituelle schon lange behaupten, endlich auf wissenschaftliche Füße zu stellen: Körper und Geist sind nicht, wie von manchen Philosophen, Psychologen und Sozialwissenschaftlern seit Jahrzehnten und Jahrhunderten angenommen, getrennte Einheiten, sondern gehören zusammen, entstehen und vergehen nur im Team und sind ohne einander nicht denkbar. Der Denkfehler, dass nur der Geist zähle und der Körper nebensächlich sei, kam zur Zeit der Aufklärung im 17. und 18. Jahrhundert auf. Seither wird das rationale Denken maßlos überschätzt. Dieser Primat des Verstandes hat dazu geführt, dass viele Menschen, darunter einige maßgeblich wissenschaftliche Experten, davon überzeugt sind, dass das menschliche Gehirn ein reines Denkorgan ist, das weitgehend losgelöst vom Körper funktioniert. René Descartes war bereits in seiner Abhandlung zum Leib-Seele-Problem wahrscheinlich erleichtert zu dem Schluss gekommen, dass der Geist nicht vom Körper hervorgebracht werde und somit auch nicht mit ihm vergehen könne. Dies war sein Beweis für die Unsterblichkeit der Seele, die durch die Erkenntnisse der Hirnforschung erneut in Zweifel zu ziehen ist.

Wenn wir den Geist mit dem Gehirn gleichsetzen – was die Erkenntnisse der letzten Jahre nahelegen –, so kann zwischen Geist und Körper kein Trennstrich mehr gezogen werden, denn das den Geist erzeugende Gehirn ist Teil unseres Körpers, und alles, was sich in unseren Organen, Muskeln und Körperzellen abspielt, gelangt auf sicherem Weg in die Schaltzentrale in unserem Kopf. Gehirn und Körper – Body and Mind – sind durch afferente und efferente Nervenbahnen (von den Organen zum Zentralnervensystem und umgekehrt) sowie den Blutkreislauf miteinander verbunden und tauschen ständig Informationen aus. Bewusst sind uns diese Vorgänge eher selten, aber jede Information, die unser Körper als Sinnesreiz aufnimmt, wird vom Gehirn registriert und verarbeitet. Ergebnis dieser Verarbeitungsprozesse – immer in Interaktion mit bestehenden neuronalen Mustern – sind unsere Wirklichkeit und unser Bewusstsein. Genauso nehmen die Prozesse im Gehirn Einfluss auf unser körperliches Empfinden und können körperliche Strukturen sogar substanziell verändern.

Wir alle beobachten täglich die Einflüsse von Gedanken

und Stimmungen auf den eigenen Körper oder den unserer Mitmenschen. Nicht umsonst sagen wir «Lass dich nicht hängen!» zu jemandem, der vor Trauer, Niedergeschlagenheit oder Lustlosigkeit die Schultern senkt, oder «Bleib mal locker!» zu jemandem, der vor Stress und Ärger ganz verspannt ist. Dem Gehirn bleibt keine Veränderung im Körper und dem Körper keine Veränderung im Gehirn verborgen. Und da der Organismus auf Ausgleich programmiert ist, wird nicht nur jede Veränderung registriert, sondern der Organismus als Ganzes der jeweiligen Veränderung angepasst. So verursachen Körperveränderungen, die über längere Zeit andauern, Anpassungen der entsprechenden neuronalen Regelkreise und synaptischen Verbindungen im Gehirn. Dies ist besonders dramatisch zum Beispiel an Kindern zu beobachten, die aufgrund von Stoffwechselstörungen zum Teil massive Entwicklungsveränderungen im Gehirn aufweisen. Erst vor wenigen Jahren ist zudem bekannt geworden, dass normalerweise im Gehirn gebildete Hormone auch im Darm oder in anderen Organen produziert werden, was bedeutet, dass unter Umständen Ihr Darm für Ihre gute oder schlechte Laune verantwortlich gemacht werden kann.

Wie sich psychische Zustände auf den Körper auswirken, hat jeder schon mal am eigenen Leib erlebt, wenn er so richtig Angst hatte: Das Herz schlägt bis zum Hals, die Muskulatur spannt sich an, und womöglich stellen sich sogar die Nackenhaare auf. Wenn solch ein Angstzustand über längere Zeit andauert, kommt es zur Destabilisierung und zum Umbau von Nervenzellverbindungen in den für die Zuordnung und Bewertung zuständigen Bereichen des Gehirns – eigentlich harmlose Situationen werden dann womöglich als gefährlich eingestuft, weil die bewertenden Bereiche durch ständige Reizung übersensibilisiert wurden. Bei permanenten Angstgefühlen reagiert der Körper häufig mit chronischen Verspannungen oder chronisch entzündlichen Erkrankungen. Beide

Anomalien sind auf die permanente Ausschüttung von Katecholaminen – Sammelbegriff für Hormone und Neurotransmitter – zurückzuführen und können als vom Gehirn ausgelöste Veränderungen von Organaktivität, Organfunktion und letztendlich Organstruktur bezeichnet werden. Letzteres geschieht dadurch, dass Signalstoffe wie Dopamin (Neurotransmitter) oder Kortisol (Hormon) in ihren jeweiligen Zielzellen eine Änderung der Genexpression auslösen können. Diese Stoffe sind also imstande, sie dazu zu bringen, neue Genprodukte von bisher nicht exprimierten DNA-Sequenzen abzuschreiben oder/und andere Gene vollkommen stillzulegen. Damit verändern sie die bisherige Struktur und Funktion der betreffenden Zellen tiefgreifend und nachhaltig.

Das Körper-Selbst als Grundlage des bewussten Selbst
Bereits im Gehirn des ungeborenen Kindes bilden sich Verschaltungsmuster zur Steuerung der Körpermuskulatur und der Körperfunktionen. Diese neuronalen Netze stellen ein inneres Muster her, wodurch im Gehirn des Embryos ein Bild der Beschaffenheit des eigenen Körpers entsteht. Das Gehirn ist zeit seines Lebens dafür zuständig, Beziehungen zwischen außen und innen herzustellen und stetig neue neuronale Verbindungen (im eigenen System) zu produzieren. Die älteren Teile des Gehirns funken dabei ohne Unterlass Informationen über alle im Körper ablaufenden Prozesse in neuere Regionen. Diese Informationen erzeugen Erregungsmuster in übergeordneten Hirnarealen (zum Beispiel im limbischen System und im assoziativen Teil des Kortex), die wiederum auf das Körpergefühl zurückwirken. Das Körpergefühl (das nicht nur durch externe Reize, sondern auch durch Erinnerungen an vergangene Erlebnisse entsteht) ist noch vorbewusst und nicht an Sprache gekoppelt. Es ist ein «Körper-Selbst», das als Grundlage für weitere, immer differenziertere Schichten unseres Selbst dient. Dieses System hat immer eine individuelle Geschichte und ist

auf Körperebene als emotionales Reaktionsmuster verankert, das durch Interaktionserfahrungen mit der Mutter entstanden ist. Erst im Laufe der Zeit entwickelt das Gehirn kognitive und selbstreflektierende Fähigkeiten, das heißt ein Selbstbild, das wir für gewöhnlich «Ich» nennen.

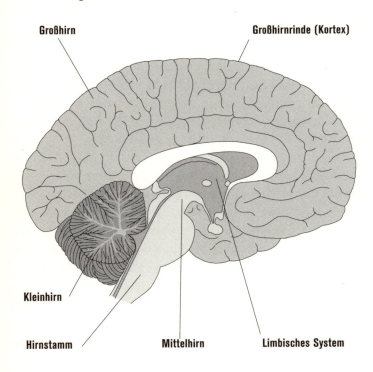

Das Gehirn passt neuronale Verschaltungen und synaptische Verbindungen immer an das an, womit es in enger Beziehung steht; am Anfang der Entwicklung ist das zunächst nur der eigene Körper. Auch Sinneseindrücke, die von außen ausgelöst werden, betrachtet der kindliche Organismus als innere, körperliche Erlebnisse. Mit der Zeit werden Beziehungen zu anderen Menschen wichtiger und mitunter enger als die zum eigenen Körper, was dazu führen kann, dass die Beziehung zum Körper verkümmert. Häufig lässt sich zum Beispiel beobachten, dass der bei kleinen Kindern noch vorhandene Impuls, den ganzen Körper einzusetzen, um Gefühle und Bedürfnisse auszudrücken, in späteren Jahren deutlich unterdrückt und kontrolliert wird. Ursprünglich wird unser Denken, Fühlen und Handeln ausschließlich von den eigenen Körpererfahrungen und Sinneseindrücken geprägt. Wird dieses Fundament rigoros unterdrückt, wird sich der Mensch selber fremd. Daraus lässt sich folgern, dass Gehirn – oder Geist – und Körper, Body and Mind, aufgrund ihrer gemeinsamen Entstehungsgeschichte untrennbar miteinander verbunden sind. Verändert sich das eine, beeinflusst dies das andere. Im Grunde gibt es «das eine» und «das andere» gar nicht – beide sind eins.

Dennoch geschieht die Trennung von Verstand und Körper gewöhnlich durch den Prozess der Anpassung an andere Menschen und die Gesellschaft. Das Bedürfnis, dazuzugehören und geliebt zu werden, ist stärker als die Bedürfnisse des Körpers. Diese Sozialisierung ist notwendig, damit das soziale Wesen Mensch überleben kann, doch sollte das Körpergefühl bei diesem Prozess unbedingt erhalten bleiben, da es von gleichwertiger Bedeutung für den Menschen ist.

Die wichtigste Erkenntnis der Hirnforschung lautet nach Meinung von Maja Storch, Diplompsychologin, Psychodramatherapeutin und Mitglied der «Jungen Psychoanalytiker»: Unser Gehirn ist eine lebenslange Baustelle. Alles, was wir erleben, wird als Muster des Erlebens und Verhaltens im Gehirn «verkörpert» und bleibt formbar. Das bedeutet aber auch, dass wir – unser Geist und unser Körper – niemals «fertig» sind und wir die Möglichkeit haben, alte – motorische, sensorische oder affektive – Muster zu verlassen. Dies ist möglich, indem wir beginnen, anders wahrzunehmen, zu denken, zu fühlen und zu handeln als bisher.

ℹ️ *Der freie Wille – eine Schimäre oder Faktum?*

Gibt es einen freien Willen? Was meint die Medizin? Die moderne Hirnforschung sagt: «Nein!» Ich sage: «Nein, nicht wirklich, aber das ist auch nicht weiter schlimm!» Der freie Wille ist nach Meinung renommierter Wissenschaftler wie der Hirnforscher Wolf Singer oder John-Dylan Haynes wahrscheinlich nur eine Illusion, da unser Gehirn und damit auch unser Bewusstsein und unser Selbstbild physikalischen Gesetzen gehorcht, also ein deterministisches – vorherbestimmtes – System ist. Haynes hat 2008 im Fachblatt *Nature Neuroscience* eine Studie veröffentlicht, in der er anhand der Aktivität zweier Hirnregionen das Handeln seiner Versuchspersonen voraussagen konnte; und zwar volle zehn Sekunden bevor sie sich selbst ihres Entschlusses bewusst waren. Fairerweise muss man sagen, dass diese Voraussagen derzeit nur bei sehr einfachen und klaren Alternativen gemacht werden können und auch dann nur zu 60 Prozent zutreffen. Doch um die Voraussage ging es Haynes gar nicht. Entscheidend war der Zeitpunkt, zu dem die Hirnaktivität gemessen wurde – eben zehn Sekunden bevor der Proband selber wusste, was er tun wollte. Der Wissenschaftler schlussfolgerte, dass eine Reihe von unbewussten Prozessen der bewussten Entscheidung vorausgeht und sie einleitet, womit die Entscheidung nicht mehr frei, sondern determiniert ist. Alle unsere Handlungen seien das Resultat Tausender kleiner Ursachen, die sich überlagern, so Haynes. «Unsere Erfahrungen aus der Kindheit, unserem Beruf, dem kulturellen Umfeld, vermittelt durch andere Menschen und Massenmedien – all das spielt bei jeder unserer Entscheidungen eine Rolle, und auch unbewusste Prozesse folgen dieser Logik.» Für ihn ist der freie Wille immer der Wille, der zu unserem Selbstbild passt; der Wille, mit dem wir uns frei fühlen.

Wolf Singer, einer der prominentesten deutschen Hirnforscher, sieht das ähnlich: «Wir empfinden uns als frei, wenn unsere Entscheidungen mit unseren bewussten oder unbewussten Motiven im Einklang stehen.» Oder einfacher: «Ich bin frei, wenn ich mich frei fühle.» Dies ist der Fall, wenn mir äußere Zwänge nicht mehr als solche erscheinen, weil ich sie verinnerlicht habe und sie damit ein Teil von mir sind. Nichts anderes geschieht im Laufe der Sozialisation (Erziehung) der meisten Menschen. Dies bedeutet aber nichts anderes, als dass wir Menschen determiniert sind und demnach eben nicht frei handeln. Singer findet an dieser Erkenntnis allerdings überhaupt nichts Dramatisches. Er sagt: «Entscheidungen dürfen nicht undeterminiert ablaufen. Sie dienen schließlich dazu, den Organismus am Leben zu halten. Würde das Gehirn undeterminiert entscheiden, wäre der Organismus nicht lebensfähig.» Alle Prozesse, die im Gehirn ablaufen, müssen sich an die Naturgesetze halten, also sind sie determiniert; und niemand kann sich dagegen entscheiden. Doch weil wir uns der deterministischen neuronalen Prozesse, die allen unseren emotionalen und kognitiven Leistungen zugrunde liegen, nicht bewusst sind, fühlen und bezeichnen wir uns und andere als freie, autonome Wesen.

Das Ich ist dabei eine Funktion des Gesamtsystems Gehirn, die Bewusstsein hat und in sozialen Netzwerken lebt, weswegen sie Moral, Verantwortungsgefühl und Schuld entwickeln kann. Obwohl auch das Bewusstsein Naturgesetzen unterliegt, kann es also trotzdem offen und kreativ sein, lernen und sich verändern und vermeintliche Grenzen überwinden. Kinder zum Beispiel müssen erst lernen, ihre Triebstruktur zu kontrollieren und in manchen Fällen hintanzustellen, damit sie in der Familie und später in der Gesellschaft akzeptiert werden. Ihre Gehirne haben dazu die Fähigkeit zur Veränderung. Allerdings entschließen sie sich nicht etwa dazu, brav zu sein und ihre egoistischen Wünsche zu unterdrücken, sondern sie tun es aus Selbsterhaltungstrieb, weil sie ohne die anderen Menschen nicht lebensfähig wären.

Demnach entscheiden sich aber auch kriminelle oder antisoziale Menschen nicht dazu, antisozial oder kriminell zu handeln, sondern man muss annehmen, dass sie nicht dazu in der Lage sind, die Hemm-Mechanismen zu aktivieren, die ihr kriminelles Handeln unterbinden würden. Singer fordert vor diesem Hintergrund allerdings nicht, dass wir alle Schwerverbrecher freilassen müssen, weil sie nicht anders können. «Auch wenn man unterstellt, dass es keinen freien Willen gibt, bleibt die Person als Verursacher für ihre Tat verantwortlich.» Man müsse daher weiterhin versuchen, sie – wie das Kind, das noch nicht gelernt hat, seine Triebstruktur zu kontrollieren – durch Erziehungsmaßnahmen und Strafandrohung dazu zu bringen, sich nicht mehr kriminell zu verhalten. Wir brauchen eine Vorstellung von Schuld und Verantwortung, damit unser Zusammenleben funktioniert.

Das, was der Tübinger Philosoph Manfred Frank «ein robustes lebensweltliches Vorverständnis» von Schuld und Unschuld nennt, beweist für Singer nicht die Existenz eines Willens, der frei zwischen Gut und Böse unterscheiden kann. Das Gehirn versucht, sein Verhalten möglichst konfliktfrei zu gestalten, weil das überlebensfördernd, und nicht etwa, weil es moralisch gut ist. Doch auch Singer und die meisten anderen Hirnforscher machen bei allen noch so revolutionären Erkenntnissen keinen Hehl daraus, dass sie nach wie vor nicht besonders viel über die Vorgänge in unserem Kopf wissen. «Vielleicht gibt es da draußen in der Welt Dinge, die, wenn wir sie entdeckten, die Welt so umkrempeln würden, wie es die Quantenphysik einst mit der klassischen Physik getan hat.» Außerdem sei das Gehirn, das hier über sich selbst und die Welt nachdenkt, sicher nicht dazu angetan, die Welt so zu erfassen, wie sie möglicherweise wirklich ist. «Der Mensch kann zwar tun, was er will. Er kann aber nicht wollen, was er will», so fasst es Arthur Schopenhauer (1788–1860) zusammen.

An einer Entscheidung sind laut Gehirnforscher Gerhard

Roth von der Universität Bremen vier Ebenen beteiligt: die *untere limbische Ebene*, die das Temperament beinhaltet und weitgehend genetisch festgelegt ist; die *mittlere limbische Ebene*, auf der Vorgänge der emotionalen Konditionierung stattfinden und unsere individuelle und psychosoziale Erfahrung gespeichert ist; die *obere limbische Ebene* der bewussten sozialen Erfahrungen und Verhaltensregeln sowie die *kognitiv-rationale Ebene*, auf der wir uns bewegen, wenn wir logische Schlussfolgerungen anstellen. Roth geht bei diesem Modell davon aus, dass die beiden unteren, unbewussten Ebenen weitgehend den Rahmen für die Vorgänge auf den höheren Ebenen vorgeben. Daraus folgt auch, dass ich mich mit rein rationalen Argumenten nicht gegen meine emotionalen Bedürfnisse durchsetzen kann. Will ich diese Bedürfnisse beeinflussen und mich von Grund auf ändern, kann ich das nur mit Hilfe von Emotionen, denn Emotionen lassen sich nur durch Emotionen bekämpfen. Entscheidend ist zwar, dass man eine Veränderung wirklich will, jedoch muss man dabei beachten, dass dieses Wollen stets wesentlich von unbewussten Erfahrungen gesteuert wird. So kann der Mensch zwar tun, was er subjektiv glaubt zu wollen. Er kann diesen determinierten Willen aber nicht selbst willentlich beeinflussen.

Der freie Wille – eine hartnäckige und lebensnotwendige Illusion

Wie werden aus unbewussten physischen bewusste mentale Prozesse? Welches ist der Stoff, aus dem geistige Prozesse sind? Gehen sie aus Materie hervor, oder sind Materie und Geist zwei Seiten ein und derselben Medaille? Gegen alle Erkenntnisse der Hirnforschung können wir anführen, dass wir uns als Identität wahrnehmen, dass wir uns heute so und morgen so fühlen und dass die Beschreibung neuronaler Gehirnprozesse unsere Gefühle, das, wie uns zumute ist, nicht wiedergeben können. Auch Moral und menschliche Normen scheinen uns doch etwas grundlegend anderes zu sein als eine Kausalkette von Aktionspotenzialen. Was bringt Widerstandskämpfer dazu, sich gegen die Mehrheit in ihrer Gesellschaft zu stellen, wenn das doch augenscheinlich nicht besonders förderlich für das Wohlergehen ihres Organismus ist?

Nicht nur Philosophen vermuten, dass da doch noch mehr sein muss, einfach, weil wir uns und die Welt so ganz anders wahrnehmen, als die Naturwissenschaften sie uns erklären. Die Sonne geht im Osten auf und verschwindet im Westen am Rand einer flachen Scheibe. Dies ist unsere Wahrnehmung. Dass diese nicht den wirklichen Gegebenheiten entspricht, wissen und akzeptieren wir mittlerweile anstandslos. Vielleicht wird es uns mit unseren Gefühlen und Gedanken, ja sogar unserem Bewusstsein und unserem Selbst-Gefühl irgendwann genauso gehen. Auch wenn wir erkannt und akzeptiert haben, dass Liebe nur dem Zweck dient, die eigenen Gene weiterzugeben, und dass der freie Wille nur eine Illusion ist, die es uns ermöglicht, uns in dieser unsicheren und komplexen Welt zurechtzufinden, so werden wir wahrscheinlich nach wie vor an der Illusion des freien Willens festhalten und uns hoffentlich auch weiterhin lieben.

Die Neurowissenschaft sagt: Der freie Wille ist eine Illusion. Doch niemand möchte daraus schlussfolgern, dass wir nun resigniert die Hände in den Schoß legen sollen, weil wir ohnehin nichts ändern können. Denn biologische und kulturelle Evolution haben bewiesen: Veränderungen sind möglich, und der Wille kennt keine Grenzen. Indem wir uns über die Zusammenhänge, die den menschlichen Geist, sein Denken und Fühlen kreieren und beeinflussen, bewusst werden, können wir die Mechanismen in unserem Sinne nutzen und die Chance ergreifen, unser Leben, Denken und Fühlen so zu gestalten, wie wir es wollen.

Kann man wollen, was man will?

In meinem Galaprogramm zeige ich einen Effekt, bei dem ein Zuschauer aus drei Umschlägen einen auswählt. In einem befindet sich ein 500-Euro-Schein. Die Kuverts werden vor der Auswahl gemischt, und nur ich weiß, in welchem sich das Geld befindet. Jetzt ist der Zuschauer an der Reihe. Er soll auf einen der drei Umschläge deuten – auf den, den er behalten möchte. Bevor der Zuschauer allerdings dieses Kuvert bekommt, mache ich ihm noch einen Vorschlag. Ich öffne eines der beiden übrigen, nämlich das, von dem ich weiß, dass es leer ist, und öffne es vor seinen Augen. Der Vorschlag: Mein Zuschauer kann entscheiden, ob er bei dem ursprünglich gewählten Umschlag bleibt oder ob er seine Meinung ändert und den Umschlag wählt, der übrig geblieben ist. Nicht zu vergessen: Falls er den Umschlag mit dem 500-Euro-Schein herausfischen sollte, darf er das Geld behalten.

Meine Frage an Sie: Ist es für den Zuschauer klüger, bei seiner ursprünglichen Entscheidung zu bleiben – oder hat er bessere Gewinnchancen, wenn er wechselt? Was würden Sie tun? Immerhin, so glauben Sie in dem Moment, liegen die Chancen auf einen Gewinn bei 50 Prozent – stellen Sie sich vor, Sie entschlössen sich zu wechseln und Ihnen entginge dadurch der Gewinn. Das wäre natürlich bitter. Aus eigener Erfahrung weiß ich, dass fast niemand eine bereits getroffene Entscheidung ändert. Während der kompletten Tournee ist das nur dreimal passiert! Die richtige Antwort aber ist eindeutig: Sie sollten Ihre Entscheidung *immer* ändern. Sobald Sie die Umschläge tauschen, verdoppeln sich Ihre Gewinnchancen. Sie erhöhen die Wahrscheinlichkeit auf einen Gewinn von einem Drittel auf zwei Drittel, die Chancen sind nämlich *nicht* 50 zu 50. Das beweist die Erfahrung eindeutig.

Bevor Sie jetzt an meinen mathematischen Fähigkeiten zweifeln, möchte ich Ihnen dieses Phänomen erklären. Zum besseren Verständnis nummerieren wir die drei Umschläge durch: Umschlag 1 enthält den Geldschein, die Umschläge 2 und 3 sind leer. Die Wahrscheinlichkeitsregel besagt: In zwei von drei Fällen entscheiden Sie sich für Umschlag 2 oder 3 – und bleiben ohne Gewinn. In diesen Fällen habe ich keine freie Auswahl beim Öffnen der verbliebenen leeren Umschläge, da nur einer von beiden leer ist. Durch Ihre Wahl eines leeren Umschlags zwingen Sie mich also dazu – ohne es zu wissen –, den einzig noch verbleibenden leeren Umschlag zu öffnen. Angenommen, Sie wählen Umschlag 2, so kann ich nur Umschlag 3 öffnen. Falls Sie auf Umschlag 3 zeigen, so muss ich Umschlag 2 wählen, denn schließlich muss ich ja einen leeren Umschlag öffnen und Umschlag 1 außen vor lassen. In diesen beiden Fällen wäre es also für Sie als Kandidat sinnvoll, Ihre Entscheidung zu ändern. Sie würden dadurch gewinnen.

Die Chance, dass Sie auf Anhieb Umschlag 1 tippen, ist nur 1 zu 3. In diesem Fall hätte ich die freie Wahl zu überlegen, welchen der übrigen beiden Umschläge ich Ihnen leer vorzeige. Nur in diesem Fall wären Sie besser bedient, wenn Sie nicht wechselten. Und genau hier liegt die Krux: Das gilt nur in einem von drei Fällen!

Während ich diese Zeilen schreibe, sehe ich Sie förmlich vor mir sitzen und höre Sie sagen: «Ist ja alles gut und schön, bei meiner ersten Option ist die Chance eins zu drei. Aber bei den letzten beiden Umschlägen ist sie trotzdem fifty-fifty.» Ich widerspreche nur äußerst ungern, aber das stimmt nicht. Um die Gründe zu verdeutlichen, stellen wir uns der Einfachheit halber vor, ich würde Ihnen nicht drei Umschläge anbieten, sondern 100. Sie haben die Wahl und sollen sich für einen Umschlag entscheiden. Die Chancen, dass Sie den richtigen wählen, sind mit 1 zu 99 recht gering. Stellen Sie sich jetzt weiter vor, dass ich Ihnen nach Ihrer Wahl 98 Umschläge leer zeigte. Zwei wären dann noch im Spiel: Ihr ausgewählter und ein weiterer Umschlag. Ich weiß, in welchem sich der Geldschein befindet, es dürfen nur zwei Umschläge übrig bleiben, und in einem davon müssen die 500 Euro sein. Ist es nicht sehr viel wahrscheinlicher, dass Sie aus den 100 Umschlägen nicht direkt den mit dem Gewinn ausgesucht hätten und ich daher gezwungen wäre, Ihnen den Umschlag mit den 500 Euro zum Auswählen zu lassen? Denken Sie in diesem Fall immer noch, die Chancen wären fifty-fifty? Sie wissen, dass Sie nur eine einprozentige Chance auf einen Gewinn haben, wenn Sie bei Ihrer ursprünglichen Entscheidung bleiben. Da nur zwei Umschläge übrig bleiben dürfen, liegt die Chance auf einen Gewinn in diesem Umschlag bei 99 Prozent!

Bei meinem anfänglichen Spiel mit den drei Umschlägen ist es genauso. Sie erhöhen Ihre Chance, wenn Sie von einem auf zwei Drittel wechseln. Obwohl ich meinen Mitspielern jedes Mal sehr glaubwürdig versichert habe, dass es sinnvoller sei, sich anders zu entscheiden, sind sie fast alle bei Ihrer Entscheidung geblieben. Offenbar steckt sehr tief in uns allen der Grundsatz: Die erste Entscheidung ist die richtige – oder auch die Variation davon, nämlich dass der erste Gedanke immer der richtige wäre. Das stimmt offensichtlich nicht und hat auch mit Intuition nichts zu tun.

Bevor Sie dieses Beispiel als rein akademisch abtun, seien Sie versichert: Wir bleiben sehr oft auch im echten Leben bei unseren ersten Entscheidungen, auch wenn wir wissen, dass es sinnvoller wäre, sie zu ändern. Zum Beispiel wenn wir «eine Sache durchziehen», einfach nur der Konsequenz wegen. Nach dem Motto: Wer A sagt, muss auch B sagen. Ich habe einerseits schon einige Teamsitzungen miterlebt, in deren Verlauf sehr gute Vorschläge abgeschmettert wurden, weil einige der Teilnehmer auf ihrem nachweislich falschen Standpunkt beharrten, nur weil sie ihn einmal eingenommen hatten. Andererseits wurden völlig schwachsinnige Vorschläge viel zu lange diskutiert, obwohl klar gezeigt werden konnte, dass sie unsinnig waren – nur weil der Verantwortliche es als Zeichen der Schwäche gedeutet hätte, seinen Standpunkt zu ändern.

Das Monty-Hall-Problem oder Ziegen-Problem, wie das oben beschriebene Entscheidungsdilemma auch genannt wird, beweist, dass wir lieber bei einer schwachen Entscheidung bleiben, statt sie zu ändern. Ist das Freiheit der Gedanken? Ich denke nicht.

Entscheidungen sind eine der großen Fragen der Menschheit. Jeder von uns fragt sich von Zeit zu Zeit, wie sein Leben jetzt verlaufen würde, wenn er sich zu einem bestimmten Zeitpunkt anders entschieden hätte, und Entscheidungen großer Tragweite breiten sich in Form von immer weiter kreisenden Gedanken unaufhörlich in unserem Kopf aus. Diese endlos kreisenden Gedanken können die Ursache für schlaflose Nächte sein und uns das Leben zur Hölle machen.

Dabei muss es sich noch nicht einmal um wirklich große Wendepunkte im Leben handeln! Eines meiner Lieblingsbücher der vergangenen Jahre ist Helge Timmerbergs «In 80 Tagen um die Welt». Sollten Sie von Fernweh geplagt sein, lesen Sie dieses Buch. Timmerberg bereist dieselbe Strecke wie Jules Vernes Abenteurer Phileas Fogg, und dafür nimmt er sich ebenfalls 80 Tage Zeit. Es ist ein unglaublich unterhaltsamer Reisebericht. Sehr viel Komik entsteht aus der Tatsache, dass es zu Jules Vernes Zeiten unmöglich war, so schnell einmal um die Erde zu reisen – es heute aber ein unfassbarer zeitlicher Luxus ist, eine Reise mit so viel Muße zu unternehmen.

Eine von Timmerbergs Stationen ist Indien. Dort angekommen, weiß er nicht, ob er mit dem Zug weiterreisen soll oder mit dem Flugzeug. Gegen das Fliegen spricht Timmerbergs Angst, etwas zu verpassen – gegen Zugfahrt die Toiletten, die er in schlechtem Zustand wähnt. Timmerberg wird eindringlich nahegelegt, «mit indischen Zügen im wirklichen Leben nie solche Distanzen zu überbrücken, auf denen man seinen Stuhlgang nicht die ganze Zeit zurückhalten könne».

Er kann sich einfach nicht entscheiden. Es geht ihm dabei wie sehr vielen von uns: Er denkt und denkt – er überlegt ohne

Ende und damit *zu viel*. Die Entscheidung ist nicht von allzu großer Bedeutung – dennoch frisst sie ihn auf. Ohne klare Entscheidung geht es überhaupt nicht weiter, und die Reise stockt derweil – Gift für seinen Reiseroman.

Um eine Lösung zu finden, diskutiert er seine Möglichkeiten mit fremden Menschen in Cafés und Restaurants. Seine Unfähigkeit, eine Entscheidung zu fällen, nimmt dabei immer abstrusere Formen an. Beispielsweise trifft er eines Abends jemanden, der ihn derartig langweilt und den er so unsympathisch findet, dass er sich vornimmt, das genaue Gegenteil von dem zu tun, was dieser Mensch ihm rät. Seine Unentschlossenheit ist zwischenzeitlich aber so groß, dass er sich noch nicht einmal dazu durchringen kann.

Nach einigen Tagen sucht er Rat bei einem Guru – schließlich ist er ja in Indien. Dem offenbart Timmerberg, dass er sich einfach zu nichts entschließen könne. Egal, ob es um Wichtiges oder Unwichtiges gehe, er fände es stets äußerst schwierig, wenn nicht unmöglich, eine Option gegen eine andere abzuwägen. Es sei eine psychologische Fehlfunktion seinerseits, eine besondere Schwäche, die ihm das Leben schwermache, räumt er ein. Was er tun solle, fragt er den Guru. Der gibt eine verblüffende und gleichzeitig brillante Antwort: Menschen, die sich nicht entscheiden könnten, *hätten* sich bereits entschieden! Nämlich dazu, sich nicht zu entscheiden. Es sei somit Timmerbergs Weg, unentschlossen zu sein. Laut der Aussagen des Gurus sei die Tatsache, dass Timmerberg keine Entscheidungen fällen könne, sein Schicksal – «von Gott gewollt, oder vom Urknall oder wie immer du die Quelle von allem Existierenden nennen willst».

Der Inder erklärt weiter: «Weißt du, was ich an deiner Stelle tun würde, Tim? [...] Wenn ich mich nicht entscheiden könnte, Tim, würde ich eine Münze werfen. Denn niemand kann behaupten, dass Menschen, die es einer Münze überlassen, weniger erfolgreich sind als Menschen, die auf traditionelle Weise eine Entscheidung treffen.» In diesem Fall hat der Guru den Nagel auf den Kopf getroffen. Das erinnert mich an eine Fabel, in der ein hungriger Esel sich nicht zwischen zwei Heuhaufen entscheiden konnte. Am Ende war er verhungert ... Manchmal sind wir selbst nicht besser als dieser Esel. Sehr oft ist die Tatsache, überhaupt eine Entscheidung zu treffen, wichtiger als das Ergebnis selbst. Ich wusste beispielsweise beim Einschreibetermin an der Universität nicht hundertprozentig, ob ich Übersetzen und Dolmetschen studieren oder Französisch und Englisch mit Magisterabschluss wählen sollte. Ich habe an diesem Tag einfach eine Wahl getroffen, die mir in diesem Moment sinnvoll schien. Ein paar Tage später hätte ich es vielleicht anders gemacht. Damals schien mir das eine wichtige Entscheidung zu sein – aus heutiger Sicht war sie mehr als unwichtig: Ich unterhalte nämlich jetzt Menschen mit meinen Vorträgen, meinen Shows und meinen Büchern und lasse sie so an meinem Wissen und meinen Erfahrungen teilhaben.

In den Worten des Gurus steckt aber noch mehr. Er gab Timmerberg die Möglichkeit, seine Schwäche einfach hinzunehmen, die Dinge zu akzeptieren, wie sie sind, ohne sie dabei negativ zu bewerten. Seine Unfähigkeit zur Entscheidung war einfach in ihm angelegt. Sie sei entweder von Gott gewollt (das sagte er, falls Timmerberg gläubig wäre), vom Urknall erzeugt (falls er eher naturwissenschaftlich veranlagt wäre) oder von irgendeiner anderen Quelle alles Existierenden angelegt. Letzteres Argument löst auch für den größten Skeptiker den Zweifel. Er kann es annehmen. Der Guru hat also nicht nur inhaltlich, sondern auch rhetorisch alles richtig gemacht, um Timmerberg zu helfen.

Letzten Endes geht es – nicht nur in diesem Fall – darum, die Situation als die zu akzeptieren, die sie ist. Jemand kann sich nicht entscheiden – es ist, wie es ist. Akzeptiert. Nachdem er das erkannt hatte, konnte er lösungsorientiert vorgehen: «Wenn du selbst nichts entscheiden kannst, wirf eine Münze!», sagte er. Und genau das machte Timmerberg dann auch – vor den Augen eines fassungslosen indischen Reisebüroangestellten: Kopf! Alles klar? Allerdings vergaß er vor lauter Begeisterung über seine neue Methode zur Entscheidungsfindung, ob Kopf für Zug oder Flugzeug stand ...

Falls Sie jetzt denken, dass Sie sich Ihren freien Willen nicht von einer Münze wegnehmen lassen wollen, sollten Sie auch berücksichtigen, dass Ihr freier Wille bei weitem nicht so frei ist, wie Sie bisher vielleicht angenommen haben. Sie haben in diesem Kapitel bereits gesehen, dass sehr viele Menschen bei einer offensichtlich unsinnigen Entscheidung bleiben, auch wenn sich ihnen eine bessere Wahlmöglichkeit bietet. Es gibt viele Faktoren, die sich auf unseren freien Willen einschränkend auswirken. Sehr wichtig sind unsere Erfahrungen, unsere Kultur – in der wir leben – allgemein und natürlich unsere fünf Sinne (vgl. S. 77 ff.).

Folgendes Experiment hat, um die Annahmen zu verdeutlichen, vor allem in großen Hallen immer besonders gut geklappt. Wollen Sie es damit auch versuchen? Bitte denken Sie an eine bestimmte Zahl zwischen eins und zehn. Jetzt denken Sie bitte an eine Farbe, und als Letztes stellen Sie sich bitte eine Spielkarte vor. Die Chancen stehen sehr gut, dass Sie jetzt an die Drei oder die Sieben, an rot oder schwarz und an Herzdame oder Pikass gedacht haben. Alle, bei denen das der Fall war, sollten sich wieder setzen. Fast keiner im Publikum stand am Ende dieses Versuchs. Alle dachten, sie hätten frei entschieden, dennoch treffen fast alle im selben Moment dieselbe Entscheidung. Offensichtlich sind wir alle auf diese Antworten konditioniert und entscheiden gleich.

Sie alle kennen sicherlich die typischen Standardassoziationen: Werden wir gebeten, an ein Werkzeug zu denken, denken wir fast alle an einen Hammer. Bei einer Blume ist es die Rose. Machen wir doch einen weiteren Versuch aus meinem Abendprogramm.

DAS FREIER-WILLE-EXPERIMENT

- Bitte denken Sie zunächst an ein einfaches geometrisches Symbol …
- Jetzt denken Sie bitte an ein zweites – anderes – geometrisches Symbol, das Sie in das erste Symbol projizieren. Verderben Sie sich nicht selbst den Versuch, indem Sie ein zu ausgefallenes Symbol wählen – ein Neuneck ist kein einfaches Symbol, ein Quadrat wird hingegen sehr oft gewählt.
- Schauen Sie mal auf Seite 48 oben, was die meisten Menschen wählen. Ist das freier Wille?

Testen Sie den freien Willen Ihrer Mitmenschen!

Für einen ähnlichen Test, mit dem Sie andere verblüffen können, brauchen Sie ebenfalls nur einen Stift und ein Blatt Papier – und natürlich einen Mitspieler. Man kann sich selbst so schlecht verblüffen.

ZAHLEN-ERRATEN-EXPERIMENT

- Halten Sie das Blatt so, dass Ihr Gegenüber nicht erkennen kann, was Sie aufschreiben. Auf den Zettel schreiben Sie deutlich die Zahl 35 – dann zögern Sie, streichen die 35 quer durch und schreiben die 37 daneben. Diesen Zettel falten Sie und geben ihn Ihrem Mitspieler. Er soll ihn in der Hand halten und erst später öffnen.
- Jetzt müssen Sie höllisch aufpassen, dass Sie alles richtig formulieren. Sagen Sie Folgendes zu Ihrem Spielpartner: «Ich habe hier eine Zahl notiert, und ich bin davon überzeugt, dass du herausfinden kannst, welche Zahl das ist. Bitte denk jetzt gleich an eine Zahl zwischen 10 und 50. Ich helfe dir ein klein wenig: Beide Ziffern sind ungerade. Lass mich dir weiter helfen: Beide Ziffern sind unterschiedlich. Die 11 und 33 gehen

beispielsweise nicht – die 17 und 19 würden gehen. Bitte denk jetzt eine zweistellige Zahl zwischen 10 und 50 – nochmal: Beide Ziffern sind ungerade und nicht gleich. Welche Zahl, denkst du, steht auf dem Zettel?»
- Fast immer wird dann die 37 genannt, manchmal auch die 35. Das Schöne: Sie haben sich für beide Fälle vorbereitet. Nennt Ihr Gegenüber die 37, lassen Sie ihn einfach den Zettel öffnen und genießen den Moment. Falls er die 35 nennt, dann sagen Sie einfach, dass Sie sich das gleich gedacht, allerdings Ihre Meinung geändert hätten. Ihr erster Eindruck sei richtig gewesen – und deuten Sie dabei auf die durchgestrichene 35.

Die Chancen auf Erfolg sind nicht 100-prozentig, aber sehr viel höher, als es zunächst aussieht. Spielen wir die Sache doch mal rational durch: Es hört sich zwar toll an, wenn das Angebot gemacht wird, eine Zahl zwischen 10 und 50 auszusuchen, in Wirklichkeit hat Ihr Gegenüber aber nicht die Wahl aus allen Zahlen in diesem Bereich. Sie bitten ihn nämlich, seine Zahl aus zwei ungeraden Ziffern zusammenzusetzen. Damit reduziert sich die Wahl schon auf nur zehn Zahlen (11, 13, 15, 17, 19, 31, 33, 35, 37, 39). Als Nächstes sagen Sie noch, dass beide Ziffern ungleich sein müssen. Damit reduzieren Sie die Auswahl weiter auf nur acht Zahlen (11 und 33 scheiden aus).

Weiterhin haben Sie verbal sehr klug dafür gesorgt, dass die 17 und 19 wahrscheinlich nicht genannt werden. Diese beiden Zahlen haben Sie nämlich in Ihrer Anweisung schon aufgezählt. Dadurch wird Ihr Mitspieler sie höchstwahrscheinlich nicht mehr wählen. (Ich habe keine Ahnung, warum das so ist, aber meine Erfahrung hat gezeigt, dass dieses Manöver sehr verlässlich ist.)

Sehr wichtig ist bei dieser Nummer auch, dass Sie Ihrem Mitspieler auf keinen Fall das Gefühl geben, ihn zu manipulieren oder ihm überlegen zu sein. In diesem Fall wird er nämlich

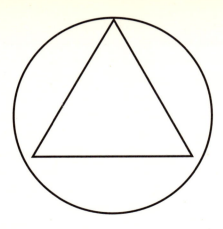

Das Freier-Wille-Experiment

versuchen, es Ihnen möglichst schwer zu machen, und dann klappt die Sache nicht mehr. Aus diesem Grund sollten Sie alles tun, um den Eindruck zu erzeugen, dass nicht *Sie* der große Meister sind, sondern Ihr *Mitspieler* die Leistung erbringt! Schließlich weiß *er*, welche Zahl auf dem Zettel steht. Es ist also sein Verdienst. Sie helfen ihm bei dieser Leistung höchstens ein wenig. Erzeugen Sie also ein Klima der Kooperation – miteinander klappt es viel besser als gegeneinander. Die Sache funktioniert übrigens noch ein wenig besser, wenn Sie bei der Auswahl zwischen 10 und 50 die Zahl 50 ein klein wenig stärker betonen als die 10.

Mit diesem Spiel habe ich schon einige Reporter bei Telefoninterviews oder im Radio live sehr verblüfft. Eine weitere Tatsache, die für Sie arbeitet, ist das schlechte Gedächtnis vieler Menschen. Sehr viele Ihrer Mitspieler werden später erzählen, Sie hätten vorher eine Zahl zwischen 1 und 50 aufgeschrieben.

Das Märchen von der Freiheit

- *Das Vakuum.* Angenommen, Sie haben einen tollen Abend mit jemandem verbracht, den Sie sehr attraktiv finden und den Sie gern näher kennenlernen möchten. Der Haken: Sie haben die Telefonnummer der Person noch nicht. Was können Sie tun, um Ihre Chancen zu erhöhen, auch tatsächlich die richtige Nummer zu bekommen?

Ganz einfach: Sie beeinflussen die betreffende Person. Das geht sehr viel leichter, als Sie denken. Besorgen Sie sich einen Stift und einen Zettel, oder, noch besser, Sie haben alles schon parat. Den Zettel zerreißen Sie in zwei Hälften und schreiben auf die eine Ihre eigene Nummer. Diese Hälfte behalten Sie zunächst. Halten Sie jetzt der Person die andere Hälfte des Zettels und den Stift hin. Gehen Sie davon aus, dass Ihr Gesprächspartner zugreifen wird, denn alles andere wäre unhöflich. Fast jeder wird Ihnen jetzt seine Telefonnummer notieren und den Zettel dann zurückreichen. Das Geheimnis liegt darin, dass Sie vorgemacht haben, was zu tun ist. Danach haben Sie ein Vakuum erzeugt, also eine Situation, die eine Handlung erfordert. Wir mögen kein Vakuum und versuchen es zu füllen – genau das aber machen Sie selbst nicht. Dadurch zwingen Sie Ihr Gegenüber dazu, es zu tun. Damit steigern Sie Ihre Erfolgsaussichten enorm.

In meiner Eigenschaft als Autor und Entertainer führe ich sehr viele Interviews. Fast immer ist das ein großes Vergnügen. Ich lerne gern neue Menschen kennen und unterhalte mich mit ihnen. Eines der schönsten Interviews für mich war für *Die Zeit*. Zu diesem Anlass hatte ich das Glück, Roger Willemsen kennenzulernen. Den mochte ich schon lange – und dann rief er bei mir zu Hause an, um mich zu einem Treffen in München einzuladen. Das war ein tolles Erlebnis für mich. Nach zwei Stunden Gespräch schaltete Herr Willemsen seine beiden Diktiergeräte aus (ja, wirklich zwei, denn sicher ist sicher: Dem digitalen Zeug misstraue er, meinte er, auf analog – die gute alte Kassette – sei mehr Verlass), und wir plauderten noch über Persönliches und natürlich Musik. Es ist eigentlich unmöglich, sich mit mir nicht über Musik zu unterhalten, wenn man länger als fünf Minuten mit mir redet. Mein Techniker und ich sind beispielsweise sehr viel und lange im Auto unterwegs und schaffen es über Wochen hinweg, über Musik zu sprechen, ohne dass uns dabei langweilig wird. Im Rahmen dieser Unterhaltung kamen wir auf verschiedene Techniken zu sprechen, Informationen aus seinem Gesprächspartner herauszukitzeln. Ich dachte ja schon, ich wäre nicht schlecht darin – Roger Willemsen allerdings ist ein Meister. Uns beiden gefiel die Technik des Vakuums, wie ich sie im Beispiel mit der Telefonnummer schon beschrieben habe, sehr gut. Im Gespräch angewandt funktioniert sie folgendermaßen: Sie stellen eine Frage und warten die Antwort ab. Wenn Ihnen diese nicht ausführlich genug ist, schweigen Sie eisern. Ihr Gegenüber fühlt das abscheuliche Vakuum und wird sprechen, um es zu füllen. Dabei sind die Chancen sehr hoch, dass Sie mehr Informationen bekommen, als wenn Sie einfach schnell weiterfragen. Ich freue mich bereits darauf, diese Technik in ein paar Jahren bei meinen Kindern anzuwenden: «Na, was habt ihr gestern Abend so gemacht, dein neuer Freund und du?»

- *Herdentrieb.* Viele Menschen können nicht irren – so denken wir. Bei näherer Betrachtung ist völlig klar, dass diese Aussage nicht stimmt. Wären sonst Erfolge wie die von Modern Talking oder des Musikantenstadls möglich? Aber es gibt den Musikantenstadl – die Sendung hat Quoten, von denen ich nur träumen kann –, und Modern Talking verkaufte weltweit Millionen Platten. Ein Phänomen. Unglaublich. Mir fällt dabei etwas ein. Ich war 1986 mit meinen Eltern in Malawi, mitten im Busch. Wir sind stundenlang mit einem Jeep durch wunderschöne menschenleere Gegenden gefahren, um zu unserem Ziel zu kommen. Dort war praktisch nichts. Trotzdem gab es Coca-Cola, und aus dem uralten Transistorradio quollen Modern-Talking-Songs. Das war der Beweis: Auch viele Menschen können irren (nicht zu verwechseln mit «Weisheit der vielen»...). Trotzdem sind wir alle tief in unserem Inneren vom Gegenteil überzeugt und denken, wenn viele Leute etwas Bestimmtes tun, dann muss das wohl richtig sein. Nach diesem Grundsatz treffen wir auch intuitiv unsere Entscheidungen: Wir orientieren uns an anderen.

Diese Ausrichtung erfolgt nicht nur im übertragenen Sinne, sondern auch ganz direkt. Wenn beispielsweise der Gehweg in einer Großstadt besonders breit ist, wird er nicht gleichmäßig in beiden Richtungen und auf der gesamten Fläche genutzt, sondern es bilden sich Fußgängerspuren. Die sind automatisch immer auf der Seite und in der Richtung, in der wir auch mit dem Auto fahren würden. In Deutschland also aus der Bewegungsperspektive gedacht rechts. Wir überlegen nicht, wir gehen da einfach mit dem Strom. Dadurch sind bei der Fußballweltmeisterschaft 2006 in Dortmund deutsche mit japanischen Fußballfans in einer breiten Unterführung fast zusammengeprallt. Obwohl die Unterführung breit genug für alle gewesen wäre, gingen beide Gruppen in entgegengesetzter Richtung auf derselben Seite und wären fast nicht aneinander vorbeigekommen. Die Erklärung: In Japan herrscht Linksverkehr.

Offenbar nutzen wir auch unbewusst die Körpersignale anderer, um unser Verhalten daran auszurichten. Ich beobachte das sehr oft im Flugzeug nach der Landung. Wer keine Ahnung hat, in welcher Richtung der richtige Ausgang liegt, zögert zunächst, wenn er aufsteht. Diejenigen, die aber schon erfahren haben, in welche Richtung sie gehen müssen, laufen sofort los. Dieses Verhalten wird von den Umstehenden erkannt und aufgenommen. Alle folgen den Leuten, die sich zielgerichtet bewegen, denn diese haben offensichtlich die richtigen Informationen. Der Verhaltensökologe Prof. Dr. Jens Krause sagte in der *Süddeutschen Zeitung*: «Zunächst ahmt man ein beobachtetes Verhalten nach, bevor man es reflektiert.» So spart man Energie. Dasselbe spielt sich an Fußgängerampeln ab: Mehrere Personen warten an einer roten Ampel. Plötzlich geht einer los, obwohl es noch rot ist. Sehr oft folgen andere instinktiv, ohne selbst nachzusehen oder nachzudenken. Dieses Verhalten nennen Wissenschaftler reflexhaftes Folgen. («Klopf, klopf, klopf» – keine Sorge, dass war jetzt wirklich das letzte Mal, dass ich Sie an Feuer habe denken lassen.)

Sogar die Geschwindigkeit, mit der wir laufen, färbt von unseren Mitmenschen auf uns ab. Hier gilt: andere Länder, andere Sitten. Die Geschwindigkeit der Fußgänger variiert von Land zu Land. Das wurde sogar empirisch untersucht. Ich persönlich frage mich bei solchen Studien ja, was den Forscher dazu bringt, sie durchzuführen. Wir kennen jetzt also die Durchschnittsgeschwindigkeit der Fußgänger in verschiedenen Ländern auf verschiedenen Kontinenten. Toll! Klar, die Menschheit hat Probleme wie Hunger, Aids oder Krebs – aber wir erforschen die Geschwindigkeit von Fußgängern in verschiedenen Ländern. Das beschäftigt uns also! Na schön – immerhin wurde die Studie unter anderem von Richard Wiseman durchgeführt, und den finde ich klasse. Also: Die Stadt Singapur hat die schnellsten Fußgänger. Herzlichen Glückwunsch. Der gestresste Einwohner dieser Stadt läuft mit 1,7 Metern pro Sekunde schneller als alle anderen.

In Berlin bewegen sich die Bürger mit einer Durchschnittsgeschwindigkeit von 1,6 Metern pro Sekunde – auch nicht schlecht, reicht aber nur für einen siebten Platz. Die langsamsten Fußgänger kommen aus Malawi. Mir ist das damals nicht aufgefallen. Dort laufen die Menschen nur 0,6 Meter pro Sekunde.

Wenn dem so ist, frage ich mich, warum so viele Weltklasse-Sprinter aus Afrika kommen und nicht aus Singapur.

Wie wenig Kontrolle wir unter Umständen über unsere Gedanken haben, zeigt uns nicht nur meine Klopfübung, sondern auch Dan Ariely in seinem sehr guten Buch «Denken hilft zwar, nützt aber nichts. Warum wir immer wieder unvernünftige Entscheidungen treffen». Er belegt anhand zahlreicher von ihm selbst durchgeführter Experimente, dass wir nicht nur irrational handeln, sondern dass wir in dieser Irrationalität auch noch vorhersagbar sind! Auf genau diese Vorhersagbarkeit stütze nicht nur ich mich bei meinen Bühnenprogrammen – auch Werbeagenturen, Verkäufer und alle, die andere von etwas überzeugen wollen, nutzen dieses Wissen.

- *Der Köder.* Nehmen wir an, Sie wollen eine Zeitung online abonnieren. Das erste Angebot beträgt 59 Euro Jahresbeitrag für die reine Internetveröffentlichung. Das zweite Angebot beträgt 125 Euro Jahresbeitrag für die gedruckte Ausgabe. Jetzt kommt das Spannende: Es gibt noch ein drittes Angebot – die Internetausgabe *und* die gedruckte Ausgabe *zusammen* kosten ebenfalls nur 125 Euro pro Jahr! Die gedruckte Version kostet also genauso viel wie die gedruckte zusammen mit der Onlineausgabe.

Wo ist hier der Haken? Ganz einfach: Indem die Marketingprofis einen Maßstab einführen (gemessen an dem Maßstab Onlineausgabe für 59 Euro pro Jahr wirkt das andere Angebot sehr viel billiger), haben Sie plötzlich ein Verhältnis, in das Sie die Angebote setzen. In unserem oben angeführten Beispiel von Ariely bestellen fast alle das Kombipaket, weil sie so das Gefühl haben, etwas geschenkt zu bekommen. Falls Sie nur die Onlineausgabe ordern, entgeht Ihnen ja etwas, und beim anderen Angebot bekommen Sie die geschenkt! Das ist natürlich Unsinn, aber wir alle fallen darauf rein.

So ticken wir: Wir sehen alles um uns herum im Verhältnis zueinander und vergleichen es miteinander – ob wir wollen oder nicht –, es ist sehr schwierig, das nicht zu tun. Das gilt nicht nur für die Sicht auf Konsumgüter wie beispielsweise Autos, Kleider und Essen, sondern auch auf unsere Freunde, Urlaub und Ausbildung und sogar für unsere Emotionen und unsere Standpunkte! Ariely zeigt weiter, wie man diesen menschlichen Zug für sich nutzen kann, um anderen etwas zu einem bestimmten Preis anzudrehen. Nehmen wir an, Sie wollen sich ein Haus kaufen. Ihr Makler zeigt Ihnen drei Häuser. Alle drei Gebäude gefallen Ihnen. Es handelt sich um einen Neubau und zwei Altbauten. Die Häuser bewegen sich im selben Preisrahmen – aber, und jetzt wird's wieder hinterhältig, einer der beiden Altbauten benötigt ein neues Dach. Deshalb ist dieser ein wenig billiger als der andere Altbau. Ariely nennt das ganz richtig einen Köder.

Wie entscheiden Sie sich? Höchstwahrscheinlich werden Sie nicht das neue Haus kaufen und auch nicht die günstigere alte Immobilie, die ein neues Dach braucht, sondern den Altbau, dessen Dach noch intakt ist. Das Ganze funktioniert folgendermaßen: Wir wählen, indem wir vergleichen. Den Neubau können Sie mit keinem anderen Neubau vergleichen – der ist also schon mal aus dem Rennen. Bei den beiden übrig gebliebenen Altbauten wissen Sie, dass einer ein renovierungsbedürftiges Dach hat und der andere vollkommen in Ordnung ist – die Entscheidung ist daher schon so gut wie getroffen. Unsere Gedanken sind bei solchen Angeboten nicht frei. Der Köder funktioniert also ganz einfach: Wenn Ihnen jemand etwas verkaufen will, dann macht er das am einfachsten, indem er Ihnen drei Produkte anbietet. Eins davon fällt ein wenig aus dem Rahmen, indem es mit den beiden anderen nicht vergleichbar ist. Die beiden anderen sind vergleichbar, wobei der Köder einen kleinen Mangel aufweist.

Die Sache mit dem Köder ist insofern besonders tückisch, weil wir eine bereits getroffene Entscheidung in der Regel nicht mehr rückgängig machen – egal, wie die Entscheidung aussieht. In der Regel wollen wir lieber eine Sache durchziehen als einen einmal gefassten Entschluss zu ändern. Da haben wir es schon wieder! Dank Monty Hall ist das zwischenzeitlich sogar wissenschaftlich bewiesen. Sie erinnern sich: das Spiel mit den drei Türen oder Umschlägen. Das ist insbesondere dann der Fall, wenn wir diese Entscheidung vielen Menschen mitgeteilt und bereits den ersten Schritt gemacht haben. Sobald wir an diesem Punkt sind, wollen wir unseren Mitmenschen zeigen, dass wir uns an unsere Aussage halten und uns dazu verpflichten.

- *Der Vergleich.* Ein weiteres Beispiel, in dem Menschen mit Hilfe der Vergleichstechnik etwas angedreht wird, betrifft den Verkauf von Brotbackmaschinen: Als vor Jahren ein solcher Apparat im Warenhaus angeboten werden sollte, lag er wie Blei in den Regalen. Kein Mensch wollte so etwas kaufen. Ein Marktforschungsinstitut wusste offensichtlich von unserer Unsitte, alles zu vergleichen, und machte folgenden brillanten Vorschlag: Es überzeugte den Hersteller, eine zweite Maschine auf den Markt zu bringen. Die sollte etwa 50 Prozent teurer als das Vorgängermodell sein. Was war die Konsequenz? Ganz einfach: Das neue Gerät diente als Referenzwert – als Köder. Die alte Maschine war im Vergleich nun preiswerter und verkaufte sich, welch ein schönes Wortspiel, plötzlich wie geschnitten Brot! Das besonders Schlimme daran ist, dass das Gegeneinanderhalten mehrere Schäden anrichtet. Es beeinflusst nicht nur maßgeblich unsere Entscheidung, es macht uns auch noch unglücklich. Ja, Vergleiche bringen Unglück.

Stellen Sie sich vor, Sie bewerben sich bei zwei Firmen um eine Stelle als Geschäftsführer. Eine Firma macht Ihnen ein Gehaltsangebot von 150 000 Euro, alle Ihre Kollegen verdienen aber 160 000 Euro. Die andere Firma bietet Ihnen 120 000 Euro, Sie wissen aber, dass alle Ihre Kollegen dort nur 115 000 Euro verdienen. Wissenschaftler haben in Studien untersucht, dass Sie sich besser bei der zweiten Firma bewerben sollten. Da Sie unweigerlich vergleichen, sind Sie hier glücklicher als in der ersten, obwohl Sie weniger Geld verdienen. Hat das etwa was mit Gedankenfreiheit zu tun? Es ist widersinnig, aber so sind wir Menschen nun mal. Ich habe aber auch eine gute Nachricht: In dem Moment, in dem wir wissen, dass solche Mechanismen vorhanden sind, wirken sie bereits weniger oder im besten Fall überhaupt nicht mehr auf uns! Außerdem werden Sie in diesem Buch noch jede Menge Methoden kennenlernen, die Sie sehr viel näher an das Ideal der Gedankenfreiheit heranführen werden.

- *Emotionen entgleiten.* Stellen Sie sich vor, Sie haben gerade eine Schlucht überquert. Sie ist ungefähr 70 Meter tief. Der Weg darüber erfolgte über eine wackelige, aus Holzbrettern zusammengebundene Holzbrücke – so wie Sie sie aus dem Film «Indiana Jones und der Tempel des Todes» kennen. Stellen Sie sich jetzt weiter vor, Sie träfen am Ende der Brücke einen fremden Menschen. Sie fänden diesen in dem Moment attraktiver, als wenn Sie ihm einfach so an der Wursttheke begegneten.

Die Psychologen Donald G. Dutton und Arthur P. Aron sind mit genau diesem Experiment in Forscherkreisen berühmt geworden: Sie ließen im Sommer 1973 männliche Versuchspersonen über eine solche Hängebrücke laufen. Sie liegt in der Nähe von Vancouver, ist 1,5 Meter breit, 150 Meter lang und führt die Passanten wackelig über eine atemberaubende Schlucht. An ihrem Ende wartete eine äußerst attraktive Studentin. Sie stand dort natürlich nicht zufällig, sondern wurde von den Psychologen für das Experiment angeheuert.

Alle Männer, die gerade die Brücke überquert und dadurch einen besonders hohen Adrenalinspiegel hatten, wurden von der Studentin angesprochen. Sie sagte ihnen, sie schreibe einen Artikel über die Sehenswürdigkeiten der Gegend und würde ihnen gern ein paar Fragen stellen. Anschließend folgte der wichtigste Teil des Experiments: Die hübsche Studentin gab den noch mit Adrenalin vollgepumpten Männern einen Zettel mit ihrer Telefonnummer und ihrem Namen – Gloria. Falls sie Näheres über die Befragung erfahren wollten, könnten sie sie gern anrufen.

Kurz darauf stand dieselbe Frau nicht direkt am Ende der Hängebrücke, sondern weiter weg im nahe gelegenen Park. Die Überquerung der Brücke lag dort schon ein wenig zurück. Sie erzählte den vorbeikommenden Männern dieselbe Story und gab ihnen am Ende wieder ihre Karte. Diesmal mit dem Namen Donna. In den Tagen danach riefen 13 von 25 Männern Gloria an. Bei Donna klingelte nur siebenmal das Telefon! Genau dieses Ergebnis hatten Dutton und Aron erwartet. Mit ihrem berühmten Hängebrücken-Experiment konnten sie ihre Hypothese stützen: Die stolzen Gockel – voll von Adrenalin und gepusht vom heroischen Erlebnis, eine Hängebrücke überquert zu haben – waren körperlich erregt. Dieser Zustand resultierte ganz klar aus dem vorangegangenen Erlebnis, eine gefährliche Stelle passiert zu haben. Die Emotion ordnen sie aber nicht dem richtigen Auslöser zu, sondern der hübschen Studentin. Psychologen nennen das Fehlattribution. Die Männer dachten also unbewusst, die hübsche Studentin habe die Aufregung, das Herzklopfen und die zittrigen Knie verursacht – und nicht die Hängebrücke. Mit einer solchen Frau wollten sie sich wiedertreffen, und sie riefen bei Gloria an.

Im Park angekommen, lag die Überquerung der Brücke schon ein wenig zurück, war das Adrenalin im Körper wieder auf den normalen Wert gesunken – die Männer waren weniger «gockelig». Es kamen bei ihnen jetzt keine körperlichen Signale an, die ihnen suggeriert hätten, dass Donna etwas in ihnen auslöste, was sie so noch nicht oft erlebt hatten.

Eine solche Fehlattribution ist ein wunderbarer Beweis dafür, wie unfrei wir sind, was unsere Gedanken angeht. Wir spüren unsere Emotion und handeln zwanghaft danach, wissen aber nicht, was der Auslöser dafür sein könnte. Sollten Sie also jemand Neues kennenlernen und ihn anziehend finden, dann dürfen Sie mit ihm nicht in ein langweiliges Restaurant gehen, sondern Sie müssen gemeinsam einen packenden Thriller anschauen, Achterbahn mit ihm fahren oder in den Klettergarten gehen. Die betreffende Person wird dann automatisch denken, Sie wären besonders aufregend. Dasselbe gilt für Eltern, die ihren Teenies verbieten, sich mit ihrem Objekt der Begierde zu treffen. Die Jugendlichen werden sich natürlich heimlich sehen, was die Sache noch viel spannender macht. Diese Aufregung wird fälschlicherweise dem verbotenen Partner gutgeschrieben. Dadurch erreichen die Eltern das genaue Gegenteil ihrer ursprünglichen Absicht: Der Reiz des Verbotenen macht den Angebeteten oder die Angebetete noch attraktiver: Fehlattribution. Alle Klarheiten beseitigt? Der freie Wille scheint also auch von der wissenschaftlichen Seite bestätigt eine Illusion zu sein. Welche Möglichkeiten, den Gedanken auf die Spur zu kommen, haben wir noch zur Verfügung?

Gedanken sichtbar machen

Es gibt ein Gerät, um das sich Mythen ranken. Ein einfaches Instrument, das sofort Kontroversen auslöst, sobald man den Namen nur nennt. Es ist ein kleiner Gegenstand, der schon oft von Scharlatanen missbraucht wurde, vielen anderen Menschen nach deren eigenen Aussagen aber schon wertvollste Dienste geleistet hat. Es ist ein Hilfsmittel, mit dem es Ihnen möglich ist, Gedanken sichtbar zu machen: ein Pendel.

Halt – bitte benutzen Sie dieses Buch jetzt nicht, um ein Feuer anzuzünden. Lassen Sie sich mit mir auf das kommende Thema ein. Ich verspreche Ihnen, in diesem Kapitel geht es nicht darum zu zeigen, wie Glückseligkeit durch Pendeln erlangt werden kann. Wir werden jetzt nicht in New-Age-Gefilde abdriften, uns gemeinsam einen Tee kochen und die Sache ausdiskutieren. Stattdessen benutzen wir das Pendel dazu,

Gedanken sichtbar zu machen. Bleiben Sie also dran, fahren Sie mit. Falls Sie schon ein Pendel besitzen, wunderbar. Falls nicht, dann können Sie sich ganz leicht eines basteln, indem Sie einen Ring oder Schlüssel an eine dünne Schnur oder einen Faden binden. Sie dürfen auch Ihre Halskette mit Anhänger verwenden. Es funktioniert alles, was schwingt.

PENDEL-ÜBUNG 1

- Nehmen Sie Ihr Pendel jetzt in Ihre rechte Hand, die Kette zwischen Daumen und Zeigefinger. Das Gewicht hängt am unteren Ende der Kette und sollte sich möglichst wenig bewegen. Schauen Sie jetzt auf das Gewicht und denken Sie intensiv, dass das Gewicht sich von rechts nach links bewegen soll. Bitte denken Sie diese Bewegung nur! Denken Sie intensiv und stellen Sie sich vor, wie das Pendel sich bewegt, erst langsam, dann immer schneller. Warten Sie, und die gewünschte Bewegung des Pendels wird einsetzen.
- Ist Ihre Vorstellungskraft stark genug, wird das Pendel in der gedachten Richtung schwingen. Es funktioniert nur dann nicht, wenn Sie wollen, dass das Pendel nicht ausschlägt. Seien Sie also geduldig und erwarten Sie, dass es sich von rechts nach links bewegt.
- Falls die Bewegung eingesetzt hat, dann verstärken Sie die Bewegung in Ihren Gedanken, und das Pendel wird weiter und schneller ausschlagen. Reagiert das Pendel wunschgemäß, befehlen Sie ihm, anzuhalten. Die Pendelbewegung wird abnehmen, bis es schließlich ganz anhält.

PENDEL-ÜBUNG 2

- Sagen Sie dem Pendel in Ihrer Hand, dass es sich im Uhrzeigersinn zu bewegen habe und einen Kreis beschreiben solle. Immer weiter und schneller soll das Pendel schwingen.

Die Energie folgt der Aufmerksamkeit. Die Tatsache, dass das Pendel ausschlägt, lässt sich durch sogenannte ideomotorische Bewegungen erklären: Wenn ich intensiv an eine Richtung denke, dann bewege ich meinen Arm automatisch minimal in diese Richtung. Das Pendel macht diese Bewegung sichtbar. Das ist alles! Warum wir uns in eine Richtung bewegen, wenn wir sie denken, ist nicht bekannt. Wenn Sie mehr zu diesem Thema erfahren möchten, empfehle ich Ihnen mein erstes Buch «Ich weiß, was du denkst». Darin habe ich mich eingehend mit diesem Zusammenspiel von Körper und Gedanken befasst. Sehr schön ist auch der folgende Versuch. Sie brauchen dafür nur ein Trinkglas, ein Lineal und natürlich Ihr Pendel.

PENDEL-EXPERIMENT

- Legen Sie das Lineal auf den Tisch. Circa zehn Zentimeter daneben stellen Sie das Glas ab.
- Geben Sie das Pendel einem Freund. Er soll es still einige Zentimeter über dem Lineal halten. Am besten, sein Ellenbogen ist dabei nicht aufgestützt.
- Bitten Sie Ihren Freund, sich intensiv auf die Länge des Lineals zu konzentrieren. Sobald er sich stark genug konzentriert, wird das Pendel in Richtung des Lineals eine Linie beschreiben.
- Stoppen Sie das Pendel und bitten Sie Ihren Partner, das Pendel jetzt über das Glas zu halten und sich intensiv auf dessen Rand zu konzentrieren. Nach kurzer Zeit wird es über dem Glas kreisen. Der Versuch wird bei fast allen funktionieren, die Sie bitten mitzumachen.

Bei meiner zweiten Tournee hatte ich einen Pendelversuch im Programm. Da es bei mehreren hundert zahlenden Zuschauern sehr ungünstig ist, einen Zuschauer auf der Bühne zu haben, bei dem das Pendel nur sehr spät oder sogar überhaupt nicht ausschlägt, ließ ich mir dafür eine Lösung einfallen. Ich verteilte am Eingang Pendel an jeden Zuschauer. Die Pendel bestanden aus Bleigewichten, die an einer Schnur befestigt waren. An dieser Stelle möchte ich meiner Frau ganz herzlich danken, denn sie hat einen Großteil der Pendel bei abendlichen Fernsehsessions gebastelt. Die komplette zweite Staffel von «24» wurde von Pendelarbeiten begleitet. Während Kiefer Sutherland die Welt – genau genommen hauptsächlich Amerika – rettete, haben wir Pendel geknotet. Nur gut, dass wir damals die Serie «LOST» noch nicht kannten – die finden wir nämlich so klasse, dass wir nebenbei niemals Pendel hätten knüpfen können, und das Experiment wäre mangels Requisiten niemals in mein Abendprogramm gekommen. Ein weiterer Dank an die vielen Zuschauer, die ihre Pendel am Ende des Abends auch wirklich wieder abgaben, nachdem ich darum gebeten hatte. Von 1500 Pendeln sind knapp über 1200 auch wieder zurückgegeben worden. Danke an die Ehrlichen unter Ihnen!

Ich forderte also während des Programms die Zuschauer auf, ihr Pendel in die Hand zu nehmen und wie oben beschrieben durch ihre Gedanken zu bewegen. Es hat bei der überwältigenden Mehrheit auf Anhieb funktioniert. Mein Ziel bei diesem Massenpendeln war jedoch ein anderes: Ich wollte sehen, bei wem das Pendel am stärksten ausschlägt. Aus diesem Grund habe ich die Zuschauer beim Pendeln die Augen schließen lassen, bin dann durch die Reihen im Publikum gegangen und habe meine Zuschauer beobachtet. Zum Ende des Versuchs ging ich wieder zurück auf die Bühne, ließ das Publikum die Augen öffnen und bat die Person nach oben, deren Pendel am stärksten ausgeschlagen hatte, um mit ihr ein weiteres, anspruchsvolleres Pendelexperiment vorzuführen.

Wollen Sie vor Zuschauern ein Pendelexperiment zeigen, dann können Sie ähnlich vorgehen und mehrere Personen zunächst testen. Lassen Sie die Pendel in den Händen Ihrer Mitwirkenden wie oben erläutert eine Linie und einen Kreis beschreiben. Die Personen, bei denen das am besten klappt, wählen Sie dann als Akteure für weitere Versuche aus. Hier einige Vorschläge dafür.

LÜGEN-HABEN-KURZE-BEINE-EXPERIMENT

So benutzen Sie ein Pendel als Lügendetektor:
- Zunächst müssen Sie kalibrieren, das heißt, Sie sollten bestimmen, welche Bewegung des Pendels für die Aussage «Ja» und welche Bewegung für «Nein» steht. Sagen Sie Ihrem Gegenüber, dass sein Pendel im Kreis ausschlagen soll, wenn er Ja denkt – und dass es von rechts nach links pendeln soll, wenn er Nein denkt.
- Zur Überprüfung stellen Sie zwei Fragen: Angenommen, Ihre Testperson heißt mit Vornamen Vincent. Dann fragen Sie ihn: «Heißt du mit Vornamen Marlena?» Lassen Sie Vincent Zeit, sich auf seine Antwort zu konzentrieren und das Pendel ausschlagen zu lassen. Es wird von rechts nach links pendeln.
- Als Nächstes stellen Sie eine Frage, die er mit Ja beantworten muss. Nennen Sie zum Beispiel den richtigen Wochentag und fragen Sie an einem Dienstag: «Ist heute Dienstag?» Das Pendel wird sich im Kreis drehen. Damit haben Sie kalibriert. Sie kennen die richtigen Bewegungen des Pendels.
- Jetzt soll die Testperson an eine Zahl zwischen eins und zehn denken. Diese Zahl soll er von Ihnen unbeobachtet auf einen Zettel schreiben und diesen dann in seine Hosentasche stecken. Dann bitten Sie Ihr Gegenüber, sein Pendel locker vor dem Körper zu halten. Sagen Sie ihm, dass er von nun an nicht mehr mit Ihnen sprechen, sondern seine Antwort nur denken soll.
- Fragen Sie: «Hast du die Zahl eins auf den Zettel geschrieben?» Warten Sie ab, bis das Pendel sich ausreichend bewegt. Beschreibt es eine Linie, so lautet die Antwort: «Nein.»
- Als Nächstes prüfen Sie: «Hast du die Zahl zwei auf den Zettel geschrieben?», usw.

- Lassen Sie Ihrem Mitspieler Zeit, sich auf die Antwort und die damit verbundene Bewegung zu konzentrieren. Falls Ihr Gegenüber versucht, bewusst Kontrolle auf das Pendel auszuüben, können Sie in den meisten Fällen trotzdem erkennen, an welche Zahl er denkt, weil das Pendel kurz vor der Bewegung von rechts nach links aus der Bahn ausbricht und stockt. Es ist nur ein kurzer Moment, aber er ist oft sehr gut zu erkennen. Wenn Sie aber den Zuschauer wie oben beschrieben auswählen, ist die Chance danebenzugreifen sehr gering.

Das Pendel macht die Gedanken sichtbar. Ich habe bei diesen Spielen schon sehr heftige Reaktionen erlebt, immerhin lesen Sie jetzt die Gedanken Ihres Gegenübers. Die stärksten Reaktionen kommen meistens von der Versuchsperson selbst, denn sie bewegt das Pendel tatsächlich unbewusst und hat keine Ahnung davon.

WELCHER-GEGENSTAND-IST-GEMEINT?-EXPERIMENT

- Legen Sie sieben bis zehn Gegenstände in einer Reihe auf einem Tisch aus. Ihr Gegenüber soll an einen dieser Gegenstände denken. Jetzt soll er das Pendel langsam über jeden Gegenstand halten. Bei seinem Objekt soll er Ja denken, bei allen anderen Nein. Über seinem ausgewählten Objekt bewegt sich das Pendel im Kreis.

Auch folgendes Experiment, das bereits Bestandteil meines Bühnenrepertoires war, zeigt, wie ein Pendel Gedanken sichtbar machen kann.

DAS AUSGEWÄHLTE-SPIELKARTE-EXPERIMENT

Ein Zuschauer wird gebeten, an eine Spielkarte zu denken. Nehmen wir an, er denkt an die «Herz 5» – was Sie aber natürlich noch nicht wissen.

- Jetzt bekommt er ein Pendel, und Sie fragen ihn: «War Ihre Karte eine rote Karte, also Herz oder Karo?» Das Pendel wird kreisrund ausschlagen. Die gedachte Antwort lautet also: «Ja.»
- Als Nächstes fragen Sie: «War Ihre Karte eine Karokarte?» Diesmal schlägt das Pendel in einer geraden Linie aus. Sie wissen also, dass es sich um eine Herzkarte handeln muss.
- Fragen Sie nun, ob es sich um eine Bildkarte, also Bube, Dame, König oder Ass, handelt. (Das Ass gilt nicht wirklich als Bildkarte, aber so geht der Versuch schneller.) Falls nicht, fahren Sie fort wie beim Lügen-haben-kurze-Beine-Experiment – auf der Seite 62 – beschrieben. Falls das Pendel einen Kreis beschreibt, zählen Sie jede Bildkarte nacheinander auf, fragen, ob das die gedachte Karte ist, und beobachten die Bewegung ganz genau.

Neues aus der Gedankenwelt

Menschen treffen jeden Tag Entscheidungen – wichtige und unwichtige. Sicher werden sie dabei nicht ausschließlich von ihrer Ratio, ihrem Verstand, gelenkt. Man kann sogar weitergehen und behaupten: Emotionen, soziale Faktoren und Erfahrungswerte spielen die entscheidende Rolle, geben letztendlich den Ausschlag. Aber sicherlich sind beide Bereiche aufs tiefste miteinander verzahnt. Die Vor- und Nachteile wägt der Mensch individuell ab – je nach Persönlichkeit.

Dem Grund, warum eine Entscheidung so oder so getroffen wird, ist also nicht ganz einfach auf die Spur zu kommen. Aber woraus ist der Stoff, aus dem Entscheidungen sind? Seit mehr als fünfzig Jahren gehen Neurowissenschaftler diesem Phänomen systematisch nach – mit ganz unterschiedlichen Ergebnissen. In Experimenten ist es ihnen beispielsweise gelungen, schon zehn Sekunden vor dem Ergebnis zu erkennen, ob ein Patient eine Entscheidung von großer oder kleiner Tragweite treffen und in welche Richtung sein Denken gehen wird. Erstaunlich! Hier eine Übersicht über einige Ergebnisse.

Halbvoll ist mehr als halbleer
Auf die Perspektive kommt es an. Die These: Zwei unterschiedliche Darstellungen ein und desselben Sachverhalts führen zu unterschiedlichen Entscheidungen. Dass der Mensch sich dabei nicht fortwährend seiner Rationalität bedient und mitunter zu unlogischen Verhaltensmustern neigt, begründeten die Psychologen Amos Tversky und Daniel Kahneman, der 2002 den weltweit wichtigsten Preis im Bereich Wirtschaftswissenschaften erhielt. Ihr Versuch, die sogenannte Prospect Theory, erforscht die Entscheidungsfindung des Individuums in Momenten der Unsicherheit. Ihr Ergebnis: Der Mensch lerne mehr durch Verluste als durch Gewinne und sei eher bestrebt, negative Erfahrungen zu vermeiden, als positive herbeizurufen.

Die Wissenschaftler baten ihre in zwei Gruppen aufgeteilten Testpersonen, sich vorzustellen, sie müssten eine folgenschwere Entscheidung treffen, von der 600 Menschenleben abhingen. Man unterbreitete Gruppe eins zwei Vorschläge: Eine Option würde beinhalten, 200 Menschen zu retten, die andere, dass man zu 33 Prozent alle Menschen retten könnte, zu 66 Prozent jedoch alle sterben würden. Die meisten Getesteten entschieden sich für Variante A. Der zweiten Gruppe stellte man inhaltlich dieselben Fragen, jedoch mit leicht umformulierten Optionen: Variante eins betonte diesmal, dass 400 Menschen sterben würden, was implizit auch in der ersten Variante steckt, die man Gruppe eins unterbreitete. Variante 2 besagt für die zweite Gruppe, dass die Wahrscheinlichkeit, alle zu retten, bei einem Drittel, und die Wahrscheinlichkeit, dass alle sterben, bei zwei Dritteln lag. Die Mehrheit votierte diesmal für Variante B, obwohl die Optionen eins und zwei, die den zwei Testgruppen gestellt wurden, inhaltlich identisch waren.

Entscheidend war die Betrachtungsweise der Fragen. Diese hatte die Getesteten unterbewusst beeinflusst. Dass das in Variation eins hervorgehobene Retten von 200 Menschen gleichermaßen den Tod von 400 anderen beinhaltete, wurde nur wahrgenommen, als es bei der zweiten Testgruppe explizit ausgesprochen wurde. Um eine Entscheidung zu treffen, spielt somit die Herangehensweise oft eine essenzielle Rolle. Das Gefühl, mit einer Entscheidung Gutes zu tun, treibt den Menschen voran und veranlasst ihn, die negativen Konsequenzen außer Acht lassen. Wird jedoch ausdrücklich auf die negativen Auswirkungen einer Entscheidung hingewiesen, nimmt der Mensch meist davon Abstand. Näheres zu diesem Thema erfahren Sie in Kapitel 2 unter «Reframen: Perspektivwechsel gefordert».

Was sagen bloß die anderen?

Ebenfalls essenziell für die Entscheidungsfreude des Einzelnen sind persönliche Erinnerungen und individuelle Erfahrungen. Situationen werden von Menschen je nachdem, inwieweit sie bereits mit einem solchen Kontext in Berührung gekommen sind, unterschiedlich beurteilt. Dabei verlässt sich der Mensch gern auf Faustregeln und sein Bauchgefühl. Nicht zu unterschätzen ist dabei auch die Meinung anderer, die uns oktroyieren wollen, was gut ist und was nicht.

Gregory Berns von der Emory-Universität in Atlanta und Read Montague vom Baylor College of Medicine in Houston gingen diesem Zusammenhang auf den Grund. Mittels einer funktionellen Magnetresonanztomographie machten sie die Gehirnaktivitäten ihrer Probanden auf einem Bildschirm sichtbar. Das sogenannte Hyperscanning zeigt Stoffwechselaktivitäten, die Ausschüttung von Botenstoffen als Reaktion auf äußere Einflüsse, auf einem Monitor. Die Testpersonen nahmen, im Scanner liegend, an einer simulierten Internetauktion teil.

Die Untersuchungen brachten Erstaunliches zutage: Teile des Gehirns, insbesondere die, die mit dem Belohnungssystem in Zusammenhang gebracht werden, vornehmlich der Orbitofrontalkortex und das Striatum, arbeiteten intensiver, je mehr Konkurrenten ihre Gebote abgaben. Beide Hirnbereiche sind mit der Amygdala verbunden, die über den Botenstoff Dopamin Motivation und Glücksempfinden reguliert und somit für den menschlichen Emotionshaushalt zuständig ist. Die Bedeutung, die andere dem Gegenstand gaben, ließ das Gehirn des Probanden den eigentlichen Wert des Gegenstands vollkommen überschätzen. Daraufhin bot der Getestete immer eifriger mit. Zu wissen, dass andere Menschen Dinge als erstrebenswert ansehen, lässt den Menschen dazu neigen, überschwänglich zu agieren, was von außen betrachtet als impulsiv oder unüberlegt gelten mag.

Spieltheorie oder Gefangenendilemma?

Dasselbe Team befasste sich auch ausgiebig mit der Aktivität von Gehirnregionen, wenn es darum geht, Entscheidungen zu treffen, die über das Schicksal anderer mitbestimmen, wenn zeitgleich die Entscheidungen des anderen über das eigene Schicksal entscheiden.

Montague und Berns untersuchten 36 Probandinnen, die in Zweierteams gegeneinander antraten. Zurück geht dieses Experiment auf den aus Österreich-Ungarn stammenden und später in die USA übergesiedelten Mathematiker John von Neumann, der zusammen mit dem Ökonomen Oskar Morgenstern mit seiner «Theory of Games and Economic Behaviour»

Mitte des vergangenen Jahrhunderts den Grundstein für kommende Forschergenerationen, die den Prozess der Entscheidungsfindung näher untersuchten, legte. In mit einem Rollenspiel vergleichbaren Situationen hängt die Entscheidung des einen von anderen Personen ab.

Die prominenteste Variante dieser Forschungsansätze ist das Gefangenendilemma (vgl. auch S. 102 ff.). In dieser Testsituation werden zwei Personen, von denen eine ein Verbrechen begangen hat, man aber nicht weiß, wer, getrennt voneinander immer wieder verhört. Die einzigen Möglichkeiten, die den Angeschuldigten bleiben, sind, zu schweigen, den anderen oder letztendlich sich selbst zu belasten. Wer der Tat überführt wird, dem droht ein Freiheitsentzug von fünf Jahren, dem anderen, also dem Verräter, wird die verlockende Freilassung in Aussicht gestellt. Belastet sich jemand selbst, beträgt die Gefängnisstrafe vier Jahre. Wenn beide schweigen, kann das immerhin noch zu zwei Jahren Gefängnis führen. Auf dieser Grundlage müssen sich die Verhörten, ohne sich mit ihrem Komplizen absprechen zu können, entscheiden. Zahllose Wiederholungen belegen, dass sich die Variante der Selbstbelastung als die häufigste erwiesen hat. Das Risiko zu schweigen, in der Hoffnung, dass einem es der Komplize gleichtut, um nur die Mindeststrafe zu erzielen, geht man nicht ein. Das Misstrauen, dass der andere einen verrät, ist zu hoch und das Maximum an Bestrafung die logische Konsequenz. Allerdings schlugen es die Testpersonen auch aus, den anderen zu beschuldigen, obwohl sie selbst ungestraft davongekommen wären.

Die meisten entschieden sich also dafür, ein Geständnis abzulegen, das Risiko des fünften Jahres Freiheitsentzugs somit zu umgehen und in der Gunst ihres Komplizen nicht zu sinken, was der Konfrontationskurs zweifelsohne bewirkt hätte. Nicht nur der eigene Nutzen stand im Vordergrund, sondern auch die eventuell entstehenden Kosten wurden in Betracht gezogen und beide Aspekte miteinander verglichen. Das am häufigsten erzielte Ergebnis war also eine Mischung aus Selbstlosigkeit, ökologischen Gesichtspunkten und Eigennutz.

Ich weiß, was du willst

Mittels ihrer Aufzeichnungen erarbeiteten Berns und Montague das sogenannte Predictor-Valuation-Modell, das die Reaktionen des neuronalen Netzwerks auf verschiedene Situationen vorhersagen konnte. Dieses wurde zunächst auf Rhesusaffen angewandt. Die getesteten Affen wurden für unterschiedliche Dienste mit Obst belohnt, das sie frei wählen konnten. Das Ergebnis jedoch war enttäuschend: Zwar schaffte man es, die neuronalen Abläufe vorherzusagen, die den Affen dazu führten, sich ein Stück davon auszusuchen. Doch war es den Wissenschaftlern nicht möglich zu ermitteln, für welches Obst sich das Tier entscheiden würde. Eine mathematische Formel für unser Denken – sie wird eine Utopie bleiben.

Der Stoff, aus dem die Gedanken sind

Auch mit dem Einwirken auf den Neurotransmitterhaushalt lässt sich die menschliche Entscheidungsgewalt manipulieren. Robert Rogers vom Centre for Clinical Magnetic Resonance Research an der Universität Oxford verabreichte Probanden unterschiedliche Wirkstoffe, die sich, wie sich herausstellen sollte, auf deren Entscheidungsfreiheit niederschlugen. Eine Gruppe bekam 80 Milligramm eines herkömmlichen Betablockers namens Propanolol eingeflößt, die andere ein aminosäurehaltiges Getränk. Der ersten Gruppe fiel es anschließend wesentlich schwerer, zwischen kleinen und großen Verlusten zu entscheiden. Der Betablocker hatte die Wirkung des stressabbauenden Neurotransmitters Noradrenalin verhindert. Der zweiten Gruppe wurde durch die Einnahme des Getränks Tryptophan entzogen. Dabei handelt es sich um einen Vorläufer von Serotonin, einen Stoff, der ebenfalls für den Emotionshaushalt zuständig ist und dessen Fehlen Depressionen hervorrufen kann. Die zweite Gruppe sah keinen Unterschied mehr zwischen großen und kleinen Belohnungen. Die Beurteilung der Kosten, so Rogers schlussfolgernd, hänge also mit Noradrenalin und die Beurteilung des Gewinns mit Serotonin zusammen. Entzieht man nun dem Körper den einen oder anderen Stoff, lässt sich die Entscheidungsfindung mitunter sehr stark indoktrinieren. Eine wichtige Erkenntnis, die auch große Gefahren mit sich bringt, Wissen zu missbrauchen.

Dopamin – so bleiben Sie immer motiviert!

Da heißt es immer, Wissenschaftler wären trocken und hätten keinen Humor. Das scheint für die Verhaltensforscher nicht zu gelten! Sie benannten ein spezielles verhaltensbiologisches Phänomen nach dem 30. US-Präsidenten Calvin Coolidge (1872–1933). Mr. Coolidge besuchte einst mit seiner Gattin eine Farm. Während der Präsident gerade woanders war, wurde Mrs. Coolidge auf einen Hahn aufmerksam, der eine Henne bestieg. Als man ihr mitteilte, der Hahn vollzöge diesen Akt bis zu zwölfmal am Tag, soll sie geantwortet haben: «Sagen Sie das doch bitte meinem Mann!» Als dem Präsidenten dann von diesem heldenhaften Hahn berichtet wurde, fragte er zurück: «Jedes Mal mit der gleichen Henne?» – «Nein, Sir, jedes Mal mit einer anderen», antwortete der Farmer. «Sagen Sie das bitte meiner Frau!», erwiderte der Präsident daraufhin.

Aus der Sicht der Evolutionsbiologie stellt der Coolidge-Effekt eine rationale Strategie zur Steigerung der genetischen Fitness dar: Weil ein Männchen seinen Fortpflanzungserfolg durch wiederholten Sex mit demselben Weibchen nicht mehren kann, existiert im Gehirn ein hormoneller Mechanismus, der die Libido nach einer Weile auf eine produktivere Alternative umlenkt. Heute wissen wir sehr genau, wie dieser Mechanismus funktioniert, der längst nicht nur die Libido steuert.

Der Coolidge-Effekt beruht auf einem Anstieg eines bestimmten Belohnungshormons im Gehirn. Wann immer ein Mensch oder ein Tier eine angenehme Erfahrung macht, schütten spezielle Nervenzellen im Lustzentrum den Botenstoff Dopamin aus, der hier wie eine Glücksdroge wirkt. Voraussetzung für die Ausschüttung: Der Reiz muss neu und angenehm sein. Bei wiederholten gleichen Reizen ebbt der Dopaminspiegel sehr schnell ab und damit auch die Motivation. Verbotene Rauschgifte und euphorisierende Drogen setzen genau an dieser Stelle an. Doch kein Suchtmittel verleiht uns wirklich andauernde Freude. Alle Drogen müssen zur erwünschten Wirkung immer häufiger und höher dosiert werden.

Die Macht der Gewohnheit ist der natürliche Feind der Dopaminausschüttung. Alles, was dagegen neu, angenehm und unerwartet ist, lässt die Produktion wieder ansteigen. Auch beim Menschen werden sämtliche positiven Gefühle durch dieses Hormon übermittelt. Eigentlich wollen wir gar keinen Lottogewinn, keine Gehaltserhöhung und keinen Sex – was wir eigentlich wollen, ist die dadurch verursachte Dopaminausschüttung.

DOPAMIN, DER BOTENSTOFF ZUM GLÜCK

Dopamin ist ein biogenes Amin aus der Gruppe der Katecholamine. So viel zum chemischen Vokabular. Als Neurotransmitter regelt es die Durchblutung der Bauchorgane, insbesondere der Nieren. Im Volksmund ist der Botenstoff als «Glückshormon» bekannt. Er wirkt sich unmittelbar auf die menschliche Psyche aus – im Positiven wie im Negativen. Dopamin kontrolliert und steigert das menschliche Wohlbefinden, motiviert und «belohnt» den Körper und ist insbesondere bei Verliebten in erhöhter Konzentration im Blut nachweisbar. Wie verliebt jemand ist, lässt sich anhand des Dopaminspiegels aufzeigen: Experimente an männlichen Ratten haben belegt, dass die Konzentration bei in Aussicht gestelltem Liebesspiel bis auf das Doppelte ansteigt.

Das Erfolgs- und Belohnungshormon hat aber noch andere wichtige Aufgaben. Es sorgt dafür, dass unseren Gedanken Taten folgen. Ein niedriger Dopaminspiegel im Gehirn blockiert uns auf der Handlungsebene. Die neue Idee kann noch so gut sein, doch ohne den dopaminvermittelten Motivationsschub bleibt alles nur blanke Theorie. Wenn Sie aus der Obstschale der knackige Apfel anlacht und Ihre Hand danach greift, so ist dieser Impuls vom Dopamin gesteuert. Bei niedrigem Spiegel fehlt sämtlicher Antrieb. Sie sehen und wollen den Apfel, können Ihren Wunsch aber nicht in die Tat umsetzen. Bei krankhaft erniedrigtem Spiegel folgt der Morbus Parkinson. Hier hat das Gehirn die Fähigkeit zur ausreichenden Dopaminproduktion verloren.

Nach neuen Erkenntnissen blockieren Stress und falsche Ernährung die körpereigene Dopaminsynthese. Vitamin- und eiweißreiches Essen dagegen fördert den körpereigenen Hormonaufbau. Wie die Medien berichten, leidet der schwergewichtige Bulle von Tölz, Ottfried Fischer, unter Morbus Parkinson. Leberkäs', Schweinebraten und Weißbier sind demnach nicht die besten Verbündeten bei der Dopaminherstellung. Mageres Fleisch, Fisch, viel Obst und Gemüse versetzen den Körper eher in die Lage, dieses wertvolle Hormon ausreichend zu produzieren. Regelmäßige Bewegung und Entspannung senken die Stresshormone, die die Dopaminproduktion drosseln würden.

Ausreichende Hormonproduktion vorausgesetzt, brauchen wir nur noch den Reiz des Neuen, um das angenehme Gefühl des Lebendigseins und der freudig gespannten Erwartung in vollen Zügen zu genießen. Wenn der Kreislauf Erfolg, Glücksgefühl, Motivation erst einmal angeschoben ist, wird er zum Selbstläufer. Erfolg macht immer erfolgreicher.

Viele Menschen verkümmern leider in der Komfortzone – doch dort wartet man meist vergeblich auf unerwartete, angenehme und neue Auslöser für die Dopaminausschüttung.

Das wahre Leben findet außerhalb der Komfortzone statt. Darum suchen Sie immer wieder nach weiteren Herausforderungen. Wagen Sie Neues und bleiben Sie neugierig – das Dopamin wird Sie belohnen und immer neu motivieren! Achten Sie immer auf Ihr Wohlbefinden und hören Sie auf Ihren Körper, damit Sie mögliche Warnzeichen erkennen können. Denn: Alle Stoffe, die das Gehirn lenken, müssen im Gleichgewicht sein.

Burnout und Depression: wenn Gedanken entgleiten und Entscheidungen unmöglich werden
Burnout (Belastungsdepression) und Depression werden laut WHO in den nächsten Jahren die Herz-Kreislauf-Erkrankungen als bisher noch häufigste Krankheiten überholt haben. Die Fehlzeiten, verursacht durch diese seelischen Krankheiten, sind heute schon enorm. Erschreckendes Ergebnis einer aktuellen Stressstudie der Techniker Krankenkasse: 2008 waren deutsche Arbeitnehmer allein wegen Burnoutsymptomen fast zehn Millionen Tage krankgeschrieben! Umgerechnet wären das etwa 40 000 Arbeitnehmer, die ein ganzes Jahr lang ausfielen. Und die Tendenz zeigt steil nach oben.

Burnout und Depression haben eines gemeinsam: In beiden Fällen sinken die Stimmungshormone Serotonin und Noradrenalin im Gehirn deutlich ab. Das erste sorgt für die gute Laune, das zweite für den Antrieb. Wenn diese mentalen Rückenwindhormone weniger produziert werden und es nicht mehr so recht flutscht im Leben, erhöht sich die gefühlte (Arbeits-)Belastung. Dadurch steigt dann das Stresshormon Cortisol im Blut an, welches in der Folge wiederum die Produktion der Rückenwindhormone hemmt – und der Teufelskreis beginnt. Wichtig zu wissen: Burnout und Depression sind kein Zustand, sondern ein Prozess, der sich über eine längere Zeit entwickelt. Bei Frauen werden diese Krankheiten fünfmal häufiger diagnostiziert, Männer bringen sich dafür fünfmal häufiger um.

Noch hat die Krankheit einen Makel. Dabei ist Depression eine chemische Veränderung im Gehirn – und kein Versagen.

Wenn das Cortisol ansteigt, lebt der Körper nicht mehr von den Zinsen, sondern vom Kapital. Im ausgeglichenen Zustand – der Arzt nennt das Homöostase – bezieht der Körper seine Energie aus Fetten und aus den Kohlenhydraten. Bei erhöhtem Cortisol zieht der Stoffwechsel alle Register und lebt weiterhin vom Fett und von den Kohlenhydraten – und zusätzlich vom Eiweiß. Das bedeutet, wertvolle Aminosäuren – auch die gehirnaktiven – werden in Energie umgewandelt und sind somit für den Hirnstoffwechsel und die Glückshormonbildung unwiederbringlich verloren. Mit den bekannten Folgen: weniger Glückshormon, geringerer Antrieb, erhöhte subjektiv empfundene Arbeitsbelastung, vermehrte Cortisolausschüttung. Und von jetzt an beißt sich die Katze in den Schwanz: Dieser Prozess kann so lange andauern, bis über diesen Teufelskreis das Vollbild Burnout erreicht ist. Dann sind die Nebennieren – der Ort der Cortisolproduktion – völlig ausgebrannt und sonographisch messbar geschrumpft. Nun kann dieser Stoff vom Körper kaum noch produziert werden, und den ganz hohen Werten folgen die ganz tiefen. Auch wiederum mit erheblichen Konsequenzen für den Patienten: Die Schmerzschwelle verändert sich, alles tut weh, und der Mensch ist antriebslos, müde und betrübt.

Solche Patienten laufen wegen ihrer Schmerzen von Arzt zu Arzt, werden auch vom zehnten Orthopäden noch geröntgt, doch auf den Bildern kann man den Grund des Schmerzes nie sehen. Und schließlich sagt der Arzt: «Sie haben eine Fibromyalgie» – zu Deutsch: «Ich weiß auch nicht, was Sie haben ...»

Dieses Wissen um das Wechselspiel der Hormone ist bekannt, wissenschaftlich belegt, doch leider werden weder diese Hormone noch die Aminosäuren im Blut der Patienten gemessen. Selbst bei so prominenten Fällen wie Sven Hannawald,

Sebastian Deisler oder Robert Enke scheint die herkömmliche Therapie nicht gefruchtet zu haben. Hannawald und Deisler galten als geheilt, und trotzdem haben sie ihren Beruf an den Nagel gehängt. Wer wieder gesund ist, der könnte eigentlich weiterarbeiten. Und wie das Schicksal für den sympathischen Robert Enke endete, ist leider auch bekannt.

Sebastian Deisler nannte in einem Interview als Grund für die Beendigung seiner Karriere, er habe kein Vertrauen mehr zu seinem Knie. In Wirklichkeit war aber mit Knie der Kopf gemeint. Die Hormonlage war schief. Wenn jemand Hermann Maier heißt und nach einem Motorradunfall einen komplett offenen Unterschenkeldurchbruch hatte, sodass sein Bein nur noch an einem Stückchen Haut hing – falls der dann sagt, er habe kein Vertrauen mehr zu seinem Bein, dann ist das mehr als verständlich. Mit Sicherheit hatte Hermann Maier aber eine andere Hormonausgangslage im Gehirn. Serotonin und Noradrenalin sorgten für so viel Zuversicht und Antrieb, dass er sich nach Ausheilen des Bruchs wieder auf der Streif in Kitzbühel die Mausefalle hinunterstürzte und 22 Monate nach und trotz der Verletzung erneut den Gesamtweltcup gewann. Seit ich weiß, wie wichtig Hormone und essenzielle gehirnaktive Aminosäuren sind, messe ich diese Parameter bei all meinen Patienten. Es ist leicht zu sagen: Denken Sie positiv! Doch wenn die mentalen Rückenwindhormone fehlen, kreisen die Gedanken unweigerlich um die negativen Gefühle und Emotionen.

Behandelt wird heute leider immer noch standardmäßig durch eine Kombination aus medikamentösen Stimmungsaufhellern und Psychotherapie. Das Ergebnis ist bekannt: Eine vollständige Heilung ist selten, und manche Patienten bringen sich dann trotz liebevoller Zuwendung und intensiver, aber nicht optimaler Behandlung um.

Wäre das Wissen nicht vorhanden, so könnte man niemandem einen Vorwurf machen. Aber das beklagte schon Max

Planck: Es dauert nicht 30, sondern 60 Jahre, bis sich neue wissenschaftliche Ansätze durchsetzen. Denn nach den Professoren müssen erst noch ihre Schüler sterben.

Richtig und wichtig wäre es, die Hormone im Blut zu messen! Nur dadurch könnte man frühzeitig feststellen, ob man gefährdet ist zu erkranken oder ob man hormonell noch im vollen Saft steht. Falls die Hormonproduktion sinkt, kann man durch die gezielte Gabe von gehirnaktiven Aminosäuren in Form von nebenwirkungsfreien Nahrungsergänzungen gegensteuern. So bekämpft man die Ursache der Krankheit und nicht das Symptom, wie das die chemischen Serotonin-Wiederaufnahmehemmer machen. In der deutschen Medizin wird viel zu häufig vom Symptom her behandelt. Dabei lernt jeder Lehrling, dass man die Treppe von oben nach unten und nicht von unten nach oben kehrt. Meist klagt der Patient beim Arzt sein Leid, der Arzt hört ein Symptom heraus, zückt seinen Rezeptblock, verordnet ein Medikament gegen das Symptom – einzunehmen dreimal täglich –, und der Nächste bitte. Nach der wahren Ursache wird viel zu selten geforscht. Manche Patienten nehmen vier, fünf oder sogar mehr Medikamente ein, dabei kann kein Arzt der Welt die Nebenwirkungen und Wechselwirkungen von mehr als drei Medikamenten vorhersagen. Aber gegen diese Nebenwirkungen gibt es ja auch wieder Pillen ...

Ein erhöhtes Stresshormon Cortisol kann und sollte man durch regelmäßige Entspannung (siehe Kapitel «Der innere Dialog – Tyrann oder Kraftquelle?», S. 198 ff.) senken. Denn wenn man den ganzen Tag nur arbeitet, dann kann das kein Zeichen für Intelligenz sein! Jeder Maler, der das Werk seines Lebens malt, steigt auf die Leiter, um an seinem Bild zu arbeiten. Danach steigt er wieder herunter und betrachtet das Werk als Ganzes, bevor er weitermalt. Wir dagegen stehen nur noch auf der Leiter, ohne uns zwischendurch zurückzulehnen und unser Gesamtkunstwerk «Leben» als Ganzes zu betrachten. In meinen Seminaren halte ich meine Teilnehmer immer wieder dazu an, «von der Leiter zu steigen», um zu entspannen und um die oft vernachlässigten Sinnfragen des Lebens zu klären. Antworten und Anleitungen geben wir dabei nur für die medizinischen Fragen, wie zum Beispiel das Überprüfen der (Stress-)Blutwerte, oder mit Tipps, wie man effektiv entspannen kann. Antworten auf die zentralen Sinnfragen bleiben wir ihnen schuldig, die können nur sie sich geben. Nur dann bestimmen sie selbst, wo die aufregende und (ent)spannende Reise hingehen soll!

Fazit: Mehr und mehr kommen Neurowissenschaftler den Geheimnissen des menschlichen Empfindens und Denkens auf die Spur, aber es liegt noch ein weiter Weg vor ihnen. Fest steht: Alles hängt mit den Vorgängen des Neuralsystems zusammen, und diese werden von unterschiedlichsten weiteren Faktoren bestimmt. Die erwähnten Versuchsreihen beweisen klar, dass jeder kleinen oder spontanen, noch so irrational erscheinenden Entscheidung neurologische Prozesse zugrunde liegen und sie auf chemischen Abläufen in unserer Denkzentrale basiert. Heißt das im Umkehrschluss auch, dass die Gabe dieser Stoffe unser Denken leiten kann? Diese Verknüpfung ist nur eine Winzigkeit im großen Gefüge. Die Welt des Denkens ist so komplex, dass die Wissenschaft noch vor große Aufgaben gestellt ist, und kaum ein Forschungsgebiet ist so spannend. Es geht hier um die Frage nach dem Wesen des Menschen.

Mit allen fünf Sinnen

Warum denken und fühlen wir überhaupt irgendetwas? Weil unser Gehirn ein soziales Organ ist und sowohl zur physischen Umwelt als auch zu anderen Gehirnen ständig Verbindung hält und Beziehungen aufbaut. Gehirnaktivität ist ohne Reizeinflüsse von außen nicht denkbar. Das bedeutet nicht, dass nicht auch innere Vorgänge beim Denken und Fühlen eine Rolle spielen, jedoch werden sie vom Gehirn stets in Beziehung zur Umwelt gesetzt. Selbst während der Schwangerschaft nimmt das Kind schon Umweltreize auf, verarbeitet sie und speichert sie als Erfahrungen ab. Nur im Kontakt mit und in der Abgrenzung zum Außen kann sich das Innen überhaupt konstituieren. Daher sind unsere fünf Sinne nicht nur unsere Tore zur Welt, sondern gleichsam Instrumente, die uns erst lebensfähig machen. Wie stellt unser Gehirn durch diese Kanäle eine Verbindung zwischen außen und innen her, und wie kreiert es mit Hilfe der Sinnesorgane die Welt, in der wir leben, sowie uns als Individuum im Verhältnis zur Welt?

Stiefkind: über das Riechen

Wer schlecht träumt, sollte das Schlafzimmer vielleicht mit einem Duftspender ausrüsten. Denn Wissenschaftler der Universitätsklinik Heidelberg berichten, dass üble Gerüche offenbar zu üblen Träumen führen.

In der *Ärzte Zeitung* vom 22. September 2008 heißt es unter der Headline: «Schönere Träume durch gute Gerüche. Gerüche beeinflussen unsere Träume. Das ergab eine Studie, die beim HNO-Kongress in Chicago vorgestellt wurde, teilt die US-HNO-Gesellschaft mit. Die Probanden wurden im Schlaf dem Geruch fauler Eier oder dem Duft von Rosen ausgesetzt. Nach den REM-Phasen – also dem Traumende – wurden sie aufgeweckt und befragt: Die Traumbilder unter dem Einfluss fauler Eier waren eher negativ, unter Rosenduft jedoch positiv.»

Die Forscher um Prof. Dr. Boris Stuck hatten im Labor 15 schlafende Menschen beobachtet, befragt und den Einfluss der Gerüche untersucht. «Die meisten alltäglichen Gerüche setzen sich aus zwei Komponenten zusammen», erklärte Stuck dem Fachmagazin *New Scientist*. «Dem eigentlichen Geruch und einem Bestandteil, der die Nase reizt. Mit Hilfe von Chemikalien, die nur riechen, jedoch nicht reizen, waren wir in der Lage, die

Teilnehmer mit sehr hohen Dosen zu stimulieren, ohne sie zu wecken.» Dabei zeigte sich, dass Gerüche offenbar die «emotionale Färbung» von Träumen beeinflussen können. Nun wollen Stuck und sein Team herausfinden, ob angenehme Düfte Menschen helfen können, die häufig unter Albträumen leiden.

Von Kolben, Fädchen, Rezeptoren & Co.

Würde man eine Beliebtheitsskala der Sinne aufstellen, käme der Geruchssinn wohl am schlechtesten weg. Zum einen, weil wir im Vergleich zu anderen Lebewesen tatsächlich eher schlecht riechen können, zum anderen aber auch, weil dieser Sinn in unserer sehr optisch und akustisch geprägten Welt kaum eine Rolle spielt. Dennoch übernimmt auch der Geruchssinn wichtige Aufgaben in unserem Leben – zumeist ist uns dies allerdings nicht bewusst. So hat die Nase zum Beispiel bei der Partnerwahl ein ganz entscheidendes Wörtchen mitzureden. Nur wenn ich jemanden «gut riechen» kann, verspüre ich auch den Wunsch, ihn oder sie näher kennenzulernen und ihm oder ihr körperlich nah zu sein. Wenn mir dagegen «jemand stinkt», gehe ich ihm wohl eher aus dem Weg. Wir umgeben uns am liebsten mit Menschen, deren Geruch uns angenehm ist. Unser bewusstes Denken mag das Sympathie nennen oder entscheiden, ein Mensch habe Ausstrahlung oder eben nicht. Doch im Grunde hat uns unbewusst unser Riechkolben vorgegeben, wen wir nett finden dürfen und wen nicht. Diese Reaktionen laufen unbewusst ab, weil viele Nervenbahnen, die vom Geruchssinn belegt sind, direkt in tiefe Hirnregionen führen, die unter der Großhirnrinde liegen. Die Großhirnrinde ist unter anderem für bewusste Wahrnehmung zuständig und über die Aktivität des Geruchssinns nicht immer vollständig informiert. Daher ahnen die wenigsten, wie sehr er unser Handeln beeinflusst.

Gerüche sind gegenüber Geräuschen oder optischen Sinneseindrücken sehr komplexe Reize. Ein Geruch enthält meist zahlreiche unterschiedliche Duftstoffe, deren chemische Struktur stark differieren kann. Dennoch kann auch der Mensch mehrere tausend verschiedene Gerüche wahrnehmen und auseinanderhalten – Letzteres allerdings nur, wenn er beispielsweise als Parfümeur seine Nase lange trainiert hat. Obwohl beim Menschen zwei Drittel der Erbanlagen, die die Bauanleitung für Riechrezeptoren enthalten, defekt sind, kann die Welt der Gerüche für ihn also mindestens genauso reich und vielgestaltig sein wie die der Töne oder Farben. Riechrezeptoren sind Eiweißmoleküle, die auf der Oberfläche von Rezeptorzellen sitzen und verschiedene Duftstoffe binden können. In diesen Rezeptorzellen wird dann eine elektrische Erregung erzeugt, die in verschiedene Hirnregionen weitergeleitet wird.

Weil der Geruchssinn in enger Verbindung zur Amygdala und zum Hypothalamus steht, können Gerüche in uns starke Emotionen auslösen und Erinnerungen wachrufen, die an einen bestimmten Geruch gekoppelt sind. Schon Marcel Proust hat das Phänomen in seinem Roman «Auf der Suche nach der verlorenen Zeit» beschrieben: Ein duftender Lufthauch genügt, um den Menschen in jahrzehntealte Erinnerungen zurückzuversetzen. Warum gerade der Geruch so lange gespeichert wird und wie genau die engen Kontakte zwischen Sinnen und Erinnerungen funktionieren, wissen die Experten noch nicht.

Die Evolution jedenfalls hat ihn als essenziellen Sinn konzipiert, der schon bei der Geburt vollständig ausgebildet ist, damit das Kind die Mutter an ihrem Geruch erkennen kann. Beim Menschen wie bei allen an Land lebenden Tieren dient der Geruchssinn außerdem dazu, frische von verdorbener Nahrung zu unterscheiden sowie auf den Geruch von Fressfeinden mit Flucht oder Abwehr zu reagieren. Übrigens: Wer seinen Geruchssinn verloren hat, für den schmecken auch die köstlichsten Speisen langweilig und fade. Diese beiden Sinne stehen also in unmittelbarem Kontakt und hängen stärker voneinander ab als Seh-, Gehör- oder Tastsinn.

Senat: über das Hören
Ich unternahm als Jugendlicher mit meinem Vater und meinem Bruder sehr oft Städtereisen. In Paris hörten wir ein und dieselbe Kassette immer wieder rauf und runter («Für Usszeschnigge» von BAP). Wenn ich heute zum Beispiel das Lied «Jupp» höre, kommen mir automatisch die Bilder dieser Reise in den Sinn. Die Lieder sind so stark mit meinem Bruder und der Reise nach Paris verknüpft, dass es unmöglich ist, bei dem Lied *nicht* an ihn zu denken. Genauso ist es mit einigen Liedern, die ich immer mit meiner heutigen Frau gehört habe, als wir uns kennenlernten. Wenn diese Lieder laufen, geht es uns automatisch gut. Diese Anker sind ein sehr mächtiges Mittel, wenn man sie richtig nutzt. Wie das geht, finden Sie ausführlich im Kapitel «Ankern: entscheiden und konditionieren» (S. 162 ff.).

Von Amboss, Hammer, Steigbügel & Co.
Der menschliche Embryo ist erst wenige Zentimeter groß und hat sich gerade im Uterus der Mutter eingenistet, da sind bereits mikroskopisch kleine Ansätze zur Bildung von Ohren an ihm zu erkennen. Die Hörschnecke ist schon in der 22. Schwangerschaftswoche vollständig ausgebildet, wohingegen jeder andere Teil unseres Körpers bis zum 17. oder 18. Lebensjahr wächst. Und obwohl die Natur sich mit der Ausbildung des Gehörsinns so wenig Zeit lässt, hat sie damit trotzdem das empfindlichste Sinnesorgan des Menschen geschaffen. So ist die dynamische Breite des Hörens sehr groß: Der Schallreiz, der ausreicht, um unser Trommelfell in Schwingung zu versetzen, kann um das Billionenfache gesteigert werden, bis uns buchstäblich das Trommelfell vor lauter Krach platzt.

Das menschliche Ohr kann Schallwellen in Frequenzbereichen zwischen 16 Hertz (tiefer Ton) und 20 Kilohertz (hoher Ton) wahrnehmen. Nachdem die Schallwellen durch den Gehörgang zum Trommelfell gelangt sind und dieses in Schwingung versetzt haben, verstärken die kleinsten Knochen in unserem Körper – Hammer, Amboss und Steigbügel – die Schwingungen und leiten sie weiter ins Innenohr, das mit einer Flüssigkeit gefüllt ist. In der Hörschnecke schließlich entstehen durch die Bewegung der Schallwellen Schwerkräfte zwischen einer dort frei schwingenden Membran und zilienartigen Auswüchsen der Haarsinneszellen. In diesen Auswüchsen findet die Umwandlung von mechanischer Energie (Schallwellen) in elektrische Energie statt, die die neuronale Weiterleitung der Hörinformation erst ermöglicht. Forscher der Tübinger HNO-Universitätsklinik konnten bereits vor 15 Jahren zeigen, dass die Haarzellen in der Frequenz der ankommenden Töne oder auch im Rhythmus einer gehörten Melodie zucken. Man vermutet, dass die Sensibilität dieser Zellen es uns überhaupt erst ermöglicht, etwas so Differenziertes wie die menschliche Sprache in elektrische Impulse umzuwandeln und damit zu verstehen.

Das Hören ist – wie alle Sinne – ein Mechanismus, der uns Gefahr erkennen lässt (etwa ein heranbrausendes Auto oder ein brüllender Löwe), aber eben auch ein sozialer Sinn, der es uns ermöglicht, mit anderen in Kontakt zu treten. Einen Menschen erkennen wir sofort an seiner Stimme und können heraushören, ob er gerade fröhlich, traurig oder wütend ist. Genau wie Gerüche können auch Töne, zum Beispiel ein Musikstück, in uns unmittelbar Emotionen auslösen und Erinnerungen wachrufen, deren wir uns nicht erwehren können. Dies ist der Fall, weil auch der Hörnerv mit vielen verschiedenen Schaltzentren im Gehirn in Verbindung steht. Im Gegensatz zum Geruch sind uns Hörwahrnehmungen allerdings eher bewusst; dies lässt vermuten, dass die Verzweigungen des Hörnervs vermehrt in der Großhirnrinde enden.

Eine ebenso wichtige Funktion unseres Ohrs ist die des Gleichgewichts in doppeltem Sinn – des motorischen (körperlichen) und des vegetativen. Das Gleichgewichtsorgan, ein

Teil unseres Innenohrs, steht über das Rückenmark mit jedem Muskel unseres Körpers in Verbindung und ermöglicht uns so zum Beispiel den aufrechten Gang.

Star: über das Sehen
Ich hatte in der Oberstufe eine ziemlich coole Kunstlehrerin. Eines Tages kam sie mit einem selbstgebackenen Zitronenkuchen an, den sie in der Pause an die Schüler verteilte. Allerdings handelte es sich hierbei nicht um einen gewöhnlichen Kuchen, sondern einen knallbunten, der mit Lebensmittelfarbe eingefärbt war. Das Ergebnis: Sie konnte drei Viertel ihres Kuchens wieder mit nach Hause nehmen. Keiner wollte das geschenkte Zeug probieren. Er sah einfach nicht appetitlich aus. Falls Sie also nächstes Mal Gäste zu Besuch haben sollten und möglichst wenig von Ihren köstlichen Sachen loswerden wollen, dann färben Sie sie einfach in Schockfarben ein. Automatisch können Sie selbst hinterher mehr davon essen. Die Frage ist nur, wie oft Sie noch Gäste begrüßen dürfen.

APFELSAFT-ROT-GRÜN-EXPERIMENT
- Gießen Sie in drei Gläser Apfelsaft. Den Inhalt von zwei Gläsern färben Sie jetzt mit geschmacksneutraler Lebensmittelfarbe ein. Einmal rot und einmal grün.
- Jetzt lassen Sie Ihren Probanden die Getränke aus den drei Gläsern probieren, ohne ihm zu sagen, welcher Saft wirklich in den Gläsern ist. Am Ende soll er ihnen sagen, wonach die einzelnen Sorten schmecken.
- Ihre Versuchsperson wird Ihnen wahrscheinlich erklären, dass die rote Flüssigkeit nach Kirsche oder Erdbeere schmecke, die grüne nach Apfel oder Waldmeister und dass der ungefärbte Apfelsaft an Zitrone erinnere. Es ist wirklich erstaunlich, aber wir ordnen die Speisen und Getränke automatisch den Geschmacksrichtungen zu, die der Farbe des Getränks

> entsprechen. Die Farbe bestimmt also den Geschmack der Flüssigkeit.
> - Falls Sie den Test jetzt mit sich selbst machen wollen, probieren Sie Folgendes: Welche Geschmacksrichtung haben die grünen Gummibärchen? Nein, nicht Waldmeister, sondern Erdbeere! Auch hier gilt das Faktum, dass wir dazu neigen, unbewusst die Farben der Getränke mit den Früchtefarben gleichzusetzen. Das erklärt auch, warum der rote Saft automatisch mit Kirsch- oder Erdbeergeschmack assoziiert wird und der gelbe Saft mit Zitrone oder mit was auch immer. Dabei kommt es natürlich aufs Gelb an.

Ein anderes Beispiel ist das Licht. Ich sitze gerade in einem wunderschönen Garten im Languedoc-Roussillon – für mich eine der schönsten Gegenden der Welt. Hier habe ich noch immer gute Freunde, die ich kennenlernte, als ich bei ihnen 1989 einen Sprachurlaub machte. Als Saarländer fühle ich mich Frankreich ohnehin sehr verbunden. Ich liebe die französische Art zu leben, die Küche und nicht zuletzt die Sprache. Kürzlich bekam ich von einer 15-jährigen Leserin eine Mail. Sie wollte von mir wissen, warum ich ausgerechnet ein Fach wie Französisch studiert habe. Meine Antwort war einfach: In mir saßen genau die richtigen «Anker», wenn es um das Erlernen dieser Sprache ging: Ich hatte als Schüler eine tolle Gastfamilie, zu der ich heute, 19 Jahre später, noch Kontakt habe, und ich reiste dorthin, wann immer es möglich war, und mit dem Land und den Menschen machte ich selbst nur beste Erfahrungen. Aus diesem Grund werde ich auch immer widersprechen, wenn jemand schlecht über Frankreich oder die Franzosen redet. Zudem bin ich im Dreiländereck Deutschland – Frankreich – Luxemburg aufgewachsen. Für mich waren Grenzen also immer eine Bereicherung: Ich hatte die Möglichkeit, das Beste aus Luxemburg, Frankreich und Deutschland gleichzeitig zu genießen, und war stolz, wenn mich jemand als Saar-Franzosen bezeichnete.

An diesem Exempel kann man wieder einmal gut sehen, wie sich Werte verschieben: Für meine Großmutter war der Begriff «Saar-Franzose» ein Schimpfwort – heute empfinde ich ihn als ein Kompliment: «Die Welt ist das, wofür wir sie halten.» Nun, was ich eigentlich sagen wollte: Hier, im Languedoc, kann ich richtig frei denken. Und das liegt unter anderem am Licht und damit an den Farben der Landschaft. Auch das beeinflusst unser Verhalten nachhaltig. Das sieht man an folgenden Tatsachen: In nordischen Ländern ist die Selbstmordrate in den dunklen Monaten am höchsten. Warum? Weil die Lichtverhältnisse ungünstig sind.

Die Auswirkung von Licht auf das Lernverhalten von Kindern wurde vor diesem Hintergrund unter anderem an Hamburger Schulen getestet. Das eindeutige Ergebnis: Helles Licht macht die Kinder wach. Morgens um acht Uhr im Winter sind viele somit noch nicht so wirklich lernbereit. Der frühe Schulbeginn wirkt sich damit negativ auf die Leistung aus. Und bei mir oft auch auf die Stimmung... In den Schulen, die am Versuch teilnahmen, wurden die Kinder durch eine Lichtdusche allmorgendlich in die richtige Stimmung gebracht. Auf Knopfdruck konnte der Lehrer das gewöhnliche Licht in eines verwandeln, das dem eines strahlend blauen Himmels ähnelte. Die augenfällige Wirkung zeigte sich sofort: Die Kinder wurden aus der Müdigkeit herausgeholt und wurden aktiver, beteiligten sich mehr am Unterricht. Umgekehrt: Wurde die Menge an Aktivitäten zu groß und die Kinder zu unruhig, konnte das Licht modifiziert und auf Beruhigungsmodus geschaltet werden. Dann ähnelte es eher normalem Tageslicht. Unter seinem Einfluss wurden die Kinder spürbar ruhiger, konzentrierter und erbrachten unterm Strich bessere Leistungen. Das sogenannte dynamische Licht wirkte sich besonders auf die Parameter Lesegeschwindigkeit und Hyperaktivität aus. Die Lesegeschwindigkeit nahm bei richtiger Beleuchtung um nahezu 35 Prozent zu, wohingegen die Hyperaktivität spürbar nachließ.

Forscher sagen allerdings auch, dass es wichtig sei, sich immer zur richtigen Zeit dem richtigen Licht auszusetzen. Falls Sie beispielsweise abends von aufputschendem Licht beschienen werden, kommt Ihre innere Uhr durcheinander, und Ihre Leistungsfähigkeit nimmt ab. Falsches Licht beim Zähneputzen, bevor Sie ins Bett gehen, kann schon die ausreichende Menge sein. Kurzum: Tageslicht am Abend sorgt für Schlafstörungen. Die Forscher haben entdeckt, dass unter dem Einfluss von Leuchtstofflampen, wie sie in vielen Badezimmern hängen, der Körper nicht in den erforderlichen Schlafmodus kommt, was sich wiederum negativ auf die Ruhephase auswirkt. Das Licht der Neonröhren ist zu weiß – der Körper erhält nicht das Signal, seine Funktionen runterzuschalten. Ganz im Gegenteil, diese Beleuchtung macht sogar wach. Aus demselben Grund wirken gerade Energiesparlampen am Abend ungünstig, das heißt nicht gesundheitsfördernd. Perfekt wäre eine Beleuchtung, die sich den Tageszeiten anpasste.

Ein anderes Beispiel: Kürzlich sah ich mit meinen Kindern eine Jugendsendung, in der Jungs drei Kisten hochheben sollten, eine rote, eine gelbe und eine schwarze. Die Kartons waren gleich groß und wogen jeweils 1,5 Kilogramm. Nachdem die Kinder alle eine Treppe hinuntergetragen hatten, sollten sie dem Versuchsleiter mitteilen, welche Kiste die schwerste sei und welche die leichteste. Alle waren sich einig: Die schwarze sei die schwerste, die gelbe mittelschwer, und die rote war die leichteste. Nach dem Empfinden der Kinder war die rote Kiste 1 Kilogramm leichter als die schwarze. Wenn Sie also Ihren Kids das Leben erleichtern wollen, dann kaufen Sie ihnen keine schwarzen Schultaschen.

Aber Achtung: In einem anderen Versuch hatte man Studenten einer schriftlichen Prüfung unterzogen. Die Hälfte bekam zur Beantwortung der Fragen ein rotes Heft, die andere Hälfte bekam ein grünes. Die Fragen waren für beide Gruppen identisch, und die Teams befanden sich auch im selben Raum.

Trotzdem haben die Studenten mit den grünen Heften viel besser abgeschnitten als die Studenten mit den roten Heften. Auch hier kann man nicht behaupten, dass Grün immer besser sei als Rot. Falls Ihre Kinder nämlich zu wenig essen, dann sollten Sie mal schauen, ob Sie auf grünen Tellern essen. Wir verzehren nämlich darauf weniger als auf weißen.

Diese und ähnliche Phänomene werden momentan auch an der Johannes Gutenberg-Universität Mainz untersucht. Eine genaue Erklärung gibt es allerdings noch nicht. Eine Annahme lautet, dass wir die Gegenstände und ihre Farben automatisch mit Vergleichbarem aus der Natur assoziieren. Dort sind dunkle Sachen wie Erde meistens schwerer als helle wie Wolken, und Rot gilt darüber hinaus als Signalfarbe. Das würde auch erklären, warum wir uns in einer zartgelben Umgebung wohler fühlen als in einer schwarzen oder knallroten.

Zapfen, Stäbchen, blinder Fleck & Co.

Der sogenannte Gesichtssinn liefert dem Menschen 80 Prozent der gewünschten Information. Er ist damit der unbestreitbare Könner unter den Sinnen, und dies, obwohl der Mensch – im Vergleich zum Beispiel zu Eisvogel oder Biene – weder besonders präzise oder weit sehen noch ein besonders großes Farbspektrum wahrnehmen kann. Außerdem ist sein Gesichtsfeld mit den beiden nach vorn gerichteten Augen recht eingeschränkt, und das menschliche Auge lässt sich aufgrund einer gewissen Trägheit auch noch leicht täuschen – im Großen und Ganzen ist der Gesichtssinn also ein eher ungenaues Instrument der Wahrnehmung, und dennoch verlässt sich besonders der moderne Mensch überwiegend auf seine Augen. Wenn man einen Menschen fragt, welchen seiner Sinne er entbehren könne, wird der Gesichtssinn zumeist als letzter genannt. Dies wird zum Beispiel im folgenden Sprichwort deutlich: «Es ist besser, etwas einmal zu sehen, als zehnmal davon zu hören.» So verlassen sich Menschen außerdem lieber auf das, was sie sehen, als auf das, was sie fühlen. Wissenschaftler haben in Studien beobachtet, dass das menschliche Gehirn optische und ertastete Informationen getrennt voneinander verarbeitet und den Augen dabei immer mehr vertraut, selbst wenn die ertastete Information eindeutiger und zuverlässiger ist.

Warum das Sehen in unserer Welt so dominant geworden ist, kann mit der Genauigkeit oder Zuverlässigkeit des Sinns nicht erklärt werden. Heute nimmt man an, dass der Sehsinn seinen Sonderstatus der seit Erfindung des Buchdrucks immer weiter gewachsenen Bedeutung der Schriftlichkeit und in neuerer Zeit dem wachsenden medialen Bildangebot zu verdanken hat. Auf den «Primat der Anschauung» deutet zum Beispiel auch die etymologische Wurzel des Wortes «Wissen», nämlich «gesehen haben», hin.

EIN BREITES LICHTSPEKTRUM

Das Spektrum des sichtbaren Lichts reicht von Rot (630–700 Nanometer oder 430–480 Terahertz) bis Violett (400–450 Nanometer oder 670–750 Terahertz). Aus diesem Spektrum kann der Mensch etwa 150 Farbtöne unterscheiden und damit wiederum etwa eine halbe Million Farbempfindungen kombinieren.

Zwei Gruppen von Photorezeptoren, Zapfen und Stäbchen, sind auf der Netzhaut des Auges verteilt, wobei die Zapfen für das Sehen bei Tageslicht und das Farbsehen, die Stäbchen für das Sehen bei Dämmerung sowie nächtlichen Sichtverhältnissen zuständig sind. Lichtreize werden im Auge von den Photorezeptoren in elektrische Impulse umgewandelt. Dazu sitzen Ionenkanäle in den Zellmembranen der Zapfen und lassen im geöffneten Zustand Natrium- und Kalziumionen ins Innere der Zellen. So werden die Helligkeits- und Farbverteilungen des Netzhautbilds in neuronale Erregungsmuster umkodiert und diese Signale zur Hirnrinde weitergeleitet. Erst dort führen weitere Verarbeitungsprozesse dann zur Wahrnehmung eines Bildes. Wiederum werden visuelle Informationen in eine Vielzahl von Großhirnrindenarealen verteilt, von denen sich ein jedes nur mit Teilaspekten des wahrgenommenen Bildes befasst, aber auch ständig mit den anderen Arealen interagiert. Die Komplexität dieses Vorgangs wird deutlich, wenn man bedenkt, dass jede Nervenzelle mit zehn- bis zwanzigtausend anderen Nervenzellen in Verbindung steht und von ebenso vielen Signale erhält.

Wie aber entsteht ein Bild? Sehen als Wahrnehmung einer – wenn auch subjektiven – Wirklichkeit beruht auf einer komplexen Gehirnleistung. Vielleicht weil der Gesichtssinn so ungenaue Informationen liefert, muss das Gehirn permanent Vermutungen anstellen und Wahrscheinlichkeiten berechnen, sodass ein für das Hirn schlüssiges Realitätsbild entsteht. Zunächst wird mit Hilfe der Hornhaut, der Linse und des Glaskörpers auf die Netzhaut des Auges ein verkleinertes, umgedrehtes Bild der betrachteten Wirklichkeit projiziert. Licht fällt durch die Hornhaut, wird von der Linse gebündelt und reizt die Photorezeptoren auf der Netzhaut, die schon erwähnten Stäbchen und Zapfen. Die in diesen Sinneszellen vorhandenen Sehpigmente werden durch das Licht verändert und lösen damit eine photochemische Reaktion aus, die wiederum in nervöse Erregung umgewandelt wird und so mit dem Sehnerv zum Gehirn transportiert werden kann.

Gourmet: über das Schmecken

Sollten Sie vor Ihrem nächsten Einkauf viele Süßigkeiten essen, dann geben Sie im Supermarkt mehr Geld für die Lebenshaltung aus, als wenn Sie vorab keinen Zucker gegessen haben. Diese Tatsache wurde an der Universität von Friedrichshafen durch Versuche bestätigt. Eine Gruppe bekam vor dem Versuch ein Glas Wasser mit 80 Gramm gelöster Glukose. Zwei weitere Gruppen erhielten vor dem Versuch nur Wasser oder gar nichts. Nachdem die Probanden entsprechend vorbereitet wurden, legten die Versuchsleiter ihnen Waren für den täglichen Gebrauch vor. Die Gruppen sollten beurteilen, ob die Preise der Produkte so in Ordnung seien. Das Ergebnis verblüffte die Forscher: Die Gruppe, die zuvor Zuckerwasser zu sich genommen hatte, stimmte den höheren Preisen sehr viel öfter zu. Wenn sie selbst die Höhe vorschlagen durfte, dann schlug diese Gruppe durchweg höhere Preise vor.

Von bitter, süß, salzig bis umami

Der Geschmack einer Speise spielt sich nicht – wie oft vermutet wird – ausschließlich auf unserer Zunge ab und hat nicht nur mit Aromen zu tun. Für das sinnlich-lustvolle Erlebnis des Essens und Trinkens sind Geruch, Temperatur und auch Textur von Nahrungsmitteln von entscheidender Bedeutung. Ganze Berufsgruppen befassen sich zum Beispiel mit der Frage, wie kross Cornflakes sein müssen, damit sie dem Konsumenten gut schmecken. Hierbei werden sogar die Töne untersucht, die uns beim Kauen einer Speise besonders angenehm sind. Anders als bei den anderen Sinneseindrücken kommt es beim Geschmack also auf das Zusammenspiel verschiedener Sinnesmodalitäten an.

Sinn und Zweck unseres Geschmackssinns ist, wie leicht zu vermuten, die Kontrolle der aufgenommenen Nahrung. Besonders wenn uns etwas bitter und damit nicht gut schmeckt, sind wir sofort alarmiert und spucken den Bissen zuweilen auch reflexartig wieder aus. Hier reagiert der Organismus, ohne viel nachzudenken, mit Ekel, denn bitter bedeutet oft, dass die Speise verdorben ist. Ein saurer Geschmack kann ein Hinweis auf Gift sein, ist uns aber meist weniger unangenehm. Zergeht uns allerdings etwas Süßes, Salziges, Fettiges oder Herzhaftes – diese Geschmacksrichtung wird wissenschaftlich umami genannt – auf der Zunge, weiß unser Organismus, dass es sich um nährstoffreiche und damit lebenswichtige Nahrung handelt. Die Geschmacksqualitäten salzig und sauer regulieren außerdem unmittelbar den Wasser- und Mineralstoffhaushalt des Körpers.

Sensoren, die für die Geschmackswahrnehmung zuständig sind, sitzen in spezialisierten Sinneszellen im Mundraum, vor allem auf der Zunge. Auf dem Zungenrücken befinden sich vier Arten dieser sogenannten Papillen mit insgesamt 9000 Geschmacksknospen. Diese sekundären Sinneszellen leiten die Geschmacksinformation, als elektrische Impulse kodiert, an afferente Hirnnerven, die wiederum den Transport über den Thalamus zum Kortex, wo bewusste Wahrnehmung stattfindet, sowie zum limbischen System, das die dazu passenden Emotionen liefert, übernehmen. Es ist die Gefühlswelt, nicht der Verstand, die darüber entscheidet, ob etwas lecker oder ekelig schmeckt, da bei einem essenziellen Vorgang wie der Nahrungsaufnahme nicht lange überlegt werden kann, ob etwas gut für uns ist oder nicht – dies teilen uns Gefühle generell direkter und zuverlässiger mit als unser, wie er meint, logisch arbeitender Verstand.

Man nimmt an, dass der Geschmacks- und Geruchssinn enger mit dem limbischen System verknüpft sind als das Gehör oder der Sehsinn, damit ihre Informationen noch schneller und ohne Stolperstein verarbeitet werden können. Dabei muss betont werden, dass Schmecken zu 90 Prozent Riechen bedeutet. Wer nichts mehr riecht, wird auch keine differenzierte Geschmackswahrnehmung mehr haben. Geschmack entsteht durch die Kombination beider Sinneseindrücke, wobei der Geruch in der Mundhöhle ein anderer zu sein scheint als der Geruch außerhalb des Mundes. Sonst könnte zum Beispiel ein Schimmelkäse, der im Kühlschrank einen ekelerregenden Geruch verströmt, auf der Zunge nicht so phantastisch schmecken.

Sensibelchen: über das Tasten

Kennen Sie das Spiel, bei dem Sie die Augen schließen und Ihr Partner Ihnen vom Handgelenk her aufwärts langsam mit einer Feder an der Innenseite des Oberarms nach oben streicht? Mit geschlossenen Augen müssen Sie anschließend herausfinden, wann sich die Spitze der Feder in Ihrer Armbeuge befindet. Das Ergebnis verblüfft: Wir sagen meistens viel zu früh stopp. Wenn Sie gewinnen wollen, dann kratzen Sie sich vor dem Test unbemerkt in der Armbeuge, dann spüren Sie nämlich genau, wann die Feder an der betreffenden Stelle angekommen ist, und geben Ihrem Partner jedes Mal an der richtigen Stelle das Zeichen zum Anhalten. Ich kann leider nicht anders, zu jedem noch so dämlichen Spiel muss ich mir einen Trick einfallen lassen, das ist wohl eine echte Marotte von mir. Aber vielleicht können Sie damit Ihre Umgebung verblüffen.

Weniger bekannt ist folgendes kleines Experiment: Kreuzen Sie Ihren rechten Zeige- und Mittelfinger. Jetzt schließen Sie Ihre Augen und berühren mit den gekreuzten Fingern Ihre Nasenspitze. Es fühlt sich an, als würden Sie zwei Nasenspitzen anfassen.

EMPFINDUNGS-WIRRWARR-SPIEL

Diese Illusion war der entscheidende Kniff bei einem meiner ersten Zaubertricks, die ich als Kind meinen Verwandten auf diversen Familienfesten vorführte. Sie brauchen für den Trick eine Serviette, eine Murmel und einen Zuschauer.
- Bitten Sie ihn, Zeige- und Mittelfinger zu kreuzen.
- Jetzt legen Sie Ihrem Mitspieler die Serviette über die Hand mit den gekreuzten Fingern und lassen ihn unter dem Tuch mit den überkreuzten Fingerspitzen die Kugel berühren. Ihr Gegenüber wird glauben, zwei Kugeln zu berühren.
- Wenn Sie jetzt die Serviette wegziehen, wird deutlich, dass es nur eine Kugel war. Als ich fünf Jahre alt war, haben sich meine

Verwandten immer sehr über solche Kunststückchen gefreut. Mit zunehmendem Alter musste ich mir dann allerdings andere Effekte einfallen lassen. Dennoch zeigen diese Spielchen, dass wir auch über den Tastsinn sehr leicht in die Irre geführt werden können und dadurch völlig falsche Schlussfolgerungen ziehen.

Von Synapsen, Pigmenten, Lederhaut & Co.

Die Haut, das größte unserer Sinnesorgane, wozu auch die Schleimhäute gezählt werden, ist für die Aufnahme von drei unterschiedlichen Sinneswahrnehmungen zuständig: Druck, Berührung und Vibration. Im weiteren Sinne gehört auch die Empfindung von Temperatur und Schmerz dazu. Man unterscheidet beim Tastsinn die taktile Wahrnehmung, wobei es sich um das passive Berührtwerden handelt, und die haptische Wahrnehmung, bei der es um das aktive Erkennen eines Gegenstandes geht. Den Tastsinn bringen wir am ehesten mit dem Begriff «Gefühl» in Verbindung. Wir fragen zum Beispiel: «Wie fühlt sich das an?», wenn wir jemanden kitzeln, streicheln oder kneifen oder wenn jemand einen Gegenstand oder Stoff mit den Händen befühlt. Diesem Sinn gestehen wir – leichter als den anderen – zu, Emotionen in uns auszulösen; ob es sich um einen wohligen Schauer, ein Kribbeln oder Schmerz handelt. Hier ist der Übergang vom körperlichen über das sensible (körperlich und seelisch) zum emotionalen Fühlen fließend.

Der Tastsinn vermittelt dem Gehirn nicht nur notwendige Informationen, die es Form, Gewicht und Oberflächenstruktur eines Gegenstandes erkennen lassen, sondern dient auch der Wahrnehmung des eigenen Körpers. Stehe ich auf festem Untergrund? Ist die heiße Herdplatte noch weit genug von meiner Hand entfernt? Mag ich die Streichelbewegung, oder empfinde ich sie als unangenehmes Kitzeln? Die Druckempfindung in den Fußsohlen gibt u. a. Aufschluss über die Lage des Körperschwerpunkts und ermöglicht uns so die sichere Fortbewegung.

Die Wahrnehmung des Tastsinns geschieht über Mechano-, Thermo- und Nozirezeptoren, die vermehrt auf der Zungenspitze sowie den Fingerkuppen zu finden sind. Wären die menschlichen Finger nicht so sensibel, wäre es Blinden nicht möglich, mit Hilfe einer haptischen Schrift Texte zu lesen. Die Haut des Rückens weist dagegen die geringste Rezeptorendichte auf, was aber nicht verhindert, dass uns zuweilen wohlige oder auch unangenehme Schauer über den Rücken laufen. Durch ein Zusammenspiel unterschiedlicher Berührungs- und Druckrezeptoren können Intensität, Dauer und Bereich einer Tastinformation genau bestimmt werden. Dazu liefern Wärme- beziehungsweise Kälterezeptoren die ebenso genaue Temperaturempfindung, wobei sie die Temperatur an der Hautoberfläche registrieren und die Werte über das Rückenmark (Medulla spinalis) an die zuständige Hirnregion weiterleiten.

Heute ist man sich sicher, dass der Tastsinn eine grundlegende Bedeutung für die geistige und körperliche Entwicklung des Kindes hat. Schon der enge Körperkontakt des Neugeborenen mit der Mutter trainiert diesen Sinn und wirkt sich positiv auf die weitere Entwicklung aus. Kinder dagegen, die wenig bis gar nicht gestreichelt und liebkost werden, verkümmern regelrecht. Sie haben nachweislich gegenüber Kindern, die viel positiven Körperkontakt mit ihren Eltern haben, ein schwächeres Immunsystem und ein geringeres Selbstwertgefühl. Die Eltern-Kind-Bindung wird vom Tag der Geburt an maßgeblich über den Körperkontakt entwickelt und vertieft.

Schmerz, lass nicht nach! Heutzutage versuchen wir mit Schmerz- und anderen Betäubungsmitteln jeder auch nur kleinen Pein zu entgehen. Schmerz halten wir für etwas Negatives. Ohne Schmerzempfinden, so glauben wir, wären wir womöglich besser dran. Doch Forscher und Mediziner sind sich einig: Ohne Schmerz ist ein normales, gesundes Leben nicht möglich. Schmerzen werden durch Nervenreizung ausgelöst und entstehen durch Verarbeitungsprozesse im Gehirn. Schmerz dient dabei als Warnsystem. Menschen, bei denen dieses System gestört ist, verletzen sich häufig unabsichtlich selbst und tragen so oft schwere Schäden davon. Besonders die Gelenke dieser Menschen werden manchmal bereits im Kindesalter verschlissen und zerstört. Wenn dieses nützliche System allerdings entgleist und permanent Schmerzen meldet, leidet man an pathologischen Schmerzen, die einem das Leben zur Hölle machen können. Bei normalen sowie bei pathologischen Schmerzen melden Nervenfasern Signale von Gewebeschäden ans Gehirn, wo sie die Alarmreaktion Schmerz auslösen. Diese Nervenfasern heißen Nozirezeptoren und gehören zu den häufigsten Nervenfasern in unserem Körper. Unser Gehirn hat aber nicht nur die Fähigkeit, Schmerz zu erzeugen, sondern auch, ihn zu hemmen. Bei diesem Vorgang wird die Übermittlung der Schmerzimpulse blockiert. Diese Arbeit übernehmen oft Überträgerstoffe wie zum Beispiel körpereigene Endorphine. Wenn der Organismus von einem gefährlichen Fressfeind gejagt wird, können diese Stoffe den Schmerz einer bestehenden Verletzung unterdrücken, damit der Organismus fliehen kann. Die Ursache des Schmerzes bekämpfen Endorphine wie die meisten anderen Schmerz- und Betäubungsmittel allerdings nicht, sondern blockieren oder dämpfen die Schmerzempfindung nur für eine begrenzte Zeit.

SINNESTÄUSCHUNGEN – WENN DAS GEHIRN IRRT

Von Sinnestäuschungen sprechen wir immer dann, wenn eine subjektive Wahrnehmung von dem abweicht, was wir objektiv messen können. So erscheint uns beispielsweise im Film oder im Daumenkino das schnelle Abspielen von statischen Bildern als Bewegung, oder absolut parallel verlaufende Linien werden zu Zacken oder Wellen, allein durch die Anordnung anderer geometrischer Figuren. Doch nicht nur das Auge lässt sich täuschen, auch unsere anderen vier Sinne sind dafür anfällig, wobei wir diesen Irrtum direkt aufklären müssen: Es sind allesamt eigentlich keine Sinnes-, sondern Gehirntäuschungen. Die Sinne mögen exakte Daten liefern. Es ist das Gehirn, das damit falsche Berechnungen anstellt beziehungsweise zu Ergebnissen kommt, die mit der objektiv messbaren Wirklichkeit nicht übereinstimmen. Woran es liegt, dass sich das Gehirn zuweilen irrt, ist nicht bis ins Letzte bekannt.

Vermutungen, beispielsweise des US-Psychologen Prof. Mark Changizi, gehen dahin, dass das Gehirn ständig Ideen produziert, was im nächsten Moment passieren wird. Die Informationen aus der Außenwelt gelangen um eine Zehntelsekunde verzögert ins Gehirn, weswegen es mit den gegebenen Informationen errechnet, wie sich die Umgebung in der Zukunft verändern wird. Das Gehirn muss extrapolieren, sonst könnten wir beispielsweise keinen Ball fangen. Allerdings lassen sich durch Changizis Theorie derzeit nur circa 50 optische Täuschungen erklären. Ein weiterer Erklärungsversuch lautet, dass das Gehirn Sinneserfahrungen stets mit bereits gemachten Erfahrungen vergleicht und die aktuelle Situation im Verhältnis dazu berechnet. Weicht etwas von der Norm ab, versucht das Gehirn dennoch, Bekanntes zu entdecken. Vielleicht erkennen wir deshalb manchmal Schäfchen in Wolkengebilden oder formen eine Mondkraterlandschaft zum Gesicht.

Nachdenkliches über Gedanken

In einem Versuch wurden 65 Studenten in zwei Gruppen aufgeteilt. Ich frage mich, warum Professoren – zweifellos äußerst intelligente Menschen – bei einem Versuch, bei dem man *zwei* Gruppen braucht, eine Anzahl von 65 Studenten nehmen. Ich will wirklich kein Klugscheißer sein, aber wäre eine Zahl wie 64 oder 66 für eine solche Versuchsanordnung nicht sinnvoller? Die eine Hälfte wurde nun gebeten, sich an eine Zeit zu erinnern, in der sie sich als einsam oder ausgegrenzt empfand. Die andere sollte an eine Lebensphase denken, in der sie akzeptiert war und sich wohl fühlte. Danach sollten die Teilnehmer die Temperatur des Labors schätzen. Jetzt raten Sie mal, wie die Sache ausging. Die Gruppe, die sich ausgegrenzt fühlte, schätzte die Temperatur niedriger ein als die mit positiven Erinnerungen. Übrigens: Ein Gefühl der sozialen Kälte geht sogar so weit, dass die Menschen, die sich in ihren Gedanken an eine Zeit der vollkommenen Isolation erinnerten, warme salzige Suppen und Getränke zu sich nahmen und köstliches Speiseeis stehenließen! Ist das die Gedankenfreiheit, die wir meinen?

DIE WAHRHEIT ÜBER DIE WAHRHEIT

Dieses Experiment hat eine ganz besondere Bedeutung und stellt sozusagen die Quintessenz dieses Buchs dar. Sie lautet: Unsere Gedanken haben eine spürbare Auswirkung darauf, wie wir unsere Umwelt wahrnehmen! Gedanken haben viel Kraft, sie haben Macht über uns und unsere Wirklichkeit. Wenn es Ihnen folglich gelingt, Ihre Gedanken richtig zu steuern, dann haben Sie hiermit ein sehr wertvolles Hilfsmittel an der Hand!

Die Wahl von Speisen ließ sich auch durch ein Computerspiel beeinflussen: 52 Studenten wurden in Vierergruppen aufgeteilt. Dieses Mal hatten die Professoren offensichtlich gelernt, 52 ist eine gute Zahl, wenn man Vierergruppen bilden soll. Die Teilnehmer saßen getrennt an Computern und wirkten bei einem Ballspiel mit. Sie glaubten, sie könnten bestimmen, wem sie den Ball zuspielten. Das war aber nicht der Fall, der Computer bestimmte, wem der Ball zugeworfen wurde. Die Hälfte der Studenten bekam ihn während des Spiels nur zweimal, ganz zu Beginn. Während des restlichen Verlaufs erhielten sie ihn nicht zurück. Nach dem Spiel gab es für die Teilnehmer ein Büfett. Sie ahnen es bereits: Die Teilnehmer mit negativen Erfahrungen griffen vorzugsweise zu warmen Getränken und Speisen.

Wie sehr die richtige Wortwahl ein Gegenüber auf bestimmte Gedanken bringen kann, zeigt bereits der Titel dieses Buchs – ohne dass ich ihn erneut nenne, denken Sie jetzt sicherlich an das richtige Tier in der entsprechenden Farbe. Wir – Sie – können gar nicht anders. Wörter bringen uns also in gewisse Stimmungen. Wie sehr allein unsere Sprache andere beeinflussen kann, spüre ich jedes Mal selbst, wenn ich Menschen in Trance versetze und sie dann ihren eigenen Namen nicht mehr aussprechen können oder gewisse Teile ihres Körpers ab diesem Moment gelähmt sind. Der Auslöser für diese Phänomene ist einzig und allein die Wahl der richtigen Wörter und ihre entsprechende Betonung. Noch ein gutes Beispiel fällt mir dabei ein: Kürzlich sah ich nach einem Vortrag in Hamburg einen sehr interessanten Bericht im Fernsehen. Allein durch die Wortwahl auf dem Fragebogen – so der Bericht – hatte ein großes deutsches Dienstleistungsunternehmen unrechtmäßig Einfluss auf den Ausgang einer Befragung genommen. Und das ging ganz einfach: Die Fragen wurden von den Meinungsforschern bewusst nicht neutral gestellt, sondern mit Manipulation gespickt. In der Frage selbst steckte bereits eine Suggestion, zum Beispiel ein Bild, das dem Befragten seine Unvoreingenommenheit nahm. Genau wie im Titel dieses Buchs.

Dazu ein Beispiel: Stellen Sie sich vor, Sie bekommen bei einem Interview folgende Frage gestellt: «Haben Sie Verständnis für die unrechtmäßigen Streiks der Angestellten?» Die Methode ist sehr elegant: Wenn die Streiks unrechtmäßig sein sollten, dann haben Sie höchstwahrscheinlich kein Verständnis dafür. Dementsprechend hat ein Großteil der Befragten auch das Wörtchen «Nein» angekreuzt. Die Suggestivfrage führte also dazu, dass die Gedanken in eine gewisse Richtung gelenkt wurden, ganz im Sinne des Auftraggebers. Hierbei handelt es sich um eine Form von perfider Manipulation, denn die entgeht vielen unaufmerksamen Befragten. Die Gedanken sind jetzt ganz und gar nicht mehr frei. Eine neutrale Frage hätte gelautet: «Wie ist Ihre Haltung zu den Streiks der Angestellten?» In unserem Fall haben die Demoskopen selbst die öffentliche Meinung beeinflusst! Und es kommt noch schlimmer: Nicht nur, dass unsere Gedanken nicht frei sind, je größer die Gruppe ist, in der wir uns befinden, desto leichter sind wir als deren Mitglieder zu beeinflussen! Bei der Beschreibung des Herdentriebphänomens bin ich bereits kurz darauf eingegangen (vgl. S. 50 ff.).

Meine Erfahrung mit Stand-up-Comedians kann das schön verdeutlichen. Erlebte ich einen hervorragenden Künstler in einem Club in New York, kam es vor, dass ich auch bei mäßigen Pointen laut lachte. Der ganze Saal war nämlich in der richtigen Stimmung, und wenn sich alle ausschütten vor Lachen, dann kann ich mich dieser Atmosphäre nicht entziehen. Ich will in dem Moment auch gar nichts anderes, schließlich bin ich ja in den Club gegangen, um mich zu amüsieren. Sehe ich mir allein zu Hause denselben Comedian auf Video an, kann ich über dieselben Pointen oft nur müde lächeln. Ich bin in dieser Situation mutterseelenallein und lege eine andere Haltung an den Tag. Es gibt allerdings eine Ausnahme: Wenn ich auf meinen

Zugreisen die amerikanische Sitcom «Seinfeld» schaue, muss ich auch allein laut loslachen. Und das, obwohl ich sämtliche Folgen zwischenzeitlich auswendig kenne. Falls Sie das überhaupt nicht verstehen können, dann haben Sie Seinfeld sicher in der deutschen Synchronfassung gesehen. Bei der muss ich sogar weinen, weil sie so schlecht gemacht ist. Man kann die Pointen einfach nicht übersetzen. Der Grund: Die kulturellen Unterschiede zwischen den Zuschauern sind durch eine Synchronisierung einfach nicht zu überwinden.

Dieses Thema der interkulturellen Übertragung faszinierte mich derart, dass ich meine Diplomarbeit der Übersetzung von Sitcoms widmete, am Beispiel von Jerry Seinfeld. Auf einem Flug – ich war gerade auf Hochzeitsreise – hatte die Fluggesellschaft den Fehler gemacht, nachts eine Seinfeld-Folge als Bordprogramm zu zeigen. Ich blieb gern wach, um sie mir anzuschauen. Stellen Sie sich vor, in einem Flugzeug sitzen viele schlafende Passagiere. Inmitten der Leute sitze ich und ziehe mir eine Komödie rein – nicht irgendeine, sondern die beste Sitcom von allen. Bei einer Pointe musste ich so laut lachen, dass nicht nur meine frisch angetraute Ehefrau aufschreckte, sondern auch noch schlafende Fluggäste drei Reihen hinter mir. Dadurch fand ich die Situation noch amüsanter... Meiner Ehe hat es nicht geschadet – ich war schon immer so, das war meiner Frau schon lange klar –, und von den Fluggästen sah ich sowieso niemanden wieder. Alles halb so wild also, aber mein Thema für die Diplomarbeit stand.

Dennoch, eine solche Erfahrung ist eher die Ausnahme. Der Großteil an Erlebnissen zeigt: In Gruppen lachen wir öfter und länger als allein. Wenn alle sich im Theater oder Kino biegen, dann wollen auch wir mitmachen. Leider geht das auch mit negativen Emotionen: Ist eine große Menge Menschen aggressiv, dann ist es sehr wahrscheinlich, dass wir uns von dieser Wut anstecken lassen. Darin steckt eine große Gefahr. Und die Geschichte kennt bittere Beispiele für dieses Phänomen. Gott sei

Dank funktioniert die Suggestion in beide Richtungen. Zum Beispiel bei begeisternden Erlebnissen. Denken Sie nur an den Fußballsommer 2006. Selbst der zurückhaltendste Spießer hatte ein Fähnchen am Auto und ging beim Feiern voll aus sich heraus. Aus diesem Grund trete ich auch so gern in Theatern auf. Der Spaß überträgt sich schnell auf das Publikum. Früher, als ich noch Tischzauberer war, musste ich sehr viel mehr rackern, um entsprechende Reaktionen bei den Zuschauern zu erreichen.

In großen Gruppen gehen wir als Einzelne in der Masse auf und fühlen uns schnell als Teil der großen Sache. In gewisser Hinsicht sind wir das dann auch. Dies ist auch ein Grund dafür, dass kleine, hässliche, pickelige Jugendliche auf einem großen Open-Air-Konzert manchmal abgehen wie ein Zäpfchen, wohingegen sie es im intimen Tanzkurs noch nicht mal auf die Reihe kriegen, das Mädchen anzusprechen, mit dem sie gern tanzen würden. Bei großen Comedy-Events lachen sich die Leute halb tot, obwohl die Pointe gerade mal mittelmäßig war, und auf dem Petersplatz verehren Zigtausende Menschen spontan ergriffen den Papst. Zu Hause leben viele dieser Menschen aber weder christlich, noch gehen sie regelmäßig in ihre kleine Dorfkirche. Verstehen Sie mich bitte richtig: Ich bewerte diese Dinge hier nicht, ich will nur einmal mehr die Macht der Masse verdeutlichen.

Täuschungen und falschen Schlussfolgerungen erliegen wir allerdings nur, wenn wir uns nicht bewusst machen, was gerade passiert. Bewusst Abstand zu uns selbst zu bekommen, um die Situation anders zu betrachten, wäre angebracht. Tritt man einen Schritt zurück und nimmt eine andere Perspektive ein, dann funktionieren all diese Mechanismen nämlich nicht mehr! Auch darauf werde ich in Kapitel 2 unter «Reframen: Perspektivwechsel gefordert» noch näher eingehen. Das bedeutet, dass allein das Wissen um Manipulation beinhaltet, dass sie nicht mehr mit ihrer ganzen Absolutheit greift. Ein spannendes Thema. Denn Suggestionen sind einerseits gefährlich, und in den falschen Händen können sie wie eine Waffe eingesetzt werden, andererseits, und das finde ich äußerst faszinierend, können sie auch sehr hilfreich sein. Für mich jedenfalls ist die Kraft der Suggestion vorrangig eine positive gewesen. Durch Autosuggestion etwa sind Menschen in der Lage, absolute Höchstleistungen zu vollbringen.

Versuchen Sie die Dinge also eher unvoreingenommen und neutral zu sehen – so gut Sie können. Betrachten und akzeptieren Sie alles als das, was es ist – und nicht nur als das, was wir denken, dass es sei. Dem Ziel kommen wir schon ein bisschen näher, wenn wir ergründen, welche Motive der andere hat. Ein Perspektivwechsel ist immer hilfreich und erweitert das Denkspektrum. Durch diese mentale Stütze nähern wir uns der ersehnten Gedankenfreiheit an.

Von der Qual zu überlegen und selbstgemachten Hindernissen

Der Batman-Film «The Dark Knight» ist deshalb so begeistert vom Publikum aufgenommen worden, weil hier einfach alles stimmt: sehr gute Darsteller – Heath Ledger hat sich so stark in die Rolle des Jokers eingefühlt, dass er, ein paar Monate nachdem der Film abgedreht worden war, an einer Überdosis Schlaftabletten starb –, tolle Kameraeinstellungen und Bilder, super Filmmusik und ein sehr gutes Drehbuch. In diesem bedienen sich die Autoren nicht nur der interessanten Archetypen, sondern auch etlicher Paradoxien, was Kommunikation angeht.

Eine der besten Szenen, um dies zu verdeutlichen, spielt auf einem Schiff. Stellen Sie sich folgendes Szenario vor: Zwei vollbesetzte Fähren können plötzlich nicht mehr weiterfahren. Sie lassen sich nicht steuern, befinden sich führungslos inmitten eines Flusses. Zusätzlich sind die Funkverbindungen unterbrochen, das macht eine Kommunikation zwischen ihnen und mit dem Rest der Welt unmöglich. Beide Fähren sind Passagierschiffe: eines transportiert Schwerverbrecher, das andere sonstige Passagiere. Der Bösewicht hat auf beiden Fähren Sprengstoff in sehr großen Mengen deponiert. Er kann diesen nach Belieben zünden. Weiterhin haben die Kapitäne jedes Schiffs einen Sender, mit dem sie den Sprengstoff der anderen Fähre detonieren lassen können.

Hier die Bedingungen des bösen Jokers: Wenn jemand versucht, sein Boot zu verlassen, so zündet er beide Bomben, und alle sterben. Das Boot, das als Erstes den Knopf drückt, tötet zwar alle Menschen auf der anderen Fähre, dafür dürfen aber dessen Passagiere am Leben bleiben. Falls die Insassen beider Boote nicht innerhalb einer Frist eine Entscheidung getroffen hätten, sprenge der Joker beide Boote in die Luft, und alle stürben.

Das dürfte eines der grausamsten Szenarien sein, die man sich vorstellen kann. Es geht auch hier wie bereits an anderen Stellen des Buchs um Entscheidungen: Opfere ich einen anderen, um mich selbst zu retten? Beeinflusst die Tatsache letztlich meine Entscheidung, dass es sich bei den anderen um Schwerverbrecher handelt? Was denken denn diese? Bezeichnenderweise gibt der Joker diesem «Spiel» den Namen «Social Experiment».

Diese großartige Filmszene geht auf die Prinzipien der Spieltheorie zurück. Sie ist ein Teilgebiet der Mathematik. Dazu werden sogenannte Systeme – in diesem Fall ist das Szenario mit der Fähre ein System – mit mehreren Akteuren, sprich Fahrgästen, analysiert. Es geht darum, das Entscheidungsverhalten in Konfliktsituationen zu analysieren und abzuleiten. Der Teil, auf den sich diese Szene bezieht, heißt in der Spieltheorie «Gefangenendilemma», das Sie bereits in Kapitel 1 (S. 67 ff., «Spieltheorie oder Gefangenendilemma?») kennengelernt haben.

Kurz zur Erinnerung: «Ein Staatsanwalt hält zwei Angeklagte in Untersuchungshaft. Beide stehen im Verdacht, an einem Raub beteiligt zu sein. Die Tat ist vom Staatsanwalt aber nicht zu beweisen, dazu reichen die vorliegenden Indizien nicht aus. Jetzt wendet sich der kluge Anwalt an beide Verdächtige. Er erklärt ihnen, dass er für eine Anklage ein Geständnis benötige. Weiterhin erläutert der Staatsanwalt, dass er die Angeklagten nur wegen illegalen Waffenbesitzes anklagen könne, falls beide den Raubüberfall leugneten. In diesem Fall würden sie schlimmstenfalls zu je sechs Monaten Gefängnis verurteilt werden. Geständen beide die Tat, so würde der Anwalt dafür sorgen, dass sie nur das Mindeststrafmaß absitzen müssten. Das würde je zwei Jahre Gefängnis bedeuten.

Falls nur einer die Tat gestände, der andere aber weiterhin die Tat leugnete, so würde der Geständige als Kronzeuge behandelt und ginge ohne Strafe nach Hause, wogegen der andere – gar nicht geständige – das höchste Strafmaß erhielte: 20 Jahre Haft. Jetzt schickt der Anwalt beide wieder in ihre Zellen und macht so jede Form der Kommunikation zwischen den beiden unmöglich.» Knifflige Sache, oder? Versetzen Sie sich mal in diese Situation – dazu müssen Sie natürlich nicht gleich eine Straftat begehen. Sie können sicher sein: Die Gedanken der beiden Inhaftierten kreisen wie wild herum. Wo liegt die Lösung? Rational betrachtet ist die Antwort klar: Ein halbes Jahr Gefängnis wäre besser als zwei und in jedem Fall besser als 20. Für beide Angeklagten wäre es also sinnvoll, die Tat zu leugnen. So weit die eine Seite. Aber stellen Sie sich mal vor, was in den Köpfen der beiden passiert, wenn sie allein und ohne Möglichkeit, miteinander zu reden, in ihrer Zelle sitzen. Sie wissen natürlich, dass es für beide am geschicktesten wäre, über die Tat zu schweigen. Was aber, wenn der jeweils andere nicht schwiege... Schließlich ginge er dann ohne Strafe nach Hause. Aus der Sicht beider Gefangenen scheint es also für kurze Zeit am besten zu sein zu gestehen. «Falls ich die Tat bekenne, der andere aber nicht, bin ich vielleicht derjenige, der freigelassen wird» – so die jeweilige Denkweise der beiden.

Kurz darauf kreisen die Gedanken weiter: «Angenommen, ich gestände, dann nehme ich mir natürlich auch die Möglichkeit zur Lösung, die für uns beide am sinnvollsten wäre. Wenn wir nämlich beide den Mund hielten, dann wanderten wir beide nur für je sechs Monate ins Gefängnis. Außerdem verspiele ich das Vertrauen meines Partners, wenn ich alles verrate. Weiterhin laufe ich bei einem Eingeständnis Gefahr, dass der Partner genauso ein Verräter wäre wie ich. In dem Fall dächten wir beide nur an unseren persönlichen Vorteil, und beide würden zwei Jahre eingesperrt werden – sechs Monate wären mir natürlich lieber. Dazu müssen wir aber beide die Tat leugnen.» Und so fangen die Gedanken wieder ganz von vorn an, sich unaufhörlich im Kreis zu drehen.

Für diese Situation gibt es einfach keine Lösung – es ist ausweglos. Selbst wenn die beiden es irgendwie schaffen würden, miteinander zu kommunizieren, wäre es nach wie vor reine Vertrauenssache, was dann passierte. Nach einer Verabredung kreisten die Gedanken einfach um ein anderes Thema: «Was ist, wenn der andere sich nicht an unsere Verabredung hält?» Bei diesen Überlegungen kämen die Angeklagten schließlich zu dem Schluss, dass der andere ja genauso über einen selbst denkt.

Das Vertrauen in ihn hängt also davon ab, wie intensiv man selbst glaubt, dass der andere einem selbst vertraut. Und so weiter und so weiter ... Damit sind wir bei einem der größten Energie- und Gedankenfresser angelangt, die es gibt: «Was glaube ich, wie andere von mir denken?» Anhand der gezeigten Szenarien wurde sicher deutlich, dass es zu unserem Problem keine echte Lösung gibt. Einige Vorschläge hätte ich allerdings:
- Leben Sie nicht in Gotham City, dann kommen Sie auch nicht mit dem fiesen Joker in Konflikt.
- Leben Sie, ohne Verbrechen zu begehen, dann haben Sie auch keine Probleme mit listigen Staatsanwälten.
- Hören Sie auf, sich selbst zu fragen, was andere von Ihnen

denken. Stellen Sie statt sich selbst lieber gleich Ihr Gegenüber zur Rede.

Angenommen, Sie wollen unbedingt damit weitermachen zu überlegen, was andere wohl von Ihnen halten, dann kann das weitreichende Auswirkungen haben. Es kann dann nämlich sehr gut passieren, dass sich alle Ihre Annahmen genau deshalb bestätigen, weil Sie sie haben. Dieses Phänomen bezeichnet Paul Watzlawick in einem ähnlichen Kontext als eine selbsterfüllende Prophezeiung. Das bedeutet manchmal auch, dass wir Geschehnisse genau dadurch erst herbeiführen, dass wir versuchen, sie zu vermeiden – und das alles nur wegen unserer sinnlosen und falschen Gedanken. Hierzu führt der bekannte Konstruktivist drei Voraussetzungen an:

- Sie brauchen eine Erwartung oder auch einen Verdacht, dass etwas Bestimmtes passiert. Diese Annahme kann entweder aus Ihren eigenen Gedanken herauskommen, oder Sie können von anderen Menschen darauf hingewiesen werden.
- Als nächste Bedingung, um die Gedanken unaufhörlich im Kopf kreisen zu lassen, wird diese Vorahnung als Tatsache definiert – also nicht mehr als bloße Annahme. Gegen diese von Ihnen konstruierte Tatsache versuchen Sie ab jetzt Mittel einzusetzen, um sie abzustellen.
- Als dritte Voraussetzung müssen Sie diese von Ihnen definierte Tatsache mit anderen Menschen teilen.

Nehmen wir an, Sie haben den Eindruck, Ihre Arbeitskollegen sprächen hinter Ihrem Rücken schlecht über Sie und machten heimlich blöde Witze auf Ihre Kosten. Aus diesem Verdacht heraus machen Sie in Ihrem Kopf nun Ihre definierte Tatsache: Ab jetzt ist das Tuscheln also ein Faktum, nicht länger ein Verdacht. Das ist die erste Stufe, die dazu führt, Ihren Gedanken eine falsche Richtung zu geben.

Um dieser Falle zu entgehen – wohlgemerkt, vielleicht ist die Sache ja gar nicht wahr –, werden Sie Ihren Mitmenschen gegenüber jetzt misstrauischer. Sie fragen sich, was Sie noch wem anvertrauen können, und verdächtigen Ihre Kollegen, dass diese alles, was Sie sagen, gegen Sie verwenden wollen. Sie sind ständig auf der Lauer und geben höllisch acht, wie Sie sich verhalten. Dadurch geben Sie sich nicht mehr natürlich und wirken sehr unsicher. Ab jetzt ist es nur noch eine Frage der Zeit, bis dieses Verhalten von Ihren Kollegen erkannt wird und sie sich darüber unterhalten – wahrscheinlich hinter Ihrem Rücken. Irgendwann werden Sie direkt mitkriegen, wie sie tuscheln – und vor allem, was. Quod erat demonstrandum – Ihre Prophezeiung hat sich erfüllt.

Paul Watzlawick kennt noch viele wunderbare Beispiele für selbsterfüllende Prophezeiungen, von denen ich nur einige ausführen will: Gegen zu schnelles Fahren werden zahlreiche Verkehrsschilder aufgestellt. Je mehr Verbotsschilder aufgestellt werden, desto mehr Autofahrer fahren auch zu schnell. Da zu viele Fahrer rasen, wird es notwendig, mehr Verkehrsschilder aufzustellen. Der Anfang vom Ende.

Ein weiteres Exempel: Da es zu viele Menschen gibt, die Steuern hinterziehen, nimmt der Staat zu wenig Geld ein. Um diese Finanzlücke zu schließen, wird die Höhe der Abgaben erhöht. Das führt allerdings wiederum dazu, dass bei den höheren Sätzen mehr Bürger ihre Einnahmen zu verschweigen versuchen. Diese Gedankenspiele lassen sich auch auf ganze Staaten – Stichwort «Wettrüsten» – und Volkswirtschaften – Stichwort «Preisspiralen» – anwenden. Sie haben sehr oft ihren Ursprung in falschen Schlussfolgerungen oder unsinnigen Annahmen. Diese falschen Gedanken führen zu Prophezeiungen, die sich nur deshalb verwirklichen, weil sie überhaupt gedacht werden. Oder, um es in Paul Watzlawicks Worten auszudrücken: «Die Prophezeiung des Ereignisses führt zum Ereignis der Prophezeiung.»

In Monterey in Kalifornien hatte ich den fähigsten Geschichtslehrer, den man sich nur wünschen kann. Ich versäumte seine Vorlesung nur ein einziges Mal: Sie war gerade vom gewöhnlichen Termin nachmittags auf einen Zeitpunkt am frühen Abend verschoben worden. Ungünstigerweise lief genau dann die berühmte Serie «Seinfeld» im Fernsehen – und Jerry hatte gewonnen. In seiner Vorlesung hörte ich von Dingen, die mich sehr zum Nachdenken brachten. Eine meiner Lieblingsgeschichten aus dieser Zeit ist die Story eines amerikanischen Regisseurs zur Zeit der McCarthy-Ära Ende der vierziger bis Mitte der fünfziger Jahre des letzten Jahrhunderts. Diese Zeit war durch eine extreme antikommunistische Haltung der Amerikaner geprägt. Das FBI kontrollierte zum Beispiel sowohl alle Bediensteten in öffentlichen Ämtern als auch viele berühmte Personen, um sie als Demokratiefeinde zu entlarven. Darunter zahlreiche einflussreiche Künstler, Schauspieler und Regisseure. Schon ein sogenannter angemessener Zweifel reichte aus, um eine Person als Kommunisten zu denunzieren. Charlie Chaplin wurde beispielsweise die Rückreise in die USA deshalb verweigert. Er war nur kurz in England gewesen, um seinen Film «Rampenlicht» zu promoten. Damit war Anfang der fünfziger Jahre seine Karriere jäh beendet worden.

In den USA herrschte zu dieser Zeit eine Art Hexenjagd. Auch ein bekannter Regisseur, der mit Kommunismus überhaupt nichts am Hut hatte, lebte in großer Sorge, angeschwärzt zu werden. Überall sah er Gespenster und bildete sich ein, das FBI hätte ihn im Visier. Um sich zu schützen, beauftragte er mehrere Privatdetektive. Sie sollten prophylaktisch Beweise sammeln, dass er *kein* Kommunist wäre. Einige Wochen später hatte er einige Mappen voller Beweismaterial: Er war also definitiv kein Linker, und er konnte es beweisen. Ab dann hatte er keinen einzigen Auftrag mehr. Völlig entsetzt meldete er sich bei seinen alten Kunden, den Filmstudios, und fragte nach, wieso die Aufträge ausblieben. Die Antwort war einfach:

Man hatte den Eindruck gewonnen, er sei ein Kommunist, und Kommunisten beschäftigte man nicht. Diese Auskunft beruhigte den Regisseur, und er meinte: Er könne beweisen, dass er kein Kommunist sei, er habe extra Detektive beauftragt, entsprechendes Beweismaterial zu sammeln. «Bist du wahnsinnig?», antworteten die Verantwortlichen der Filmstudios. «Jetzt ist uns einiges klar, bei uns liefen in den letzten Wochen ständig komische Typen rum, die sich alle nach dir erkundigt haben. Sie wollten wissen, ob du Kommunist seist.» Alle Beweisschreiben konnten dem Regisseur nicht helfen. Er musste sich einen neuen Job suchen. Das Beispiel zeigt übrigens sehr schön die Gültigkeit eines weiteren Grundsatzes: «Die Energie folgt der Aufmerksamkeit.» Hätte der Regisseur seine Aufmerksamkeit darauf gerichtet, was er *ist*, und nicht darauf, was er *nicht ist*, dann wäre diese Geschichte sicher anders ausgegangen.

Um aus so einer Nummer herauszukommen, gibt es ein hochwirksames Gegenmittel: Reden Sie mit den Menschen um Sie herum. Hören Sie auf, Verdächtigungen als unabänderliche Tatsachen zu betrachten, und fragen Sie die betreffenden Personen konkret, ob Ihr Eindruck richtig sei oder nicht. Sie werden nicht immer eine ehrliche Antwort darauf erhalten, aber auch mit dieser kommen Sie der Wahrheit ein Stückchen näher. Sie werden erstaunt sein, wie oft Sie Ihre Meinung revidieren müssen. Sollten Sie allerdings mit Ihrer Vermutung ins Schwarze getroffen haben, dann hilft nur ein klärendes Gespräch.

Ich wechselte in der Oberstufe die Schule, denn ich war damals bei weitem nicht so selbstsicher, wie ich es hätte sein sollen, und brauchte die Nähe eines Freundes. Ich meldete mich in der Klasse meines besten Freundes an, weil ich in seiner Nähe sein wollte und seine Freundschaft brauchte. Am letzten Tag der Ferien starb er. Es war der Freund, für den ich noch immer ein Geschenk in der Schublade liegen habe – vielleicht erinnern Sie sich noch an die Geschichte aus dem ersten Buch. Wie dem auch sei, ich war nun ohne den Rückhalt meines Freundes in der Klasse sehr unsicher und benahm mich in den Augen einiger meiner neuen Mitschüler vielleicht ein wenig seltsam. Eine kleine Gruppe – so hatte ich den Eindruck – schätzte mich sofort falsch ein und machte sich hinter meinem Rücken über mich lustig. Ausgerechnet die, die ich selbst ziemlich cool fand. Kurze Zeit später sollte sich herausstellen, dass diese Leute auch tatsächlich ziemlich cool waren.

Nach einer gewissen Zeit hatte ich die Nase derart voll, dass ich während einer Freistunde einen dieser Typen ansprach. Ich sagte ihm, ich hätte den Eindruck, er habe etwas gegen mich, und fragte ihn, ob dieses Gefühl stimme. Völlig verblüfft von meiner offenen Art antwortete er mir, dass ich mit meiner Einschätzung richtigläge. Damit waren wir schon einen sehr großen Schritt weiter. Als Nächstes fragte ich ihn, worin der Grund zu sehen sei und was wir tun könnten, um das zu ändern. Diese Freistunde war eine der wichtigsten meines Lebens, denn der Mitschüler erzählte mir ehrlich, wie mein Verhalten bei ihm und einigen anderen angekommen sei. Sie wissen schon, die berühmten subjektiven Wahrheiten. Daraufhin wurde mir klar, dass ich einige Aktionen gebracht hatte, die zwangsläufig dazu führen mussten, dass meine Mitschüler dachten, ich sei ein Schwachkopf. Wir hatten ein tolles Gespräch. An jenem Tag begann eine tiefe und lang anhaltende Freundschaft mit ihm, für die ich sehr dankbar bin. In diesem Fall wäre Schweigen schwachsinnig gewesen, und Reden war für mich eindeutig Gold.

Erkennen auf drei Ebenen

Es ist möglich, seinen Gedanken bewusst eine andere Richtung zu geben und dadurch weniger beeinflussbar zu sein. So kommen wir dem Ziel, die Gedanken zu befreien, ein großes Stück näher und können die Kraft unserer Gedanken für uns einsetzen. Stellen wir uns hierfür ein Modell vor, wonach sich unser

Geist in drei Ebenen unterteilt: Bewusstsein, Unterbewusstsein und Unbewusstes.

Die erste Ebene bildet also unser Bewusstsein, so legte er es fest. Sie setzen es just in diesem Moment ein, um den Text hier zu lesen, die Wörter in einen sinnvollen Zusammenhang zu bringen, das Gelesene zu analysieren und schließlich, hoffentlich, zu verstehen. Unterhalb des Bewusstseins ist das Unterbewusstsein angesiedelt. Dort befinden sich alle Informationen, die sich an Ihrem Bewusstsein vorbeigeschmuggelt haben – oder erst gar nicht bis dorthin vorgedrungen sind – und die trotzdem vorhanden sind. Auch Ihre Emotionen sind hier zu Hause. Noch eine Ebene tiefer liegt Ihr Unbewusstes. Dieser Teil steuert zum Beispiel Ihre Körperfunktionen. Ihr Herz schlägt, ohne dass Sie sich darum kümmern müssen. Sie können sich aber das nach vorn holen, was Sie gerade brauchen. Bis zu diesem Moment haben Sie sicher noch nicht über den Lidschlag Ihrer Wimpern nachgedacht, oder?

Jetzt, nachdem ich Ihre Aufmerksamkeit darauf gerichtet habe, ist das anders. Ihre Augenlider sind plötzlich Teil Ihres Bewusstseins, und sie kommen Ihnen bei jeder Bewegung in den Sinn. Gott sei Dank: Das hört nach ein paar Augenblicken auch wieder auf – was für ein schönes Wortspiel.

Das Unbewusste

Dieser Bereich wird auch «Verstand des Körpers» genannt. Unser Herzschlag, die Atmung, unsere glatte Muskulatur – und damit die Verdauung – wie auch unser Immunsystem werden dadurch gesteuert. All das können wir automatisch ab dem Zeitpunkt unserer Geburt und teilweise sogar schon früher. Auch wenn ich manchmal das Gefühl habe, dass die Verdauung bei Neugeborenen etwas Unergründliches ist. Sie grenzt an ein Wunder: Man könnte glauben, dass aus manchen Kindern mehr herauskommt als vorher hineingestopft wurde. Aber das ist sicher nur mein persönlicher Eindruck.

Das Unbewusste ist begrenzt lernfähig. Der berühmte Pawlow'sche Hund (vgl. S. 16 f.) hat nach seiner Konditionierung mit dem Sabbern angefangen, sobald er das Zeichen vernommen hat. Ein Ton, und er konnte die Gabe seines Futters damit in Verbindung bringen. Und das Unbewusste kann noch eine weitere sehr wichtige Sache: Es sorgt dafür, dass wir Emotionen erleben können! Wir fühlen. «Emotion» und «Gefühl» sind synonyme Begriffe, «emotional» heißt nichts anderes als «gefühlsbetont». Je nach Gefühl ändern wir beispielsweise unsere Körperhaltung, unseren Gesichtsausdruck und unseren Blutdruck – und das wiederum wirkt sich darauf aus, was wir fühlen. Es wäre unmöglich, alle diese Reaktionen gleichzeitig ausschließlich mit dem Verstand zu bewirken.

Sehr wichtig sind dabei die Schutzfunktionen des Unbewussten: Über die Körperfunktionen steuert es unser Immunsystem und unsere Reflexe. Wenn Ihnen in einer Kneipe plötzlich eine geballte Faust aus einer Ecke entgegenkommt, dann halten Sie automatisch Ihre Hand vors Gesicht, ohne lange darüber nachzudenken, und sobald Sie eine Grippe in sich aufkommen spüren, arbeitet Ihr Unbewusstes auf Hochtouren, um die Krankheit zu bekämpfen. In welchem Maß wir sowohl unsere Reflexe als auch unser Immunsystem unterstützen können, werden wir in diesem Buch noch sehen. Auch das Schmerzempfinden lässt sich dadurch steuern, wie wir noch sehen werden.

Das Unterbewusstsein

Unser Unterbewusstsein speichert alle unsere Erinnerungen, Erfahrungen, Eindrücke und Einstellungen. In «Ich weiß, was du denkst» habe ich Ihnen die 7±2-Regel vorgestellt. Sie besagt: Wir sind in der Lage, aus allen Informationen, die auf uns einströmen, zwischen fünf und neun Eindrücke gleichzeitig bewusst wahrzunehmen. Alle anderen Informationen – das sind in der Regel weitere 499 959 bis 499 993 – werden nicht bewusst wahrgenommen, aber im Unterbewusstsein landen sie schon. Das Bewusstsein filtert im Bruchteil einer Sekunde aus all diesen Eindrücken das für uns aktuell Relevante heraus – und genau aus diesem Grund ist die Welt auch für jeden etwas anderes. Alles, was wir lernen, muss erst unser Bewusstsein passieren und wird dann schließlich durch Wiederholung in unserem Unterbewusstsein oder sogar in unserem Unbewussten abgespeichert.

Können Sie sich noch an Ihre erste Fahrstunde erinnern? War das nicht seltsam? Sie haben sich vielleicht gefragt, wie Sie es jemals schaffen sollen, zu bremsen, zu kuppeln und gleichzeitig in den richtigen Gang zu schalten. Blick in den Spiegel, über die Schulter zurückschauen und dann den Blinker setzen. Vielleicht noch Gas geben oder abbremsen, um dann die Spur zu wechseln und weiterzufahren. Das alles gleichzeitig zu tun, haut einen am Anfang ganz schön um.

Und heute, nach zigtausend Kilometern als versierter Autofahrer, wie geht es Ihnen da? Sie können mit 180 Stundenkilometern auf der Autobahn mit Ihrer linken Hand eine SMS tippen, mit der rechten einen Radiosender suchen, der nicht nur Müll sendet, und gleichzeitig darüber nachdenken, warum Ihr Vordermann nicht so gut Auto fährt wie Sie ... Besser ist es natürlich, Sie konzentrieren sich voll auf den Verkehr. Die Erklärung für Ihr automatisches Handeln: Durch Ihre Erfahrung sind die Fähigkeiten, die Sie fürs Autofahren brauchen, von Ihrem Bewusstsein in Ihr Unterbewusstsein gewandert. Deshalb übt ein Musiker auch so viel: damit er es beherrscht, bestimmte Fingersätze automatisch anzuwenden, ohne darüber nachzudenken. Achtung: Das ist der springende Punkt – es geht darum, gut zu sein, weil man nicht mehr über seine Handlung nachdenken muss.

Trainiert man eine Bewegung oft genug, dann sickert sie sogar bis ins Unbewusste und wird zu einem Reflex. Aus diesem Grund üben Kampfkünstler die wichtigsten Abläufe so lange ein, bis sie den richtigen Schlag im richtigen Moment blitzartig ausführen können. In der Regel funktioniert das nach 15 000 Wiederholungen. Wer bei einem Kampf nur einen Bruchteil einer Sekunde verliert, ist grausam zu sich selbst. In jedem Fall geht es darum, nicht mehr zu denken.

Weil wir viele unserer Handlungen aus dem Unterbewusstsein heraus ausführen, ohne darüber nachzudenken, hat es eine unglaubliche Macht. Wir «wissen» somit vieles, ohne erklären zu können, warum; wir handeln in einer bestimmten Art und Weise und ahnen nicht, wieso. Wir sind traurig, kennen aber nicht den Grund dafür. Sehr oft lässt er sich im Unterbewusstsein finden. Kurzum: Ein sehr großer Teil dessen – wenn nicht gar alles –, was unsere Persönlichkeit ausmacht, ist dort angesiedelt. Unsere Gewohnheiten, unser Verhalten und unsere Glaubenssätze sind an dieser Stelle manifestiert. Deshalb ist es für uns und die Lenkung unserer Gedanken in neue Richtungen wichtig. Die Programmierung des Unterbewusstseins beginnt im Mutterleib, denn das ungeborene Kind kann zum Beispiel ab der 18. Woche bereits hören! Werfen Sie also Ihrem Kind zuliebe die schlimmsten Schlager-CDs weg und spielen Sie stattdessen Wolfgang Amadeus Mozart, Johann Sebastian Bach oder Stevie Ray Vaughan.

Alle in unserem Leben gespeicherten Eindrücke haben sich in unserem Unterbewusstsein zu Gewohnheiten und zu unserer ganz persönlichen Brille verdichtet. Diese wird also nicht willentlich von uns ausgesucht, sondern unser Unterbewusstsein stellt sich die Gläser zusammen. Unsere Gewohnheiten entwickeln sich also aufgrund unserer Erfahrungen und der Art ihrer Verarbeitung durch unser Unterbewusstsein – und nicht aufgrund einer bewussten Entscheidung. Aus diesem Grund ist unser Wille auch immer schwach, sobald uns der Glaube fehlt. Sollte ich in meinem Unterbewusstsein gespeichert haben, dass ich nie erfolgreich eine Sprache werde lernen können, dann kann ich es noch so sehr wollen: Es wird trotzdem nicht gelingen. Wenn ich nicht fest an den Erfolg glaube, habe ich keinen.

Ich spreche hier aus eigener Erfahrung: Ich bin in der sechsten Klasse des Gymnasiums wegen einer Fünf zu viel in Französisch sitzengeblieben. Damals war das ein harter Schlag für mich. Ich fand diese Sprache immer schon wunderschön und hatte sie unbedingt lernen wollen. Allerdings gab mir meine damalige Lehrerin keine Chance dazu. Zum Beispiel stellte sie mich oft beim Vokabelabfragen vor die Klasse und machte schlechte Witze über mich, sobald ich ein Wort nicht richtig aussprach oder es mir erst gar nicht einfiel. Damit wandte sie unbewusst eine der besten Techniken an, einen Menschen zu verängstigen. Sie holte mich aus meinem gewohnten Umfeld heraus und zerrte mich in ein anderes, in dem ich keine Kontrolle mehr ausüben konnte. Bei einem Verhör läuft das genauso. Als die besagte Lehrerin schwanger wurde, war ich fassungslos. Ich konnte mir nicht vorstellen, dass ein Mann mit so einer Frau freiwillig Zeit verbringt – schön war sie nämlich auch nicht. Wir bekamen also eine Vertretungslehrerin. Bei ihr war ich im Unterricht gleich besser, weil sie mir das Signal gab, dass sie mir etwas zutraute. Bei den Arbeiten schnitt ich aber immer noch schlecht ab. Schließlich blieb ich trotzdem sitzen und wechselte die Schule.

In den Sommerferien darauf fuhr ich dann mit meinen Eltern nach Frankreich und hatte dort mein Schlüsselerlebnis. Ich merkte, dass ich mich tatsächlich verständigen konnte. Ich war in der Lage, meine Lieblingsspeise zu bestellen und mit anderen Kindern zu spielen und rumzualbern. Ich machte die Erfahrung, dass ich mehr konnte, als ich je für möglich gehalten hatte. An meiner neuen Schule hatte ich sofort eine Zwei in Französisch – der Stoff war ja auch nicht neu, aber immerhin –, und einige Jahre später studierte ich Übersetzen und Dolmetschen in den Sprachen Englisch und Französisch.

Was war passiert? Ganz einfach: Plötzlich spürte ich den Erfolg und hatte ab diesem Zeitpunkt die Gewissheit, dass ich etwas erreichen konnte. Der Glaube an sich selbst und der Wille, gut zu sein, müssen immer an einem Strang ziehen! Unabdingbar. Dieser Satz ist mir so wichtig, dass ich ihn mit einem Ausrufezeichen beende – obwohl ich Ausrufezeichen eigentlich nicht mag. Mark Twain hat mal gesagt: Ausrufezeichen seien so, als würde man über seine eigenen Witze lachen. Ich stimme dem zu. An dieser Stelle finde ich es dennoch angebracht.

Die gute Nachricht ist also: Wir können mit unserem Unterbewusstsein kommunizieren und durch richtiges Denken dafür sorgen, dass wir an die für uns wichtigen Dinge auch tatsächlich glauben können. Für die Macht über die Gedanken ist das Unterbewusstsein von zentraler Bedeutung. Wir werden in diesem Buch noch sehr oft weitere Bestätigung dafür finden.

Vom Bewusstsein

Im Bereich des Bewusstseins denken wir – oder wir machen jedenfalls das, was wir gewöhnlich darunter verstehen. Wie viel ist sieben mal acht? Sie blicken jetzt wahrscheinlich kurz nach oben, haben den Mund dabei geschlossen, und die Antwort 56 ist sofort da. Sie kommt aus Ihrem Bewusstsein. Wenn wir unsere Aufmerksamkeit auf eine Sache richten, dann dringt sie automatisch in unser Bewusstsein vor. Na, denken Sie noch an den Schlag Ihrer Augenlider? Oder ist er erst gerade bei seiner Erwähnung wieder in Ihr Bewusstsein gesprungen? Lösen die Wörter «Klopf, klopf, klopf» immer noch die Erinnerung an Feuer in Ihnen aus?

Logisches Denken, Analysieren, Herausforderungen annehmen und Probleme lösen – das findet im Bewusstsein statt. Wenn Sie sich also kurz vor einem wichtigen Termin Kaffee auf Ihr Hemd tropfen, dann denken Sie mit Ihrem Bewusstsein darüber nach, was Sie tun können, damit Sie später nicht mit fleckigem Hemd dastehen. Dieser Teilbereich legt auch unsere Meinung zu oder über etwas fest. Vergleichen wir ihn mit dem Unterbewusstsein: Warum verhält sich jemand so, wie er es tut? Oder warum machen wir etwas so und nicht anders? Wie schon gesagt: Manchmal wissen wir das selbst nicht. Warum rauchen Menschen, wenn sie sich sonst gesund ernähren? Warum essen Menschen Currywurst mit Pommes frites und Mayonnaise, wenn sie eigentlich abnehmen wollen? Das Bewusstsein antwortet auf solche Fragen ganz klar: Es beruhigt uns, ganz nach dem Motto: Man gönnt sich ja sonst nichts. Der wahre Grund für unsere rational nicht nachvollziehbaren Entscheidungen liegt meistens im Unterbewusstsein irgendwo ganz tief vergraben. Ebenso wie der Glaube. Der Wille aber hat seinen Platz im Bewusstsein. Im direkten Vergleich zeigt sich die Kräfteverteilung sehr deutlich: Wille unterliegt Glauben – Bewusstsein unterliegt Unterbewusstsein. Ein weiterer wesentlicher Aspekt der Gewichtung besteht darin, dass unser Bewusstsein der besagten 7 ± 2-Regel folgt, also nur eine begrenzte Kapazität hat. Unser Unterbewusstsein dagegen scheint, was seine Kapazitäten angeht, grenzenlos zu sein! Hier ist echt Power drin.

Bei unserem Denkmodell stellen wir uns jetzt noch zwischen Bewusstsein und Unterbewusstsein einen kritischen Part vor: eine Art Bodyguard oder besser noch Mindguard. Jede neue Information wird vom Bewusstsein geprüft. Ist diese Information logisch und stimmig, dann gibt das Bewusstsein sie weiter. Der Mindguard gleicht jetzt diese neue Information mit allem ab, was im Unterbewusstsein gespeichert worden ist. Stimmen die Informationen zwischen kritischem Teil und Unterbewusstsein überein, dann passieren sie den kritischen Part und dürfen ins Unterbewusstsein. Wenn die Informationen nicht übereinstimmen, dann werden sie abgewiesen. Auf diese Art und Weise manifestieren sich unsere Gewohnheiten und Glaubenssätze. Deshalb finden wir in unserer Umwelt für jede unserer unbewussten Annahmen Beweise.

Welche Antworten hat aber die aktuelle Gehirnforschung

auf diese Fragen? Das folgende Kapitel «Das Gehirn – alte Mythen und neue Fakten» geht dem komplexen Zusammenhang nach.

Das Gehirn – alte Mythen und neue Fakten

Sind wir unseres Glückes Schmied oder dem Schicksal ausgeliefert? Gehen wir als Herr über unser Denken und Handeln durchs Leben, oder dirigiert uns die Chemie in unserem Kopf? Bei Erklärungsversuchen, die sich mit der Funktionsweise des Gehirns beschäftigen, ergibt sich das Problem, dass der Untersuchungsgegenstand über sich selbst referiert. Wahrscheinlich haben sich daher im Laufe der Zeit einige Irrtümer über die Schaltzentrale in unserem Kopf eingeschlichen, die wir nach dem heutigen Stand der Forschung korrigieren können. Ob wir wirklich richtigliegen, können wir aber wohl nie mit letzter Sicherheit sagen ...

Albert Einstein soll gesagt haben, dass der durchschnittlich intelligente Mensch nur zehn Prozent seiner geistigen Kapazität nutzt. Nur zehn Prozent! Diese Aussage ist nicht belegt, sicher scheint jedoch zu sein, dass das Genie trotzdem nicht der Auffassung war, 90 Prozent der menschlichen Hirnmasse lägen nur nutzlos herum. Soweit die Wissenschaft heute beurteilen kann, sind alle gesunden Nervenzellen in irgendeiner Weise an Prozessen im Gehirn beteiligt. Dabei können wir von Glück reden, dass zu keiner Zeit alle Gehirnzellen gleichzeitig feuern, denn eine solche Überaktivität käme einem epileptischen Anfall gleich. Detlef Linke, Hirnforscher an der Universität Bonn, weist außerdem darauf hin, dass mehr Hirnaktivität nicht zwangsläufig auf erhöhte Intelligenz beziehungsweise besseres Denkvermögen schließen lasse. Unsere intellektuelle Leistung bestehe häufig darin, Einzelerfahrungen zu abstrahieren, wodurch das Denken ökonomischer werde. Es geht also nicht um möglichst viel (Hirn-)Aktivität, sondern darum, so viel Denkleistung wie möglich mit so wenig nervöser Aktivität wie nötig zu erzielen. Vielleicht wollte Einstein mit seiner Bemerkung über die zehn Prozent ja einfach nur darauf hinweisen, dass der Mensch ein wenig häufiger seinen Grips benutzen könnte, wenn er denn nur wollte.

Ein egoistischer Nimmersatt

Obwohl unser Gehirn nur zwei Prozent des Körpergewichts ausmacht, verbraucht es doch gut die Hälfte der täglich mit der Nahrung aufgenommenen Kohlenhydrate. Noch im Ruhezustand fordert es ein Viertel des gesamten Energiebedarfs. Außerdem sind seine Zellen für die Verteilung der Energie zuständig, und die verhalten sich dabei ziemlich egoistisch: Erst wenn die eigene Energiebestellung, also die des Gehirns, gestillt ist, bekommt der restliche Körper etwas ab. Die Bio-Logik dahinter ist klar: Fällt die Schaltzentrale aus, geraten alle anderen Körperfunktionen ebenfalls in Gefahr. Da es dem Gehirn kaum möglich ist, Energiespeicher anzulegen, entzieht es dem Körper im Bedarfsfall daher sogar aktiv Energie, genauer gesagt Glukose. Wissenschaftler nennen das Bedarfsdeckung «on demand»: Der Empfänger der Lieferkette fordert und setzt die Kette damit nach dem Pull-Prinzip in Gang. Forscher der Universität London sowie des Max-Planck-Instituts für Hirnforschung in Frankfurt am Main haben nun herausgefunden, dass die Hirne von Säugetieren zwar enorm viel Energie verbrauchen, gegenüber denen von Reptilien oder Fischen aber sehr viel energieeffizienter arbeiten. Die wissenschaftliche Vermutung geht dahin, dass sich komplexe Einheiten wie die Säugerhirne überhaupt nur entwickeln konnten, weil sie so effizient arbeiten.

Das flexible Organ

Mittlerweile gilt als erwiesen, dass das menschliche Gehirn in allen Lebensphasen zu Zellwachstum und Bildung neuer Nervenverbindungen fähig ist, was bedeutet, dass wir in jedem Alter neue Aufgaben erlernen können. Forscher der Universität Zürich haben in einem groß angelegten Experiment festgestellt, dass sich das Gehirn von über 60-Jährigen in manchen Regionen vergrößerte, nachdem sie über drei Monate hinweg täglich das Jonglieren trainierten. Besonders der visuelle Assoziationskortex – eine Gehirnregion, die auf die Wahrnehmung von Bewegung im Raum spezialisiert ist – sowie der Hippocampus, in dem das Lernzentrum sitzt, aber auch der Nucleus accumbens, der zum hirneigenen Belohnungssystem gehört, zeigten signifikante Vergrößerungen. Das Hirn – auch das des älteren Menschen – kann also tatsächlich durch Training wachsen, womit der Spruch «Was Hänschen nicht lernt, lernt Hans nimmermehr» endgültig ausgedient haben dürfte.

Drei-Pfund-Universum

Obwohl die Gleichung «großes Gehirn = intelligenter Mensch» den Sachverhalt nur verzerrt wiedergibt und nicht in jedem Fall aufgeht, korreliert die Größe der Hirnmasse sehr wohl mit ihrer Leistungsfähigkeit. So ist das menschliche Gehirn gegenüber dem Primatenhirn eindeutig größer (im Durchschnitt 1245 bis 1345 Gramm gegenüber 420 Gramm beim Schimpansen) und, soweit wir wissen und messen können, auch leistungsfähiger. Dagegen wiegt das Gehirn eines Pottwals volle 8,5 Kilogramm, weswegen er aber nicht zwangsläufig intelligenter ist als der Mensch, denn natürlich hängen Größe und Gewicht der Hirnmasse auch mit dem jeweiligen Körpergewicht zusammen. So ist der Umstand, dass weibliche Menschenhirne im Durchschnitt 100 Gramm leichter sind als männliche, zu einem Teil dem unterschiedlichen Körpergewicht geschuldet. Das durchschnittliche männliche Gehirn wiegt ca. 1370 Gramm, das weibliche 1270 Gramm. Noch rätselt die Hirnforschung, ob die Männer mit diesen 100 Gramm Unterschied wirklich etwas Sinnvolles anzufangen wissen. Oder ist das alles nur erweiterte Speicherkapazität, um sich wichtige Daten wie die Fußballbundesliga-Ergebnisse, Hubraum, PS und Zylinder merken zu können? Nein! Vermutet wird, dass die Fähigkeiten, bei denen Männer statistisch besser abschneiden – zum Beispiel beim räumlichen Wahrnehmungs- und Vorstellungsvermögen –, mehr Platz im Gehirn einnehmen als diejenigen intellektuellen Fähigkeiten, bei denen meist die Frauen den Männern überlegen sind.

Kanadische Forscher haben bereits vor einigen Jahren nachgewiesen: Je größer das Gehirn, desto höher ist bei Frauen und rechtshändigen Männern die sprachliche Intelligenz. Die Zusammenhänge zwischen anderen Bereichen der Intelligenz und der Hirngröße sind dagegen nicht eindeutig und unterscheiden sich zum Teil deutlich zwischen den Geschlechtern.

Natürlich bestehen individuell enorme Schwankungen bei der Größe und dem Gewicht des Gehirns. Das Gehirngewicht amerikanischer Männer europäischer Herkunft hat ein Durchschnittsgewicht von 1400 Gramm. 18 Prozent der Männer erreichen Werte über 1530 Gramm und nur drei Prozent über 1650 Gramm. Nur ein einziger Mann von tausend hat ein Gehirngewicht von mehr als 1800 Gramm. Kleinere Menschen haben rein anatomisch durchschnittlich kleinere Köpfe und damit auch kleinere Gehirne als große Menschen. Das bedeutet aber nicht, dass größere Leute beziehungsweise Gehirne zwangsweise eine höhere Intelligenz aufweisen oder dass Männer intelligenter wären als Frauen. Hier sind sich die Intelligenzforscher einig: Frauen haben keine geringere Intelligenz als Männer.

Für die positive Korrelation zwischen Gehirngröße und Intelligenz gibt es zahlreiche bekannte Beispiele in der Geschichte. Denker wie Voltaire, Carl Friedrich Gauß oder Ernst

Werner von Siemens besaßen ein deutlich größeres Gehirn als die Durchschnittsbevölkerung. Der Anthropologe Edward Anthony Spitzka stellte schon zu Beginn des letzten Jahrhunderts fest, dass das durchschnittliche Hirngewicht von 130 herausragenden Persönlichkeiten etwa 100 Gramm über dem Durchschnitt lag. Nach neueren Studien liegt das Gehirngewicht von Koryphäen im Mittel sogar bei 1600 Gramm. Das findet man sonst nur bei zehn Prozent der Durchschnittsbevölkerung. Eines der größten Gehirne besaß der Schriftsteller Iwan Turgenjew (2012 Gramm), was ihm 1987 einen Eintrag ins Guinnessbuch der Rekorde brachte. Aber wie gesagt: Es gibt auch Ausnahmen. Sein Kollege, der Literaturnobelpreisträger Anatole France, brachte nur 1017 Gramm glibberige Hirnmasse auf die Waage. Johann Wolfgang Goethe lag mit seinem Schädelvolumen um 100 Kubikzentimeter über dem Durchschnitt, aber deutlich unter dem Volumen seines hochgewachsenen Freundes Friedrich Schiller.

Ein kleiner, feiner Unterschied

Warum Frauen nicht einparken und Männer nicht über ihre Gefühle reden können, liegt unter Umständen an einer recht unterschiedlichen Hirnstruktur. Männer benutzen zur räumlichen Orientierung den Hippocampus der linken Hirnhälfte, der für die räumlich-geometrische Orientierung verantwortlich ist. Frauen nehmen dabei zusätzlich Teile der Großhirnrinde zur Hilfe, die für Assoziation und Gedächtnis benötigt werden. Dies verlangsamt zuweilen die Lösungsfindung, weil schlicht mehr Daten miteinander verrechnet werden. Grundsätzlich sind bei Frauen beide Gehirnhälften enger miteinander vernetzt, was ihnen vor allem bei ihren verbalen Fähigkeiten zugutekommt. Sie weisen generell durchschnittlich einen höheren Vernetzungsgrad der Neuronen auf, und zudem sind die Nervenzellen in bestimmten Regionen enger gepackt. Das ermöglicht den Frauen, mehrere Dinge parallel zu koordinieren, was Männer prinzipiell eher überfordert. Hausfrauen können im Vergleich zu Hausmännern gleichzeitig Wäsche waschen, das Essen vorbereiten, eine Einkaufsliste erstellen und dabei noch mit der Freundin telefonieren. Hiermit ist das männliche Gehirn überfordert.

Bei Männern dominiert dagegen häufig eine der beiden Gehirnhälften, was sie zielstrebiger und effizienter an einer Aufgabe arbeiten lässt. Dieser Unterschied hat höchstwahrscheinlich sowohl erzieherische als auch biologische Ursachen. Man nimmt an, dass auch der hormonelle Faktor für unterschiedliche Hirnleistungen eine bedeutende Rolle spielt, da man festgestellt hat, dass der kleine Unterschied zwischen Mann und Frau nicht nur in verschiedenen Kulturen, sondern auch über die letzten 30 bis 40 Jahre hinweg recht konstant geblieben ist. Bei der Untersuchung transsexueller Menschen hat man zudem nachgewiesen, dass sich bei Männern nach einer Geschlechtsumwandlung unter Einnahme weiblicher Sexualhormone die Sprachkompetenzen auf Kosten der Raumkognitionen verbesserten. Umgekehrt wurde beobachtet, dass bei Frauen, die zu Männern wurden, die sprachliche Kognition zugunsten der räumlichen Wahrnehmung abnahm. Jedoch sollte man sich gerade in diesem Zusammenhang vor zu starrem Schubladendenken hüten. Noch gibt es keine wissenschaftlich wasserfesten Beweise, dass Frauen wirklich schlechter einparken und dafür besser über ihre Gefühle sprechen können als Männer. Der gesellschaftlich-erzieherische Faktor sowie der Einfluss ebensolcher Behauptungen sollte dabei nie unterschätzt werden.

... und sie vermehren sich doch

Lange galt der Glaubenssatz, dass sich Gehirnzellen ab einem bestimmten Alter nicht mehr teilen und vermehren können. Ähnlich wie der Körper, der bis zum Abschluss der Pubertät wächst und dann langsam, aber sicher kontinuierlich abbaut.

Das ist nun widerlegt. In speziellen Arealen wie zum Beispiel dem Hippocampus existieren neuronale Stammzellen, die sich auch nach der Pubertät noch teilen können. Aufgefallen war das durch eine Untersuchung bei Londoner Taxifahrern. Je länger sie im Straßengewirr Londons unterwegs waren, desto größer wurde über die Jahre ihrer Berufstätigkeit der Hippocampus. In diesem Zentrum ist nämlich unsere räumliche Erinnerung in sogenannten Ortszellen abgespeichert. Auch das episodische Gedächtnis ist hier lokalisiert, und neu dazugewonnenes Einzelwissen wird zunächst im Hippocampus verarbeitet und erst dann in anderen Hirnregionen abgespeichert. Hippocampus ist übrigens das lateinische Wort für Seepferdchen, da die anatomische Form dieser Hirnregion mit viel Phantasie an das Meerestier erinnert.

Der Hippocampus ist eine der komplexesten und verletzlichsten Gehirnregionen. Wenn dieser Bereich durch eine Krankheit ausfällt, ist ab diesem Zeitpunkt das Lernen von neuen Inhalten unmöglich. Alte Erinnerungen können zwar noch abgerufen werden. Aber nach einer Schädigung der empfindlichen Hippocampuszellen könnte man diesem Menschen jeden Tag die gleiche Tageszeitung vorlegen – und er würde es nicht bemerken. Oder wenn beispielsweise nur die Ortszellen im Hippocampus geschädigt werden, wird dieser Mensch keine Wegbeschreibung mehr abgeben können. Ganz wichtig also: Der Hippocampus ist für das Einzelwissen von größter Bedeutung. Der Londoner Taxifahrer, der die britische Hauptstadt wie seine Westentasche kennt, wird ohne Straßenkarte in Manchester hilflos verloren sein. Darum unterscheiden wir das auf dem Hippocampus beziehungsweise das mit Hilfe des Hippocampus abgespeicherte Einzelwissen vom Regelwissen, welches auf der Großhirnrinde lokalisiert ist. Regelwissen wäre zum Beispiel die Fähigkeit, einen Stadtplan zu erfassen und sich anhand eines Plans schnell in jeder Stadt der Welt zurechtzufinden. Kartenlesen muss nämlich auch gelernt sein.

Die Großhirnrinde ist also dazu da, Regeln zu generieren und – wie wir später sehen werden – altes Einzelwissen zu archivieren. Wenn Sie sich vor Ihrem geistigen Auge eine Katze vorstellen, so existiert im Gehirn keine Karteikarte «Katze», die aus einem großen Ordner gezogen wird. Vielmehr generiert Ihr Gehirn bei der Vorstellung «Katze» aus ganz verschieden Gehirnregionen das Bild dieses Tiers. Die anatomische Form, die Struktur des Fells, das Gefühl bei der Berührung, das zufriedene Schnurren, der sanfte Gang – alle diese Informationen werden aus mehreren Orten im Gehirn zu einem Bild von «Katze» zusammengesetzt. Wenn es sich aber um eine ganz bestimmte Katze, etwa Ihren Lieblingsstubentiger, handelt, dann sitzt diese Information wieder beim Einzelwissen, nämlich im Hippocampus.

Der Mythos, dass Hirnzellen nicht nachwachsen können, ist also widerlegt. Insbesondere durch eine anregende Umgebung, in der es viel Neues zu lernen gibt, wird die Nervenneubildung im Hippocampus stimuliert. Nach neueren Studien erhöht ganz besonders die Bewegung die Zellneubildung im Gehirn. Laufen beispielsweise bietet uns nicht nur eine ständig neue, anregende Umgebung, sondern es erhöht auch die Neuronenbildung. Eine Studie geht sogar davon aus, dass sich die Zellneubildung im Hippocampus durch gemäßigtes Ausdauertraining verdoppelt.

Doch Vorsicht: Diese empfindliche Gehirnregion kann auch schnell geschädigt werden. Das gefährliche Stresshormon Cortisol beispielsweise baut in hohen Konzentrationen besonders diese wichtigen Erinnerungszellen ab. Früher dachte man, dass ein Gedächtnisverlust nur durch organische Hirnstörungen verursacht werden kann. Heute wissen wir, dass die Stresshormone den Energiestoffwechsel der Nervenzellen ganz erheblich beeinträchtigen und sogar zu deren Tod führen können. Soldaten, die nach drei Jahren an der Front durch großen Stress und Todesangst traumatisiert waren, hatten einen deutlich kleineren Hippocampus als zuvor. Je länger der Einsatz dauerte, desto mehr schrumpfte der Hippocampus. Dabei steht seine Größe in direktem Zusammenhang mit dem Cortisolspiegel im Blut. Das kann man auch bei Menschen mit einer körpereigenen Überproduktion dieses Stresshormons beobachten. Grund genug, sich über den Stress an der eigenen «Front» nähere Gedanken zu machen. Denn stressbedingte Störungen des Gehirnstoffwechsels können zum Gedächtnisverlust führen. Das berichtete der Bielefelder Neuropsychologe Professor Hans J. Markowitsch. Verursacht wird dies wahrscheinlich durch Stresshormone, die den Energiestoffwechsel von Nervenzellen beeinträchtigen und sogar den Tod dieser Zellen verursachen können.

Dünger fürs Gehirn

Drei Dinge braucht das Gehirn, denn unser Großrechner lebt unmittelbar von drei ganz wichtigen Substanzen – nämlich von Wasser, Sauerstoff und von Kohlenhydraten, sprich von Zucker. Ohne diese einfachen, aber wertvollen Substrate würden sich unsere intellektuellen Fähigkeiten sofort eintrüben, bis hin zur Bewusstlosigkeit. Grundsätzlich sollten wir von allem im Überfluss haben, doch die Realität sieht leider anders aus.

Unser Körper besteht zu 70 Prozent aus Wasser, das Gehirn sogar zu 90 Prozent aus feuchtem Nass. Und obwohl wir in keinem Dürregebiet leben, sieht es in unserem Körper oft aus wie in der Sahelzone. Pro 25 Kilogramm Körpergewicht sollten wir einen Liter Wasser pro Tag trinken, aber das schaffen nur wenige. Gerade ältere Menschen trinken nur noch, wenn sie Durst haben, und den verspüren sie nur noch selten. Und wenn das Durstsignal kommt, ist der Körper oft schon so trocken wie ein Staubtuch – mit großen Folgen für das Gehirn. Wenn unsere Körperzellen 10 Prozent weniger Flüssigkeit haben, verfügen sie über 30 Prozent weniger Energie. Das macht sich in unserem Gehirn ganz besonders schnell bemerkbar. Zu viel Kaffee und Alkohol als klassische Flüssigkeitsräuber verstärken das Problem. Auch Saunagänger gleichen die verlorene Flüssigkeit oft nicht ausreichend aus – und haben noch drei Tage nach dem Saunieren ein messbar schlechteres Kurzzeitgedächtnis. Am besten stellen Sie sich Ihre erforderliche Trinkmenge schon morgens auf den Tisch – und abends müssen die Flaschen leer sein! Übrigens: Zwei Drittel der Trinkmenge sollten bis 14 Uhr verklappt sein – wegen der Nachtruhe!

Auch der allgegenwärtige Sauerstoff kommt oft nicht wirklich an in unserem Gehirn. Der Grund: Unter Stress atmen wir schneller als in Ruhe, circa 15 bis 20 Mal pro Minute. Dadurch kommt der Sauerstoff nicht wirklich in den Alveolen an. Nur in diesen Lungenbläschen findet nämlich der eigentliche Sauerstoffaustausch statt. Bei einer flachen Hechelatmung pendelt der Sauerstoff zwar innerhalb der Luftröhre hin und her – aber ohne wirklich an den Bestimmungsort zu gelangen. Totraumbelüftung nennt man das im Fachjargon. Wenn man aber langsam atmet, so circa viermal pro Minute, werden die Atembewegungen automatisch tiefer und die Sauerstoffsättigung des Bluts messbar besser. Davon profitiert wiederum das Gehirn!

Last, but not least mangelt es oft am Zucker. Das heißt aber nicht, dass man nun ungehemmt von der Zuckerdose naschen sollte. Das ist eher kontraproduktiv. Das Problem ist häufig, dass sich das große Organ Muskel auf Kosten des kleinen Organs Gehirn ernährt. Die Muskeln haben die Wahl, ob sie Fett oder Zucker verbrennen. Das Gehirn dagegen kann nur vom Zucker leben. Kopfarbeitermuskeln haben oft die Fähigkeit zur Fettverbrennung verloren und fressen dann dem Gehirn das Futter weg. Die Folge: Wir werden schnell müde, fahrig und unkonzentriert – oft begleitet von Heißhungerattacken, denn auf abfallende Zuckerspiegel reagiert das Gehirn sehr sensibel. Immerhin beansprucht das Gehirn 25 Prozent unseres Grundumsatzes. Ein Zuckermangel macht sich da ganz schnell bemerkbar. Durch ein regelmäßiges leichtes Ausdauertraining lernen die Muskeln aber schnell wieder, Fett zu verbrennen. Der Vorteil: Der Zucker bleibt dem Gehirn vorbehalten, und die Muskeln verbrennen gefährliches Fett sowie Cholesterin rund um die Uhr, sogar wenn wir nachts im Bett liegen und schlafen. Dadurch sinkt wiederum das Risiko, einen Herzinfarkt oder Schlaganfall zu erleiden. Wir schlagen zwei Fliegen mit einer Klappe.

Viel Denken bringt nicht viel
Relativ sicher scheint es zu sein, dass Gehirnjogging allein kein ausreichendes Training für geistige Fitness ist. Körperliche Aktivität beeinflusst kognitive Gehirnfunktionen und wirkt präventiv auf altersbedingte Ausfallerscheinungen. Zu diesem Ergebnis kommen die Autoren einer Publikation zur Bedeutung von körperlicher Aktivität für die Gesundheit und Leistungsfähigkeit von Gehirn und Geist vom Institut für Kreislaufforschung und Sportmedizin beziehungsweise vom Institut für Individualsport der Deutschen Sporthochschule Köln. Bei körperlicher Aktivität «dürfte die zusätzliche regionale Gehirndurchblutung in Verbindung mit dynamischer Arbeit eine vermehrte Produktion von Nervenwachstumsfaktoren auslösen». Bewegung bringt den Stoffwechsel auf Trab und damit auch die für das Lernen notwendigen Hirnregionen. Die Struktur von Nervenzellen sowie neuronale Verbindungen werden dadurch sowohl gestärkt als auch neu gebildet.

Die Anatomie einer Kopfgeburt
In den letzten Jahrzehnten hat sich das Wissen über unser Gehirn stetig weiterentwickelt. Doch seit einigen Jahren überschlagen sich die Erkenntnisse und Forschungsergebnisse der Gehirnforschung. Der Grund dafür sind neue bildgebende Verfahren wie die funktionelle Computertomographie, die

unsere Gedankenprozesse ganz genau nachzeichnen können. Natürlich kann man die Gedanken auch mit modernster Technik nicht sehen, aber man kann sehr genau die Gehirnaktivitäten bei speziellen Denkmustern und Aktivitäten darstellen. Mittlerweile besitzen wir eine äußerst exakte «Landkarte des Gehirns», das heißt, wir wissen sehr genau, welches Areal wofür zuständig ist.

Auch die Gehirnchirurgie hat diese Erkenntnisse untermauert. Was viele Menschen nicht für möglich halten: Das Gehirn besitzt keine Schmerznerven. Man kann einem Patienten in Narkose die Schädeldecke öffnen und ihn dann aufwachen lassen. Obwohl die Denkmaschine nun ungeschützt ist, empfindet er keine Pein. Begonnen hat mit solchen Experimenten schon in den dreißiger Jahren des letzten Jahrhunderts der große kanadische Neurochirurg Wilder Penfield, der zu seiner Zeit als «bedeutendster lebender Kanadier» bekannt war. Während der Operation am offenen Gehirn reizte er bei vollem Bewusstsein der Patienten spezielle Areale, um mehr über die Reaktionen zu erfahren. Denn wenn man intraoperativ mit einer Sonde spezielle Hirnareale stimuliert, kann man genau nachvollziehen, wie der Körper reagiert, und Rückschlüsse darauf ziehen, welche Körperregion mit welchem Gehirnareal vernetzt ist. Schematisch werden diese Vernetzungen und deren Größenverhältnisse im Gehirn durch den sogenannten Homunculus dargestellt. Dieses Männchen gibt die Repräsentation unserer Körperoberfläche in der Hirnrinde wieder: Angenommen, jeder Körperteil wäre in seiner Größe proportional zu seiner Sensibilität ausgebildet, dann sähen wir in etwa so aus wie das Marsmännchen auf der nächsten Seite.

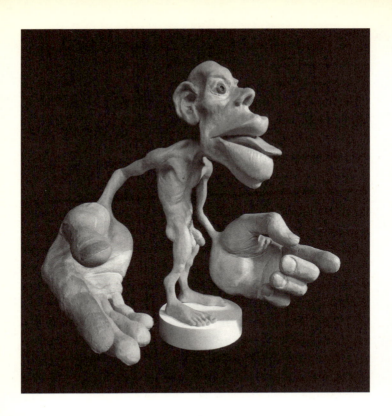

Was ist das, ein Gedanke?

Landläufig verstehen wir darunter das, was ein Mensch denkt und dann entweder als Meinung oder Einfall äußert oder auch für sich behält. In jedem Fall ist es eine bewusste Handlung – «Ich denke» – oder ein Vorgang, der zu Bewusstsein kommt – «Mir ist etwas eingefallen». Gedanken als bewusste psychische Akte sind Gegenstand der kognitiven Psychologie. Hier wird der Gedanke im subjektiven Sinne betrachtet. Die moderne Logik dagegen befasst sich mit dem Gedanken im objektiven Sinn, tut sich mit einer Definition allerdings schwer, da sie den Gedanken als etwas annimmt, das kein Erzeugnis einer seelischen Tätigkeit ist, sondern eher einer Wahrheit (oder Falschheit) im absoluten Sinne gleichkommt.

Der Gedanke wird häufig der Tat und auch dem Gefühl als Gegensatz gegenübergestellt, wobei viele Lehren einräumen, dass alle drei Faktoren zusammenspielen, sich gegenseitig erzeugen, bedingen und beeinflussen. Für den Neurologen allerdings ist ein Gedanke reine Biochemie: Neuronen schicken elektrische Impulse durch das Gehirn und erzeugen so Verbindungen untereinander, durch die Informationen weitergeleitet und in den Nervenzellen miteinander verrechnet werden. Ein Gedanke ist ein Feuerwerk neuronaler Aktivität, das sowohl durch einen externen Reiz, einen Sinneseindruck, als auch von einem internen Reiz, einer Körpersensation, ausgelöst werden kann. Man geht davon aus, dass an einem Gedanken stets verschiedene Hirnareale und -ebenen gleichzeitig beteiligt sind. Der Hirnforscher Wolf Singer, Direktor am Max-Planck-Institut für Hirnforschung in Frankfurt am Main, stellt in diesem Zusammenhang klar, dass auch hochmoderne bildgebende Verfahren wie zum Beispiel Messungen im Kernspintomographen Forscher nicht dazu befähigen, die Gedanken ihrer Probanden zu «lesen». Dazu seien Denkvorgänge zu individuell und zu komplex. Man könne aber wohl entschlüsseln, mit welchen Inhalten sich ein Mensch gerade beschäftigt: Denkt er beispielsweise an Zahlen oder an Gesichter? Doch was er wirklich denkt, hänge von individuellen neuronalen Repräsentationen der jeweiligen Gedanken ab, die eben bei jedem ein wenig anders aussehen, womit die Interpretation der bunten Bilder schnell spekulativ werde.

Großrechner Gehirn: Zentrum für Gut und Böse
Wir können uns also entspannen und müssen uns vor einer Gedankenpolizei – zumindest vorerst noch – nicht fürchten. Doch für die meisten Menschen ist es bereits erschreckend und im Grunde unbegreiflich, dass unsere geistigen und mentalen Leistungen und damit auch unser Ich-Erleben und Selbstverständnis lediglich die Folge neuronaler Prozesse sein

sollen. Darüber hinaus wollen uns Wissenschaftler wie der Hirnforscher John-Dylan Haynes vom Max-Planck-Institut in Leipzig erklären, dass unser Gehirn mit seinen neuronalen Schaltkreisen volle zehn Sekunden früher «weiß», zu welcher Handlung wir uns kurz darauf bewusst entschließen werden. Vor diesem Hintergrund fragen sich manche Forscher und auch Laien, ob der freie Wille des Menschen lediglich eine vom Gehirn kreierte Illusion ist – dazu mehr am Ende dieses Kapitels.

Hier relativieren allerdings die Forscher selbst und verweisen darauf, dass das Gehirn als Organ und das Unterbewusstsein als weitere mentale Ebene genauso zum Menschen gehören wie das Ich und sein Bewusstsein. Man müsse jedoch akzeptieren, dass Letztere lediglich die Spitze des Eisbergs darstellen, wohingegen der größte Teil unserer Persönlichkeit im Unbewussten verborgen liegt. Im Diskurs darüber, ob menschliches Denken und Fühlen allein auf die Aktivität neuronaler Schaltkreise zurückgeführt werden können und dürfen, meldet sich auch die älteste Wissenschaft zu Wort, die sich seit Menschengedenken mit der Frage beschäftigt, aus welchem Stoff geistige Prozesse sind: die Philosophie. Der Tübinger Philosoph Manfred Frank führt dabei neben dem Gedanken die Emotion ins Feld: «Wenn ich jemandem meine Zuneigung ausdrücken will, wäre es wenig sinnvoll, ihm oder ihr die elektromagnetischen Abläufe zu beschreiben, die in meinem Hirn vor sich gehen und die ich vielleicht auf einem Autozerebroskop ablesen kann.» Egal was Kernspintomograph oder Elektroenzephalogramm verraten, sie können nie mit Hilfe von Zahlen, Werten oder blinkenden Hirnarealen ausdrücken, was jemand fühlt, der verliebt ist. Genau wie man kein Lebewesen erzeugen kann, indem man das dazu notwendige Zellmaterial zusammenschüttet, so ergibt die Summe der neuronalen Prozesse doch auch nie das Gefühl, das man an Leib und Seele wahrnimmt.

Auch Gehirne freuen und fürchten sich

Die Wissenschaft ist sich einig: Auch Emotionen – positive wie negative – entstehen im Gehirn, in Wechselwirkung mit Körperreaktionen, Gedanken sowie Umweltreizen. Ursprüngliche Emotionen wie Lust oder Angst gelten als eine Art Frühwarnsystem, das eine möglichst schnelle Verhaltensantwort auf einen Reiz ermöglicht. Die an Emotionen beteiligten neuronalen Schaltkreise arbeiten rasend schnell und erlauben so eine Informationsverarbeitung zum Beispiel von Gefahrenquellen, im unteren Millisekundenbereich. Diese Prozesse laufen – aufgrund ihrer Schnelligkeit – allerdings unbewusst ab. Erst wenn neokortikale Strukturen wie die Großhirnrinde an einer emotionalen Reaktion beteiligt sind, kommt Bewusstsein zustande, und wir «fühlen» etwas. Unser bewusstes Gefühlsleben braucht also vor allen Dingen Zeit.

Mittlerweile ist erforscht, welche Hirnbereiche an positiven und negativen Emotionen beteiligt sind: Der Mandelkern (Amygdala), im Stammhirn gelegen, entscheidet in kürzester Zeit, ob ein Reiz Schaden oder Lust für den Organismus bedeutet. Entscheidet er, dass ein Reiz gefährlich ist, funkt dieser Teil des Gehirns sofort an zahlreiche andere Hirnstrukturen, die dann eine Angstreaktion in Gang setzen; der Herzschlag beschleunigt sich, Adrenalin und Noradrenalin schießen ins Blut, damit Energie freigesetzt wird und der Organismus entweder fliehen oder angreifen kann. Damit uns unsere Angst aber bewusst werden kann, müssen neben Teilen des Stammhirns auch Großhirnareale aktiviert werden, zum Beispiel der Hippocampus, in dem Gedächtnisinhalte gespeichert sind. Haben wir beispielsweise eine schlechte Erfahrung mit einem Hund gemacht – vielleicht hat uns in unserer Kindheit einmal ein großer Schäferhund gebissen –, ist diese Erfahrung dort gespeichert und kann in ähnlichen Situationen abgerufen und mit dem aktuellen Geschehen verglichen werden. Dann fühlen wir beim Anblick eines Hundes Angst, und unser Körper reagiert mit Fluchtsymptomen. Wir wissen aber auch ganz genau, dass wir uns gerade fürchten. Vielleicht wissen wir sogar, dass dieser spezielle Hund uns wahrscheinlich nicht beißen wird, und kontrollieren unsere Angst durch bewusste Beruhigung; trotzdem können wir uns der reflexartigen Angstreaktion gewöhnlich nicht erwehren.

An positiven wie an negativen Emotionen sind neben dem Mandelkern eine Vielzahl weiterer Hirnareale beteiligt. Interessant ist, dass bei positiven Emotionen der Nucleus accumbens besonders aktiv ist. Dieses Gebiet liegt im sogenannten Verstärkersystem des Gehirns und dient dort als zentrale Schaltstelle. Belohnung kommt also höchstwahrscheinlich aus dieser Hirnregion, die, so haben Forscher im Tier- und Humanversuch festgestellt, ebenfalls eine entscheidende Rolle bei der Entwicklung von Süchten spielt.

In allen Gefühlsfällen kommt es also auf die Erfahrung an, die ein Individuum gemacht hat oder die ihm von seinen Mitmenschen beigebracht wurde, wobei die Erfahrung aus zweiter Hand nicht so gut «wirkt» wie die eigene. Bei positiven Erfahrungen belohnt sich das Gehirn selbst und behält das Ereignis als angenehm in Erinnerung. Bei Erfahrungen, die schmerzhaft waren, speichern Nervenzellen der Amygdala die dazugehörigen Sinneseindrücke als «gefährlich und zu vermeiden» ab. Allerdings sind es auch bei den Emotionen (ob einfach oder komplex) stets mehrere Hirnregionen, die zusammenwirken. Vor allem präfrontale Teile der Hirnrinde, die an höheren Prozessen wie Handlungsplanung, Verhaltenskoordination und Steuerung sozialer Interaktion beteiligt sind, spielen eine entscheidende Rolle, wenn uns fröhlich oder traurig, wütend oder friedfertig zumute ist. Diese Prozesse wiederum wirken ebenfalls bei jedem ein wenig anders zusammen, weswegen die Behandlung und Heilung zum Beispiel von Angsterkrankungen und anderen emotionalen Störungen einer individuellen und mitunter sehr differenzierten Therapie bedürfen.

Ich fühle, also bin ich

Lange Zeit war René Descartes' (1596–1650) Diktum «Ich denke, also bin ich» in Stein gemeißelt. Der Mensch als intelligenz- und vernunftbegabtes Wesen verstand und versteht sich bis heute als bewusst denkendes und nach diesen Maßstäben bewusst und weitgehend frei handelndes Wesen. Emotionen gelten dabei häufig immer noch als hinderlich und sogar überflüssig. Doch mittlerweile wissen wir: Emotionen, verstanden als körperliche Reaktionen, sind lebenswichtig. Sie gefährden nicht etwa unsere rationalen Fähigkeiten; nach Antonio Damasio, einem portugiesischen Neurowissenschaftler, ermöglichen sie diese sogar erst. An tragischen Beispielen von Patienten, die durch Unfälle oder Erkrankungen zu Emotionen nicht mehr fähig waren, weist Damasio nach, dass ein Gehirn, das bei der Berechnung einer Situation die Größe «Gefühl» nicht mehr zur Verfügung hat, nicht etwa besonders rationale, sondern völlig unangemessene Entscheidungen trifft. Ein Mensch ohne Emotionen ist seiner Meinung nach kein Mensch mehr und als solcher auch kaum mehr lebensfähig. Denn unsere Emotionen lassen uns spüren, was gut und was schlecht für uns ist, und helfen uns, unser Handeln in die richtige Richtung zu lenken.

An der Quelle der Emotionen

Wir haben schon erwähnt, dass alle Bereiche menschlichen Verhaltens – Gedanken und Gefühle – nicht in einer Hirnregion lokalisiert werden können. An jeder Reaktion sind verschiedene Bereiche beteiligt. Dennoch hält sich hartnäckig die Vorstellung, dass allein das limbische System an der Entstehung von Gefühlen beteiligt sei. Helmut Wicht, Biologe und Privatdozent für Anatomie an der Johann Wolfgang Goethe-Universität in Frankfurt am Main, sagt dazu: «Es gibt keine Hirnregion, die nicht über die ein oder andere Schaltstelle mit dem limbischen System verbunden ist; damit ist das gesamte

Gehirn mehr oder weniger limbisch.» Anatomisch umfasst das limbische System neben der Amygdala den Hypothalamus (Nuclei anterioventrales), Hippocampus, Fornix, Corpus mamillare und den Gyrus cinguli. Dazu muss allerdings gesagt werden, dass bislang in der Wissenschaft keine letzte Einigkeit darüber besteht, welche Hirnregionen zum limbischen System gehören und welche nicht. Fest steht mehr oder weniger, dass das Zusammenspiel dieser Areale (mit weiteren Hirnbereichen) mit dem Entstehen und der Kontrolle von körperlichen Bedürfnissen (Schlafen, Essen usw.), Affekten (Wut, Aggression usw.) und Gefühlen (Freude, Furcht usw.) zu tun hat. Das limbische System arbeitet weitgehend, ohne dass es uns bewusst wird, übt aber gleichzeitig einen starken Einfluss auf unser Bewusstsein aus. So ist kein Gedanke, keine Entscheidung rein rational, selbst wenn es uns so erscheinen mag.

Nach neuesten Erkenntnissen gibt es also kein Gefühlszentrum irgendwo in unserem Kopf; vielmehr werden unsere Gefühle durch die Aktivität weitverzweigter Nervenzellnetze hervorgerufen. Es scheint so, als stehe jedes Gefühl mit einer speziellen Hirnaktivität sowie einer ebenso speziellen Hormonausschüttung in Verbindung. Dieser Vorgang ist allerdings so komplex, dass es Forschern noch nicht möglich ist, ein Gefühl einer Hirnaktivität oder einem Hormon zuzuordnen. Fest steht dagegen: Das, was uns als Persönlichkeit ausmacht, hängt nicht nur davon ab, was wir denken, sondern ganz entscheidend auch davon, was wir fühlen. Der Psychologe Richard Davidson meint, dass jeder Mensch einen ganz individuellen «affektiven Stil» habe, der sich wie ein emotionaler Fingerabdruck in seinem Gehirn widerspiegele.

Kapitel 2

UNSERE GEDANKEN SIND FREI

Als ich vier oder fünf Jahre alt war, sah ich bei meinen Großeltern im Fernsehen, wie ein Mann einen roten Ferrari schweben ließ. Einfach so. Federleicht. Nachdem er das Auto mit einem großen Tuch bedeckt hatte, erhob es sich wie von Zauberhand einige Meter in die Luft. Der Magier stellte sich unter das schwebende Fahrzeug, klatschte in die Hände und zog an dem großen Tuch. Die Konturen des Wagens verschmolzen, und das Auto war verschwunden. Das saß und beeindruckte mich über alle Maßen. Es folgte eine Stunde intensiver Zauberei, wie sie besser nicht hätte sein können. So etwas wollte ich auch machen. Eine Woche später, das hatte die Moderatorin gesagt, würde eine weitere Sendung mit diesem Zauberer ausgestrahlt werden. Ich hatte bis dahin kein anderes Thema. Ich musste auch diese Sendung sehen. Darin ließ der Mann ein Düsenflugzeug auf einer Startbahn verschwinden – umringt von Zuschauern. Und damit nicht genug. Auch in dieser Sendung zeigte er noch mehr Zaubertricks, die unglaublich waren. Später folgten noch zwei weitere Shows, und keine davon verpasste ich. Ich war wie gebannt.

Damals hatten wir natürlich keinen Videorekorder – wir wussten noch nicht mal, was das ist. Wenn eine Sendung also zu Ende war, dann war's das erst mal für lange Zeit. Es gab keine Möglichkeit, sich das noch einmal anzuschauen. Mir wurde aber auch so immer sicherer klar: Ich will auch einmal auf einer Bühne stehen und Menschen faszinieren. Offensichtlich war dieser Gedanke schon sehr früh in mir entstanden, denn ich kann mich nicht erinnern, jemals ernsthaft etwas anderes geplant zu haben. Dennoch konnte ich fürs Erste die Sendungen und auch den Zauberer langsam aus meinem Gedächtnis ausblenden. So meinte ich jedenfalls. Für ein kleines Kind nichts weiter Ungewöhnliches, immerhin ist die Welt groß und interessant, und es gibt sehr viel zu entdecken. Die Saat für die Zauberkunst war gesät, lag aber noch ungefähr sieben bis acht Jahre in meinem Unterbewusstsein begraben.

Weg mit den Überzeugungen

Erst im April 1986 begann ich, mich intensiv mit der Zauberkunst zu befassen. Genau gesagt ist das untertrieben – ich war davon besessen. Kurze Zeit später lernte ich einen meiner ersten Mentoren kennen: Eberhard Riese, in Fachkreisen besser bekannt als Ebs. Er nahm mich unter seine Fittiche und zeigte mir, wie ich meine Effekte besser ausarbeiten und vorführen konnte. Hierzu sahen wir uns unter anderem Videos von großen Meistern an. Und da geschah es: In einem der Filme sah ich den Mann, der mich in meiner Kindheit mit dem schwebenden roten Ferrari so fasziniert hatte. Ich erinnerte mich sofort daran und war genauso begeistert wie in den Jahren davor! Dass mir der Effekt gut gefalle, meinte Ebs, könne er gut verstehen. Der Mann sei David Copperfield und derzeit einer der besten Zauberkünstler der Welt.

Im Frühjahr 1992 war ich noch immer Schüler, aber nach wie vor infiziert von der Zauberkunst. Mein größtes Idol war zu dieser Zeit noch immer David Copperfield. Fielen in der Generation meiner Eltern die Menschen reihenweise bei der bloßen Erwähnung des Namens der Beatles in Ohnmacht, so war bei mir die Vorstellung, eine Copperfield-Show live zu erleben, schon Auslöser für einen regelrechten Hype. Und ich hatte inzwischen schon durch zahlreiche Auftritte genug Geld verdient, um mir meinen damaligen Traum zu verwirklichen: Ich flog nach Las Vegas. Obwohl ich damals erst 19 Jahre alt war, war ich davon überzeugt, dass die Reise problemlos allein zu machen wäre und ohne Schwierigkeiten verlaufen würde. Das war insofern naiv, als man in den USA erst mit 21 Jahren volljährig wird und mit 19 nichts, aber auch gar nichts allein unternehmen kann. Ich hatte zwar irgendwie davon gehört, aber egal – schließlich hatte ich mich schon mit 14 als Frau verkleidet, um die Show von Siegfried und Roy sehen zu können. An Tricks und Phantasie mangelte es also nicht. Das Ziel der Reise war ja auch nur, David Copperfield persönlich kennenzulernen. Als ich das meinen Freunden erzählte, verdrehten die nur die Augen und lächelten mitleidig. Ganz nach dem Motto: «Schon klar, der wartet in Las Vegas auch nur auf einen Amateur aus dem Saarland ...» Alle redeten so, bis auf meine Eltern – die ermunterten mich, es zu versuchen.

Ich kann mich noch gut erinnern, wie mich mein Vater in Frankfurt am Flugsteig ablieferte, in den Arm nahm und mir viel Spaß wünschte. Von nun an war ich auf mich allein gestellt. Schon ein mulmiges Gefühl, um die halbe Welt zu fliegen, um zehn Tage allein in einer Stadt zu verbringen, in der man niemanden kennt. In Las Vegas angekommen, ging ich sofort zum Ticketschalter im Hotel Caesars Palace. Dort nannte ich brav meine Reservierungsnummer. Der Dame, die sie entgegennahm, berichtete ich, ich sei freiberuflicher Reporter für eine deutsche Zeitschrift für Zauberer. Diese sei überaus interessiert an einem Interview mit Herrn Copperfield. Ob denn die Möglichkeit bestehe, ihn nach einer der Shows persönlich zu sprechen.

Wortlos notierte die Verkäuferin eine Nummer auf einem Zettel. Diesen gab sie mir und machte mich auf eines der vielen Haustelefone in der Nähe aufmerksam. Ich solle einfach diese

Nummer wählen, dort würde man mir weiterhelfen. Nun sah ich die Geräte auch, sie hingen in den Casinos überall an den Wänden. Ich ging also zu einem dieser Apparate und wählte die Zahlen. Es nahm jemand ab, und eine Männerstimme ertönte. Ich sei selbst Zauberer, aber auch Reporter für eine deutsche Fachzeitschrift, außerdem ein guter Bekannter von Eberhard Riese, hörte ich mich sagen. Ich sei für zehn Tage in Las Vegas und werde heute Abend die Show von Mr. Copperfield besuchen. Ob es möglich sei, mit ihm zu sprechen. Ich sprach diese Sätze fehlerfrei, mit wenig Akzent und sehr flüssig – ich hatte sie vorab mit meinem Englischlehrer geübt. Die Antwort des Mannes am anderen Ende des Apparats überraschte mich sehr: «Well, Thorsten, that's me.» Ich sprach bereits mit ihm! Er kaute übrigens Kaugummi. David himself, das war natürlich der Hammer. Ob ich schon Karten für die Show habe, fragte er. Als ich bejahte, meinte er: Das sei aber schade, er hätte mich sonst gern dazu eingeladen. Aber egal, Hauptsache, er wollte mit mir reden.

Und tatsächlich: Nach der Show wurde ich am Bühneneingang von einem seiner Bodyguards in Empfang genommen, durfte sogar mit hinter die Kulissen und mir einige Requisiten anschauen. Noch am selben Abend traf ich David Copperfield persönlich. Mein Interview konnte ich problemlos führen, und es wurde sogar später in einer Zeitung abgedruckt, der ich es nach meiner Rückkehr spontan anbot. In den zehn Tagen meines Aufenthalts war ich insgesamt viermal backstage bei meinem Idol. Ich weiß noch ganz genau, wie ich den Showroom im Hotel Caesars Palace durch den Künstlereingang verlassen konnte. Ich stand plötzlich allein an einer Kreuzung, warmer Wüstenwind wehte mir um die Nase, und ich spürte eine Gewissheit, die mich bis heute begleitet: «Was immer ich mir vornehme, ich werde einen Weg finden, es zu schaffen!» Dieser Augenblick, allein an dieser Straßenkreuzung, war für mich ein Schlüsselmoment. Ich wusste, wenn ich etwas richtig wollte, würde es für mich keine Grenzen geben. In meinem Hotel angekommen setzte ich mich noch an die Bar, um eine Cola zu trinken. Ich brauchte einfach Ruhe, um mich wieder zu fangen. Die Bedienung schaute mich nur von oben herab an: Um eine Cola an der Bar zu trinken, müsste sie meinen Ausweis sehen. Sie habe den Eindruck, ich sei noch keine 21 Jahre alt. So ging ich also mit einem Interview meines damaligen Vorbilds – aber ohne Cola – auf mein Zimmer. Einige Grenzen gab es doch noch.

Ich schreibe die Geschichte hier aus zwei Gründen nieder. Erstens: Ich erzähle sie einfach gern. Und zweitens: Hätte ich es nicht wenigstens versucht, ein Interview beim großen Meister zu bekommen, dann hätte ich David Copperfield ganz sicher nie kennengelernt. Wie oft schon haben Sie etwas, das Ihnen wichtig war, gar nicht erst versucht, weil Ihnen die Aussichten auf Erfolg zu gering erschienen? Wenn Sie etwas gar nicht erst beginnen, dann können Sie auch nicht erwarten, Glück in dieser Angelegenheit zu haben. So einfach wie wahr: Angenommen, Ihre Lieblingsband gibt ein Konzert in Ihrer Nähe. Die Karten sind innerhalb von Stunden ausverkauft, und Sie haben keine mehr bekommen. Sie können dann zu Hause bleiben und sich selbst bedauern. Sie können aber auch auf gut Glück zum Veranstaltungsort fahren und schauen, ob Sie noch eine ergattern können. Oder? Meine Frau und ich waren jedenfalls auf allen Konzerten, die uns interessieren – und kauften in den letzten fünf Jahren nicht ein einziges Mal eine Karte im Vorverkauf. Der Punkt, auf den ich hinauswill: Egal, ob die Chancen groß sind, etwas zu bekommen, oder nicht, Sie schaffen es fast immer, wenn Sie daran glauben. Denn wenn Sie selbst nicht davon überzeugt sind, wie wollen Sie denn dann einen anderen davon überzeugen? Unmöglich. Sobald Sie aber alles versuchen, dann haben Sie eine echte Chance auf Erfolg. Klappt es nicht, dann haben Sie auch nicht weniger als vorher. Sind Sie aber erfolgreich, dann fühlen Sie sich großartig. Erfolge ziehen

Erfolge nach sich. Die Kette wird sich nicht so leicht unterbrechen lassen.

Ihre Überzeugungen sind also sehr wichtig für das, was Sie im Leben anpacken werden – und auch für das, was Sie nicht in die Hand nehmen. Ein Beispiel, das von wirklich allen Managementtrainern benutzt wird, um diesen Zusammenhang zu verdeutlichen, ist die Geschichte von Roger Bannister, dem erfolgreichen Sportler. Er lief im Jahr 1954 eine Meile in einer Zeit von 3:59,4 Minuten und durchbrach damit eine mentale Schallmauer. Bis zu dem Moment, in dem Bannister seinen damaligen Weltrekord aufstellte, galt es unter Leichtathleten nämlich als ungeschriebenes Gesetz, dass es einem Menschen unmöglich sei, eine Meile in weniger als vier Minuten zu laufen. Bannister allerdings weigerte sich, das zu glauben. Er gab alles. Nur so konnte er irgendwann seine sogenannte Traummeile laufen. Sehr interessant finde ich die Tatsche, dass Bannisters Rekord bereits wenige Wochen später erneut übertroffen wurde. Die alte Grenze, die bis dahin fest betoniert zu sein schien, existierte nicht mehr. Von nun an konnten auch andere Athleten ihre persönlichen Höchstleistungen in diesem Bereich erbringen. Wohlgemerkt: Die Grenzen bestanden nur in den Köpfen! Bannister hatte bewiesen, dass unsere Limits nicht allein von unserem Potenzial bestimmt werden, sondern auch in unserer Willenskraft verankert sind.

Glauben Sie meine Behauptung noch nicht? Ein weiteres Beispiel dazu: In Indien kettet man junge Elefanten mit schweren Eisenketten an dicke Bäume, damit sie nicht weglaufen. Mit der Zeit reduzieren die Besitzer die Stärke der Kette. Während das Tier also immer größer und stärker wird, werden die Ketten immer dünner. Später reicht es dann, den ausgewachsenen Elefanten mit einem Seil an einen dünnen Baum zu binden. Er unternimmt noch nicht mal den Versuch zu fliehen. Durch die Erfahrung mit der Eisenkette wurde das Tier programmiert zu glauben, jede Fixierung sei unüberwindlich.

Ein Beispiel, das ich nur kurz erwähnen möchte, ist das von der Hummel, die nach den Gesetzen der Physik nicht fliegen kann – es aber trotzdem tut, weil sie das nicht weiß. Ich habe genau von diesem Exempel 1998 zum ersten Mal in einer Rede gehört, die ich am Monterey Institute of International Studies gedolmetscht habe. Damals fand ich die Geschichte toll. Allerdings wurde sie mitterweile von ausnahmslos jedem Businesstrainer benutzt, den ich seither gehört habe. Die Story ist zwar gut, in meinen Augen aber ein wenig überstrapaziert. Wenn unsere Überzeugungen uns also begrenzen, wie wir gerade gesehen haben, dann sollten wir uns als Nächstes damit befassen, woher diese Überzeugungen kommen. Was bringt uns denn dazu, gewisse Dinge einfach als Gesetz anzunehmen?

Erinnern Sie sich an das Unterbewusstsein? Überzeugungen resultieren aus Erfahrungen. Sie sorgen dafür, dass wir die Dinge nicht mehr neutral betrachten, sondern durch einen Filter. Erfahrungen müssen wir nicht unbedingt selbst machen. Es reicht schon, wenn unsere Eltern oder Freunde uns oft genug gesagt haben, was wir können und was nicht, was wahr ist oder eine Lüge. Daraus resultieren schließlich unsere Überzeugungen. Sei es durch unsere Zustimmung, aber auch durch Ablehnung des Behaupteten. So entwickeln wir eingefahrene Denkweisen. Unsere persönliche Gebrauchsanweisung für die Welt. Diese ändert sich beständig. Und sehr oft wandelt sich die Welt schneller, als wir unsere mentale Gebrauchsanweisung modifizieren. Wir laufen dann mit einer völlig veralteten Anleitung herum und merken es nicht einmal. Oder doch? Wir müssen ständig die Perspektive wechseln. Nur das erweitert unser Blickfeld.

Anleitung zum Über-sich-Hinauswachsen

Im Kapitel «Body and Mind – zwei in eins» haben wir gesehen, dass Körper und Geist eine Einheit darstellen. Beide beeinflussen sich gegenseitig. In einigen Fällen ist der Körper überlegen, in anderen siegen die Gedanken. Ein einziges Zusammenspiel mit fließenden Grenzen. Es gibt viele Beispiele, die belegen können, dass sich der Geist so stark auf eine Sache konzentriert, dass der Körper seine Meldefunktionen zurückfahren muss. Ein eindrucksvoller Beleg dafür spielte sich vor über 20 Jahren in einem Hinterzimmer einer Riegelsberger Kneipe ab: Ich selbst war Zeuge, wie mein Vater einen Bekannten hypnotisierte und suggerierte, seine rechte Hand wäre völlig taub, vollkommen ohne Gefühl. Das Medium bestätigte den Effekt umgehend. Daraufhin packte mein Vater eine Injektionsnadel aus und fragte, ob er sich diese Nadel jetzt durch die Haut des Handrückens stechen würde. Zu meiner großen Verwunderung bat der Bekannte daraufhin meinen Vater, ihm dabei zu assistieren und die Haut am Handrücken mit Daumen und Zeigefinger anzuheben. Als er dem Wunsch nachkam, packte der Freund – selbst Mediziner wie mein Vater – die Nadel aus und stach sie sich – ohne auch nur mit der Wimper zu zucken – durch die Haut ins Fleisch. Den Anblick genossen wir dann einige Momente fassungslos, bevor er sich die Nadel wieder selbst herauszog. Mein Vater hob daraufhin die Suggestion wieder auf, und alles war wie immer. Dabei floss noch nicht mal ein Tröpfchen Blut.

Kürzlich sah ich in einer großen deutschen Fernsehshow, wie ein Hypnotiseur eine solche Suggestion mit einer Prominenten durchführte. Das Publikum war begeistert, und am nächsten Tag wurde über die Nummer sogar in der *Bild*-Zeitung berichtet. Damit jetzt keine falschen Vermutungen aufkommen: Mein Vater ist sehr seriös und wendet seine Hypnosekenntnisse nur an, um seinen Patienten die Angst vor dem Zahnarzt beziehungsweise der Untersuchung zu nehmen und sie weitgehend schmerzfrei zu behandeln. Ich hatte eine wohlbehütete Kindheit und war nicht jeden Abend in den Hinterzimmern irgendwelcher Kneipen unterwegs. An dieses Erlebnis aber kann ich mich noch ganz genau erinnern, denn es hatte einen ganz besonderen Stellenwert für mich. Verständlicherweise. Und diese Geschichte zeigt mehrere Dinge recht deutlich. Erstens: Meine Eltern sind ziemlich cool. Und zweitens: Offensichtlich gibt es Bewusstseinszustände, in denen Menschen weniger Schmerz empfinden als gewöhnlich, das war mir damit klar. Meine persönliche Erkenntnis: Wenn ich durch gezielte Aufmerksamkeit und Suggestionen meinen Schmerz abschalten kann, dann gehen in diesem Zustand auch ganz andere Dinge, die für meine persönliche Lebensqualität sehr nützlich sein können. Genau darum geht es im Folgenden.

Atmen: Luft zum Reflektieren

Wenn Sie ähnliche Methoden für sich selbst anwenden wollen, ist es zunächst sinnvoll zu lernen, Ihre Gedanken schweigen, ja geradezu ziehen zu lassen und dabei körperlich zu entspannen. Und vielleicht in eine Meditation zu gelangen. Eine zentrale Rolle hierbei spielt die Atmung, was beispielsweise das autogene Training nach Edmund Jacobson nutzt. Unter Stress wird Ihre Atmung flacher und schneller. Besinnen Sie sich in einer solchen Situation auf Ihre Atmung, werden Sie wieder ruhiger, falls Sie die Technik ausreichend beherrschen. Daher kommt letztlich auch der Ausspruch: «Jetzt atme erst mal tief durch.»

Die folgende Technik habe ich von Serge King, einem Psychotherapeuten und Autor zahlreicher Bücher, gelernt. Durch diese Methode können Sie innerhalb sehr kurzer Zeit herunterkommen. Zudem ist sie ganz einfach. Konzentrieren Sie sich nur beim Einatmen auf den höchsten Scheitelpunkt Ihres Kopfs und beim Ausatmen auf Ihren Bauch. Wenn Sie das einige Minuten lang machen, werden Sie merken, dass Ihre Gedanken – Sie halten keinen Gedanken fest – kommen und gehen und dass Sie sich körperlich mehr und mehr entspannen. Da die Energie der Aufmerksamkeit folgt, richten Sie Ihre Gedanken und Ihr Körpergefühl automatisch auf die richtigen Stellen – es ist wirklich so einfach, wie es hier klingt.

Allein mit dieser einen einfachen Möglichkeit können Sie möglicherweise Ihre Kopfschmerzen lindern. Auch Ihren Kindern können Sie beibringen, in Ruhe und ohne Hilfe einzuschlafen. Diejenigen unter Ihnen, die welche haben, wissen, was für ein Segen es ist, wenn sie immer zur selben Zeit ins Bett kommen und nicht im Haus herumgeistern, bis man selbst nur noch ganz übermüdet ins Bett torkelt. Für mich ist die Serge-King-Relax-Regel eine sehr wichtige Hilfe bei meiner Arbeit. Ohne sie wäre ich nicht in der Lage, die Konzentration zu entwickeln, die ich für meine Arbeit brauche.

Entspannen: die Kraft der Ruhe
Nachdem Sie Ihre Atmung kontrollieren können, widmen Sie sich Ihrem ganzen Körper. Um zu entspannen, ist es sinnvoll, sich einen ruhigen Ort zu suchen, an dem man sich wohl fühlt und an dem Sie nichts ablenkt. Wenn Sie richtig tief entspannen wollen, dann bitten Sie Ihre Familie, Sie ungestört zu lassen, und schalten Sie Ihre Telefone aus. Falls Sie Kinder haben, kann es extrem schwierig sein, eine solche Ruhesituation zu erreichen. Für die Familienmenschen unter Ihnen habe ich einen Tipp des Autors Jan Weiler: Hängen Sie an Ihre Tür ein Schild für Ihre Kinder. Die Aufschrift: «Bitte lasst mich kurz allein, außer es gibt Essen oder es blutet.»

Wenn Sie an Ihrem bevorzugten Ort sind und Ihre Atmung ruhig ist, können Sie nach Ihrer bevorzugten Methode entspannen. Eine sehr gute ist die Jacobson'sche Muskelrelaxation. Ich selbst bin im Alter von drei Jahren durch meine Mutter mit dieser Methode vertraut gemacht worden. Sie hatte damals einen Walkman – das war zu dieser Zeit eine mittlere Sensation –, einen original Sony-Walkman. Für heutige Verhältnisse ist das Gerät so groß, dass man Sie dafür auslachen würde, jeder Laptop ist mittlerweile handlicher. Damals allerdings wirkte das Ding extrem cool. Ich habe immer wieder beobachtet, dass meine Mutter den Kopfhörer aufzog, das Gerät einschaltete und sofort einen entspannten Gesichtsausdruck bekam. Mein kindliches Hirn reagierte, und ich dachte mir, dass sie da wohl eine extrem gute Geschichte hören müsste, wahrscheinlich «Die rote Zora» oder «Jim Knopf und die Wilde 13». Als ich sie darauf ansprach und fragte, warum sie so gern Walkman hörte, erklärte sie mir, mit der Kassette vernehme sie eine sehr angenehme Stimme, die ihr sagte, sie solle sich entspannen. Als ich dann eines Abends nicht einschlafen konnte, setzte sich meine Mutter neben mein Bett und gab mir den Walkman. Was ich an diesem Abend erlebte, war ein weiteres Schlüsselerlebnis für mich: Allein durch den perfekt gesprochenen Text vom Band kam ich sofort runter, konnte innerhalb kürzester Zeit in einen schönen Wachtraumzustand geraten und bin bald darauf glücklich eingeschlafen.

Die Meditationskassette nutzte die Jacobson'sche Muskelrelaxations-Methode – das sagte mir meine Mutter damals aber nicht. Ich hätte das auch vermutlich nicht annähernd so spannend gefunden wie das, was sie mir erklärte. Sie meinte nur: «Ich höre ein Band, das die Sängerin von ABBA immer hört, bevor sie ein Konzert gibt...» Diese Schummelei habe ich meinen Kindern bei guten Methoden auch schon erfolgreich aufgetischt. «Prinzessin Lillifee», «Bob der Baumeister» und «Shaun das Schaf» – ob Sie es glauben oder nicht, die machen alle Jacobson'sche Muskelrelaxation. Meine Kinder sind sofort dabei, wenn ich die Schlüsselwörter erwähne. Aber nun genug der Vorrede: Wie entspannt denn nun in den Augen meiner Kinder «Shaun das Schaf»? Lassen Sie sich von der Einfachheit der Methode nicht irritieren – darin liegt ihre Genialität!

JACOBSON'SCHE MUSKELKONTRAKTIONS-ÜBUNG

- Legen Sie sich relaxt hin und atmen Sie tief ein, dabei sollten Sie sich am besten – wie schon gesagt – auf den höchsten Scheitelpunkt Ihres Kopfes konzentrieren. Beim Ausatmen legen Sie Ihr Augenmerk auf Ihren Bauch. Das machen Sie ein paar Atemzüge lang. Jetzt verschieben Sie beim Einatmen Ihren Konzentrationsfokus auf Ihre Hände und ballen beide ganz kräftig zur Faust. Dadurch spannen Sie automatisch auch die Unterarme fest an. Fühlen Sie jetzt die Anspannung? Halten Sie die Fäuste kräftig gespannt, gehen Sie bis zur Schmerzgrenze – aber keinesfalls zu weit. Halten Sie den Atem in dieser Zeit kurz an.
- Beim Ausatmen lockern Sie die Anspannung in Ihren Fäusten und Unterarmen und genießen das angenehme Gefühl der sich lösenden Spannung in Ihren Händen und Unterarmen. Dieses Gefühl und Gespür ist der Schlüssel. Da die Energie der Aufmerksamkeit folgt, sammelt sich Ihr ganzes Bewusstsein erst in dem angespannten und schließlich im gelockerten Körperteil.
- Nach der Entspannung der Hände und Unterarme sind die Oberarme und der Nacken dran, danach Rücken, Brust, Bauchmuskulatur, Lenden, Oberschenkel, Unterschenkel und Füße. Da bei dieser Methode nacheinander jede einzelne Muskelgruppe für ein paar Sekunden angespannt wird und daraufhin deutlich länger entspannt wird, lernen Sie, wie genau sich diese Zustände in Ihrem Körper anfühlen, und wissen sie zu unterscheiden. Das Resultat ist ein allgemeines wohliges Entspannungsgefühl – und da wollen Sie ja schließlich hin. Es kann Sie sehr beeindrucken, sich zum ersten Mal in diesem Zustand zu erleben.
- Wenn Sie das alles durchexerziert haben, stellen Sie sich vor, wie Ihre Hände warm werden – spüren Sie die hochsteigende Wärme in Ihren Händen. Danach sagen Sie sich, dass die Arme

> warm werden, und sie werden es sein. Nachdem diese animiert sind, sagen Sie zu sich, dass Arme und Hände nun ganz schwer werden. Spüren Sie die angenehme Schwere in Armen und Händen? Belassen Sie die Arme im Schwerezustand und widmen Sie sich nun erneut Nacken, Rücken, Brust, Bauch, Lenden, Beinen und Füßen.

Auch auf die Gefahr, dass ich mich wiederhole, muss ich nochmals betonen: Zentral bei dieser Methode ist Ihre Atmung. Sie erfolgt langsam und regelmäßig. Die Energie folgt der Aufmerksamkeit. Mit zunehmender Übung werden Sie in der Lage sein, in immer kürzerer Zeit aller wichtigen Muskelgruppen gewahr zu werden und sie zu entspannen. Es ist nicht das Ziel, hierbei schnell zu sein – Ziel ist es nur, sich zu entspannen und dafür genau so lange zu brauchen, wie man eben braucht! Wenn Sie nur wenig Zeit haben, dann sollten Sie auch Minuten optimal nutzen können – wenn Sie viel Muße haben, können Sie mehr in die Tiefe gehen. Sie entscheiden. Mit zunehmender Erfahrung können Sie die Entspannungsphasen beträchtlich verkürzen, indem Sie mehrere Muskelgruppen miteinander kombinieren.

Wenn Sie diese Methode beherrschen, dann können Sie das Anspannen der Muskeln auch weglassen und die betreffenden Körperteile ohne vorherige Anspannung erst warm und dann schwer atmen. Die Übung ist klasse – sie kann Ihnen wertvolle Dienste leisten, wenn Sie gestresst sind und locker werden wollen. Unter www.thorsten-havener.com können Sie sich einen Text für Ihren iPod dazu herunterladen.

Visualisieren, Ankern und Reframen sind weitere drei sehr nützliche Hilfsmittel zur Überwindung selbstgemachter Grenzen. Sie entstammen dem Neuro-Linguistischen Programmieren (NLP). Da ich die Methodik des NLP an anderer Stelle bereits erklärt habe, möchte ich hier auf eine ausführliche Beschreibung verzichten. Vereinfacht ausgedrückt kann man sagen, dass es sich beim NLP um eine Sammlung psychologischer Methoden handelt, die sich mit Kommunikation und Veränderung beschäftigen. Eine offizielle Definition lautet: «NLP ist die Erforschung der Struktur unserer subjektiven Erfahrung.» Vereinfacht: Die Welt ist das, wofür Sie sie halten. Und wir versuchen herauszufinden, wofür Sie sie halten.

Visualisieren: Bilder, die bleiben

Wenn Ihr Körper sich im Zustand angenehmer Entspannung befindet, können Sie beginnen, sich genau die Bilder vorzustellen, die zur Erreichung Ihrer Ziele sinnvoll sind. Dazu ein einfaches Beispiel.

> BILDER-BRECHEN-ÜBUNG
>
> Drehen Sie Ihren Kopf konstant auf einer Höhe so weit nach rechts, wie Sie können. Sie blicken jetzt so weit nach rechts über Ihre Schulter wie möglich. Was sehen Sie jetzt? Merken Sie sich dieses Bild. Drehen Sie den Kopf zurück zur Ausgangsposition, schließen Sie Ihre Augen und stellen Sie sich vor, wie Ihr Blick einen halben Meter weiter über dieses Bild hinaus nach rechts geht. Konzentrieren Sie sich auf dieses neue Bild. Nach einigen Momenten öffnen Sie Ihre Augen wieder und wiederholen den Versuch. Wie weit kommen Sie jetzt?

Was ist gerade passiert? Sie haben Ihr Unterbewusstsein mit neuen Informationen gefüttert. Das Bild hat sich darauf ausgewirkt, wie weit Sie Ihren Kopf drehen können. Übrigens auch ein weiteres Beispiel für eine Body-and-Mind-Wechselwirkung; die Grenzen zwischen beiden sind nur schwer zu ziehen.

Machen Sie sich an dieser Stelle nochmals klar: Der Begriff «Visualisieren» bedeutet, dass wir uns eine Situation exakt so vor Augen führen, wie wir sie für sinnvoll erachten. Im NLP heißen unsere fünf Sinne (Sehen, Hören, Riechen, Schmecken und Fühlen) Modalitäten. Die Tatsache, dass Sie in Ihrer Visualisierung diese Modalitäten ändern können, kann ein wichtiger Baustein für eine wirksame Visualisierung sein. Die Modalitäten lassen sich wiederum in ihren Eigenschaften ändern. Sie können zum Beispiel die Größe eines Bildes in Ihrer Visualisierung ändern oder die Farbe oder den Rahmen. Diese Eigenschaften werden Submodalitäten genannt. Die Technik heißt zwar Visualisieren, was aber nicht bedeutet, dass wir in unserer Vorstellung nicht auch hören, fühlen oder riechen können. Es gibt Menschen, denen es leichter fällt, mit diesen Modalitäten zu arbeiten.

Es ist schon wirklich erstaunlich, was kleine Kinder so alles aufschnappen. Meine Tochter ist jetzt sechs Jahre alt. Kürzlich sagte sie uns, sie fühle sich so, als würde sie eine Erkältung bekommen. Sie versicherte uns daraufhin weiter, dass es so weit aber nicht kommen würde – sie habe bereits ihre Ritter losgeschickt. Da meine Frau und ich sie sofort fragten, was das zu bedeuten habe, sagte sie uns, sie habe sich kurz aufs Bett gelegt, die Augen zugemacht und sich vorgestellt, wie eine Armee von Rittern zur Erkältung reitet, gegen sie kämpft und sie schließlich besiegt. Ich weiß bis heute nicht, wo sie die Anregung zu dieser Phantasie aufgeschnappt haben könnte. Dennoch war das einer der Momente, in denen man als Vater völlig verblüfft mit offenem Mund dasteht. Sie hat sich wahrscheinlich einfach alles, was sie über Erkältungen und deren Therapie wusste, vor Augen geführt – ganz plastisch. Und sie hat alles richtig gemacht: Sie hat sich vor der Visualisierung entspannt, sie hat für sich wirksame Bilder visualisiert – Ritter sind bei uns gerade der Renner –, und sie hat auch das Ergebnis visualisiert, das sie sich wünschte, nämlich gesund zu werden. Die Folge: Die Ritter hatten gewonnen, die Erkältung verloren.

Ich habe daraufhin ein wenig nach den Gründen recherchiert und mich gefragt, ob die Sache ein reines Psychoplacebo meiner Tochter war oder ob sie in ihrer kindlichen Neugier auf eine Goldader der Erkenntnis gestoßen ist. Letzteres ist der Fall: Durch Visualisieren konnten bereits manche Menschen ihre Krankheiten besiegen. Das Immunsystem sprach bei ihnen offensichtlich sehr stark auf solche Techniken an.

Es gibt unter den Verfechtern hier zwei Lager: Die einen sind der Meinung, man dürfe im Kampf gegen Krankheiten nur Bilder benutzen, die nicht aggressiv seien. Statt Ritter soll man sich beispielsweise lieber eine Kuh vorstellen, die statt Gras Viren frisst. Das andere Lager sagt, man könne sich vorstellen, was man wolle, Hauptsache, es sei wirkungsvoll. Da für mich die Wirksamkeit das Maß der Wahrheit ist und meine Tochter offensichtlich alles richtig gemacht hat und ja auch gesund geblieben ist, schreibe ich ihr nicht vor, wie und was sie zu denken hat. Nur das Ergebnis zählt. Versuchen Sie einfach beides und benutzen Sie, was bei Ihnen am besten klappt. Sie können alles visualisieren, was Ihnen wichtig ist, und Ihre Ziele damit optimal fokussieren.

Ich kann die Bedeutung dieser Methode nicht genug betonen. Sie kann Ihr Leben verändern. Richtig angewandt ist sie die beste Grundlage eines jeden Mentaltrainings. Unser Vorstellungsvermögen hat unglaubliche Kraft. Will ich beispielsweise ein neues Experiment in mein Abendprogramm aufnehmen, dann entsteht es zunächst vor meinem geistigen Auge. Ich stelle mir die Situation so lange vor, bis sie so ist, wie es mir gefällt. Dann mache ich mich an die Umsetzung. Künstler haben schon immer so gearbeitet.

Ich selbst wandte die Technik zum ersten Mal an, nachdem ich folgende Geschichte des Renaissancemalers und Bildhauers Michelangelo gehört hatte: Er hatte einst den Auftrag, aus einem grob behauenen Marmorklotz eine Skulptur des biblischen David zu schlagen. Die Arbeit war sehr wichtig und extrem schwer zu realisieren. Vor Michelangelo hatten bereits zwei andere Bildhauer versucht, diesen Klotz zu bearbeiten.

Daran waren sie nicht nur gescheitert, sondern hinterließen den Klotz auch noch in einem grob behauenen Zustand, weil sie sich zu nichts anderem in der Lage sahen. Anstatt sich sofort mit Hammer und Meißel über den Klotz herzumachen, setzte Michelangelo sich ruhig davor und schaute ihn einfach nur an. Das tat er zunächst einen ganzen Tag lang. Dann noch einen zweiten. Und einen dritten. Erst nach einigen Wochen begann er, den Marmor zu bearbeiten. Es entstand eines seiner berühmtesten Werke und eines der wichtigsten Werke der Kunstgeschichte: die Davidstatue. Ich bin mir sicher, er hat so lange Bilder in seinem Kopf verändert, bis er das perfekte Abbild vor seinen Augen hatte.

Um Michelangelo ranken sich weitere schöne Legenden. Einer zufolge soll er gefragt worden sein, wie er vorgehen würde, wenn er einen Löwen formen wolle. Angeblich soll er wie selbstverständlich geantwortet haben: «Dann würde ich einfach alles vom Klotz wegschlagen, was nicht zum Löwen gehört.»

Und es gibt noch weitere prominente Beispiele dafür, dass Visualisieren zum Erfolg führen kann. Der Komponist Ludwig van Beethoven konnte zum Ende seiner Karriere nichts mehr hören. Trotz seiner Taubheit komponierte er aber weiter. Seine letzte Symphonie – die Neunte – gilt bei vielen Musikkennern als seine beste. Trotz seiner Taubheit konnte er den Erfolg der Neunten bei der Uraufführung noch miterleben. Beethoven saß in der ersten Reihe und sah dem Orchester beim Musizieren zu. Nachdem sie ihr Konzert beendet hatten, tobten die Menschen hinter Beethoven vor Begeisterung. Der Meister selbst hörte das nicht. Der Dirigent bat ihn schließlich, sich umzudrehen und seinen Blick auf den Saal zu lenken. Beethoven sah nun die begeisterten Zuhörer und war sehr ergriffen.

Der Komponist hörte die Musik im Kopf und schrieb sie auf. Auch manche Ingenieure, die eine Maschine bauen wollen, arbeiten auf diese Weise. Sie planen und zeichnen, weil sie schon vorher wissen, wie alles sein muss, ohne es probiert zu haben. Der Erfinder Nikola Tesla ist dafür ein gutes Beispiel. Von ihm wird behauptet, er habe seine Erfindungen größtenteils nur im Kopf konstruiert und so lange umgebaut, bis sie dort fehlerlos funktionierten. Erst dann hat er seine Pläne gezeichnet, und die später gebauten Maschinen liefen sofort einwandfrei. Da sich um Nikola Tesla viele Mythen ranken, weiß ich allerdings nicht, ob diese Geschichte stimmt. Vorstellbar ist sie allemal.

Sie sehen, Visualisieren kann durch Sehen, Hören oder auch Fühlen ergänzt oder ersetzt werden. Fachlich richtig wird zwischen visuell, auditiv oder kinästhetisch unterschieden. Wenn es Ihnen also schwerfällt, sich etwas bildlich vorzustellen, dann können Sie auch den Kanal wechseln und das gewünschte Ergebnis zu fühlen oder zu hören versuchen. Am besten ist es natürlich, wenn Sie alle Kanäle gleichzeitig nutzen: Sie stellen sich die Szene vor, aktivieren das entsprechende Bild, Ihre Gefühle dazu, zum Beispiel legen Sie die Temperatur fest, Sie entwickeln die Geräuschkulisse und holen sich auch die passenden Gerüche in die Nase.

EXPERIMENT «TRAUMREISE»

Nehmen Sie an, Sie sind gestresst. Dann gibt es eine wunderbare Methode, basierend auf der Technik der Visualisierung, sich zu erholen: Machen Sie eine Traumreise ans Meer. Nachdem Sie sich in einen Entspannungszustand versetzt haben, können Sie sich beispielsweise vorstellen, wie Ihr Traumstrand aussähe, wie die Sonne Ihre Haut wärmte, wie sich die Brandung anhörte und wie das Meer röche. Die Technik ist deshalb so wirksam, weil unsere Gedanken unsere Welt machen. Oder um es mit den Worten Mahatma Gandhis zu sagen: «Ein Mensch ist ausschließlich das Produkt seiner Gedanken. Er wird, was er denkt.»

Den Erfolg vor Augen

Haben Sie sich auch schon einmal gefragt, warum manche Sportler die ewig strahlenden Sieger sind, andere mit ebensolchem Talent und Trainingsfleiß aber nur in der zweiten Liga spielen? Auch im beruflichen Alltag gibt es solche, denen alles, was sie anpacken, gelingt. Andere mit demselben Ehrgeiz und ähnlichem Talent erfahren dagegen immer wieder Gegenwind, und so richtig flutschen will es nicht. In beiden Fällen ist der Grund derselbe: Die meisten Menschen arbeiten allein mit ihrem Bewusstsein. Sie nutzen ihren Willen, ihre Ausbildung und setzen auf ihre Erfahrung. Das reicht aber nicht für den außergewöhnlichen Erfolg. Was viele nicht wissen: Nicht das Bewusstsein (vgl. S. 116 ff.) bestimmt unser Leben, vielmehr ist es das Unterbewusstsein (vgl. S. 112 ff.), welches scheinbar unbemerkt unsere Geschicke lenkt und unser Handeln beflügelt oder aber auch hemmt.

Das Bewusstsein bestimmt nämlich nur zu einem geringen Prozentsatz über unseren Erfolg. Viel stärker ist die meist brachliegende, ungenutzte Kraft des Unterbewusstseins, welche in Wahrheit über Sieg oder Niederlage entscheidet. Das, was wir wollen, bestimmt unser Bewusstsein. Das, was wir aus unserem tiefsten Inneren heraus glauben und wonach wir uns unbemerkt sehnen, das kommt aus dem Unterbewusstsein. Und wann immer der Wille und der Glaube konkurrieren, gewinnt der Glaube. Denn der ist unendlich viel stärker als der Wille. Carl Gustav Jung hat das in einer Lesung einmal so dargestellt: Wenn Sie mit einem Kreidestück einen kleinen Kreis auf die Wandtafel malen, so repräsentiert das Ihr Bewusstsein. Der ganze Rest der Tafel ist das Unterbewusstsein. Was, glauben Sie, bestimmt Ihr Leben? Der kleine Kreidepunkt – das, was Sie wollen – oder das ganze große Areal außen herum – das, was Sie glauben?

Die Psychoanalyse versucht immer, über den kleinen Kreidepunkt auf der Tafel die Tafel zu beeinflussen, sprich über das Bewusstsein das Unterbewusstsein zu erreichen. Doch das gelingt meist nur mit bescheidenem Erfolg. Unzählige Therapiestunden zeugen von der Ohnmacht der Psychoanalyse, das Unterbewusstsein über das Bewusstsein zu beeinflussen. Generationen von Psychoanalytikern fristen ihr Dasein getreu dem Motto: «Ich habe zwar keine Lösung, bin aber fasziniert vom Problem.» Und was passiert, wenn man dann in der dunklen Vergangenheit nach vielen Sitzungen einen Schuldigen für die aktuellen Probleme gefunden hat? Nur weil der Patient weiß, warum es ihm schlechtgeht, geht es ihm noch lange nicht besser! Besser als die rückwärtsgerichtete «Tiefenpsychologie» ist die nach vorn gewandte «Verhaltenspsychotherapie», die sich ganz konkret mit den gewünschten Zielen der Zukunft beschäftigt. Wenn man ganz genau weiß, was man möchte, kann man seine Wünsche in ein Bild übersetzen und im Unterbewusstsein implantieren. Der Vorteil: Sobald das Bild im Unterbewusstsein abgespeichert ist, arbeitet unser Großrechner Tag und Nacht an der Erfüllung des Bildes, ohne dass wir es merken. Vorsichtig ausgedrückt: Die abgespeicherten Bilder haben die Eigenschaft, sich zu verwirklichen.

Nun müssen wir behutsam vorgehen. Denn bei manchen Menschen rennt man damit offene Türen ein, andere denken an eine esoterische Spinnerei. Dabei wenden wir diese Technik ständig an, oft nur, ohne es zu bemerken. Jeder hat sich abends schon einmal den Wecker gestellt, weil er morgens um 6.00 Uhr aufwachen möchte. Wer kennt es nicht, dass er 5.59 Uhr – kurz vor dem Wecker – von selbst aufwacht? Wie kann das sein? Das Bewusstsein hat uns mit Sicherheit nicht geweckt, denn das hat bis gerade eben noch geschlafen. Die Funkuhr im Unterbewusstsein ist es, die uns kurz vor dem Wecker aufwachen lässt. Dies ist nur ein kleines, einfach nachzuvollziehendes Beispiel der Programmierung. Bei den großen Zielen geht es aber ganz genauso.

Manchmal wenden wir diese Technik auch unbewusst und mit dem falschen Vorzeichen an. Denn viel zu oft beschäftigen wir uns mit Dingen, von denen wir hoffen, dass sie *nicht* eintreten. Doch das Unterbewusstsein kennt das Wörtchen «nicht» nicht. Wenn wir das Bild von dem, was wir nicht wollen, etwas zu plastisch vor Augen haben und es sich unbemerkt seinen Weg ins Unterbewusstsein bahnt, entfaltet es dort dieselbe Wirkung wie die bewusst einprogrammierten positiven Bilder. Und wenn uns dieses eingeträumte Bild dann in der Realität wirklich einholt, entfleucht uns der schicksalhafte Satz: «Und das habe ich kommen sehen ...» Unbewusst haben wir dieses Ziel selbst einprogrammiert.

Das ist ein ganz wichtiger Punkt: Denn nur über die Bilder können wir das Unterbewusstsein erreichen. Keine Sprache, keine redundante Wiederholung einer Autosuggestion hat dieselbe Kraft wie das eingeträumte Bild. Noch wichtiger als das Bild ist aber das Gefühl hinter dem Bild. Das begleitende Gefühl verankert das Bild erst wirklich im Unterbewusstsein.

Die Technik der Verankerung ist einfach. Man «murmelt sich» in den Alphazustand, wartet auf die tiefe Entspannung, und dann programmiert man die vorher zurechtgelegten Bilder als schon erreichtes Ziel ein.

Alle guten Sportler können das, sonst wären sie keine guten Athleten. Boris Becker hat sich da einmal – wohl mehr aus Versehen – verraten. In seiner besten Zeit, als Wimbledon noch sein grünes Wohnzimmer war, fiel einem Sportreporter auf, dass Boris Becker in neun von zehn Fällen den Tiebreak gewann. Die anderen Weltklassespieler gewannen rein statistisch nur jeden zweiten Tiebreak, weshalb die Siegesserie des noch jungen Boris Becker ganz besonders auffiel. Auf die Frage, wie er das schaffe, antwortete er: «Das liegt am Training, an der Routine und der Konzentration.» Der Reporter aber insistierte und fragte: «Herr Becker, Sie haben heute im Tiebreak gegen Stefan Edberg gewonnen. Der hat doch auch

Routine, Erfahrung und Konzentration. Und Sie hatten eher die schlechteren Karten mit Ihrer Oberschenkelzerrung und haben trotzdem gewonnen. Wie haben Sie das geschafft?» Derart in die Enge getrieben und rhetorisch nicht so ganz auf der Höhe antwortete Becker: «Ach, diesen Tiebreak habe ich doch gestern Abend schon gespielt ...» Der Reporter begriff nicht, was der Tennisstar damit meinte, und fragte in eine andere Richtung weiter. Wer die Technik aber kennt, wird hier sofort hellhörig.

Praktisch geht das so: Am Abend vor dem Spiel zieht sich Boris Becker zurück in ein stilles Kämmerlein, geht in die Entspannung, stoppt den inneren Dialog und träumt nun die Bilder des Tiebreaks vor. In Gedanken sieht er sich ein Ass servieren, und zwar so, dass seinem Gegner Stefan Edberg Hören und Sehen vergeht. Mit diesem guten Gefühl des Sieges geht Boris Becker nun aus der Entspannung heraus – das Bild ist aber in seinem Kopf geblieben und wandert ins Unterbewusstsein. Und während der Sportler schläft, denkt das Es – nicht er – darüber nach, wie er den Tiebreak wohl am besten gewinnen kann.

Und nun stellen Sie sich bitte die reale Situation vor. Die beiden Spieler stehen auf dem Centre-Court, und Boris Becker serviert zum ersten Punkt des Tiebreaks. Er steht hinten an der Grundlinie, wirft den Ball hoch zum ersten Ballwechsel, holt aus, steigt in die Höhe – und gibt seinem ersten Aufschlag volle 100 Prozent Kraft und Entschlossenheit mit auf den Weg. Er denkt keine Zehntelsekunde ans Netz oder daran, dass der Ball ins Aus gehen könnte, denn er hat das Ass ja schon gesehen. Er bündelt seine gesamte Kraft im ersten Aufschlag. Er zweifelt keinen Moment an seiner Stärke, denn er hat tief im Inneren ja schon gewonnen.

Das ist der Unterschied zu vielen von uns. Viele servieren zum ersten Punkt im täglichen Leben – aber bündeln ihre Kraft nicht. Viele zwei-feln nicht nur, sondern drei-feln oder vier-feln sogar. Während des Handelns gehen uns sämtliche Eventualitäten durch den Kopf, die schiefgehen können. Und genau so sieht dann auch das Ergebnis aus.

Höchstleistung entsteht nur aus der gebündelten Kraft. Das erwünschte Bild muss schon als wahr beziehungsweise erreicht im Unterbewusstsein abgespeichert sein. Die Klitschkos können das auch. Vitali Klitschko wurde in einem Interview einmal gefragt, wie er sich mental auf seine Kämpfe vorbereite. «Wenn ich große Kämpfe vor mir habe, dann träume ich von dem Kampf!», antwortete er. Was er denn im Traum sehe, wurde er weiter gefragt. «Ich sehe das Ende, das Resultat, genau wie im Kino. Und jeder Traum wird wahr!»

Inhaltlich das Gleiche, nur anders verpackt haben Sie bestimmt schon einmal an anderer Stelle aus dem Neuen Testament gehört: «Darum sage ich euch: Bei allem, um was ihr betet und fleht, glaubet – dass ihr empfangen habt –, und es wird euch zuteilwerden!» (Markus 11,24). Diese Technik wurde also wohl doch nicht von Boris Becker oder den Klitschkobrüdern erfunden, sondern ist schon sehr viel länger bekannt.

Im Sport kann man diese Methode immer besonders gut nachvollziehen, obwohl auch so mancher Manager oder Unternehmer diese Tricks kennt. Auch besonders alte Menschen können das. Immer wenn zum 100. Geburtstag der Bürgermeister und die lokale Presse gratuliert, folgt die Frage: «Konnten Sie sich immer schon vorstellen, dass Sie einmal so alt werden?» – Und prompt lautet die Antwort: «Ja, die 100 habe ich eigentlich immer schon gesehen ...» Typischerweise sterben die Hundertjährigen dann auch sehr häufig, sobald sie dieses Ziel erreicht haben. Sie könnten ja auch 101 werden, aber so unrunde Zahlen stellt man sich selten vor.

1989 gab es einen Triathlon auf Hawaii, der als «Ironwar» – statt als «Ironman» – in die Sportgeschichte einging. Dave Scott und Mark Allen waren die beiden Ausdauerwunder, die diesen Wettkampf beherrschten. Dave Scott galt als unangefochtener Favorit, denn er hatte die sechs vorherigen Ironman-Läufe auf Hawaii mit komfortablem Vorsprung gewonnen. Sein Spitzname war «The Man». Schon bei seiner ersten Teilnahme überhaupt gelang ihm der Durchmarsch auf Platz eins. Auch 1989 schien ihm der Sieg sicher. So sicher, dass er im Frühjahr, ein halbes Jahr vor dem Wettkampf, behauptete: «In diesem Herbst werde ich in acht Stunden und zehn Minuten im Ziel sein.» Diese Ankündigung war unrealistisch, weil kein Mensch glaubte, dass überhaupt jemals ein Mensch den Wettkampf in dieser Zeit schaffen könnte. Jedes Ergebnis unter neun Stunden galt ohnehin als Wunder. Doch Dave Scott hielt unbeirrt an seiner Ankündigung fest und sagte: «I have seen it.» In diesem Entspannungszustand des Alpharhythmus hatte er sich schon zu Beginn des Jahres gesehen, wie er im Herbst unter der Digitaluhr im Ziel einlaufen würde, mit der Zeit 8:10 im Display.

Mark Allen war Dave Scott in früheren Wettkämpfen zwar immer auf den Fersen, doch war der Vorsprung von Dave Scott immer beeindruckend. Mark Allen, der die Technik der Visualisierung mittlerweile ebenfalls gelernt hatte, hätte sich eine Zielzeit von 8:09, die zum Sieg gegen die Visualisierung von Dave Scott notwendig gewesen wäre, selbst nie abgekauft. Eine solche Vision war für ihn also nicht möglich, denn gegen Ihre Überzeugung können Sie nichts visualisieren. Aber er war davon überzeugt, dass Dave Scott trotz seines Nimbus «The Man» auch nur ein Mensch aus Fleisch und Blut sei. Er sagte sich deshalb: «Wenn Dave Scott schwimmt, dann schwimme ich genauso schnell wie er. Wenn der das kann, dann kann ich das auch. Beim Radfahren fahre ich genauso schnell wie er. Wenn der das kann, dann kann ich das auch. Beim abschließenden Marathon laufe ich genauso schnell wie er. Wenn er das kann, dann kann ich das auch.» Diese Glaubenssätze programmierte sich Mark Allen immer wieder ein und sah sich selbst Schulter an Schulter mit Dave Scott den Wettkampf bestreiten. Als Hilfsmittel stellte er sich vor, er sei mit Dave Scott über einen starken Magneten verbunden. Er selbst müsse nur immer nah genug an den Kontrahenten herankommen, sodass ihn der Magnet mitziehe. Doch damit allein hätte er nicht sicher gewonnen. Wenn beide Schulter an Schulter über die Ziellinie laufen, entscheidet am Ende das Fotofinish, wer die Nase um einen Millimeter weiter vorn hat. Das war ihm zu unsicher.

Darum stellte sich Mark Allen weiter vor, dass er zwei Kilometer vor dem Ziel auf einer kleinen Anhöhe den Pol seines Magneten umdrehen würde. Und was machen Magneten, wenn sie mit den falschen Polen zueinander gerichtet sind? Richtig! Sie stoßen sich ab. Mark Allen malte sich aus, dass er, egal wie sehr Dave Scott nun kämpfte, von dem Kontrahenten nur umso schneller vor sich her ins Ziel getrieben würde. Diese Bilder träumte er immer wieder, bis er sie sicher visualisiert hatte. Und dann war ganz wichtig für ihn, nicht mehr darüber nachzudenken. Jetzt galt es, den lieben Gott einen guten Mann sein zu lassen und dem Schicksal zu vertrauen.

Und dann kam im Oktober 1989 die reale Situation: Frühmorgens ertönt der Startschuss und Hunderte von Triathleten starten in der Bucht von Kona das gigantische Rennen. Bis zur Wendeboje und zurück sind es 3,8 Kilometer. Dave Scott und Mark Allen, beide nicht die besten Schwimmer, schwimmen Seite an Seite in einem Pulk von anderen Triathleten. Fast zeitgleich kommen die beiden aus dem Wasser und starten Schulter an Schulter auf die Radstrecke. Sie duschen noch nicht einmal wie die anderen das Salzwasser ab und gehen aus dem Wasser gleich auf die Piste. Schon bald holen sie den bis dahin führenden deutschen Triathleten Jürgen Dittrich ein, der sich beim Schwimmen einige Minuten Vorsprung erkämpft hatte.

Nach 180 Kilometer Radrennen kommt die Wechselzone: vom Radfahren zum Laufen. Immer noch Schulter an Schulter stürmen die beiden aus diesem Bereich und starten zum schnellsten Marathon, der jemals auf Hawaii innerhalb eines Ironman gelaufen wurde. In sengender Hitze laufen sie 40 Kilometer nebeneinanderher, und dann passiert es: Auf einer kleinen Anhöhe kurz vor dem Ziel explodiert Mark Allen und fühlt sich selbst, als ob er wie eine Kugel beschleunigt würde, wie er hinterher im Interview sagen wird. Als ob er zuvor praktisch nichts gemacht hätte, entwickelt er einen federnden Antritt, löst sich von Dave Scott, prescht davon und beendet den Marathon in der sagenhaften Zeit von zwei Stunden und 40 Minuten, für den gesamten Wettkampf braucht er 8:09:15. Dave Scott erreichte das Ziel nach acht Stunden und zehn Minuten.

Was lernen wir daraus? Wenn dieser Zug einmal läuft, dann läuft er so kraftvoll und machtvoll, dass wir ihn nicht mehr anhalten können. Acht Stunden und zehn Minuten waren einprogrammiert, und acht Stunden und zehn Minuten wurden erreicht. Und das bessere Bild gewinnt, in diesem Fall das von Mark Allen.

Ankern: entscheiden und konditionieren

Nachdem Sie jetzt wissen, wie man schnell entspannt und durch Visualisieren in kurzer Zeit die richtigen Bilder für sich aktiviert, ist es nun an der Zeit, die nächste Technik für unseren Werkzeugkasten kennenzulernen: das Ankern. Auch diese Methode stammt aus dem NLP. Es handelt sich beim Ankern um sogenannte Selbstkonditionierung. Denn anders als der Pawlow'sche Hund können Sie wählen, *welche* Bilder und Emotionen Sie konditionieren wollen. Ein weiterer sehr großer Unterschied und Vorteil: Sie entscheiden, *wann* Sie die Konditionierung brauchen – und Sie sabbern nicht dabei.

Einige gute Verkäufer führen ein Notizbuch, in das sie nach jedem erfolgreichen Abschluss Überlegungen dazu aufschreiben. Wenn sie dann einen schwierigen Termin vor sich haben, blättern sie im Auto vorher ein wenig darin und vergegenwärtigen sich ihre Erfolge. Dadurch stärken sie ihr Selbstvertrauen: Das ist ihr Anker. Mein Abendprogramm endet schon seit Jahren mit der Musik von «Bitter Sweet Symphony» der Gruppe «The Verve». Vor ein paar Tagen lief das Lied im Radio, und ich habe automatisch an das Ende meiner Show gedacht: mein Anker.

Friedrich Schiller hat zur Unterstützung seiner Kreativität gern den Geruch fauler Äpfel benutzt – mit dem Duft in der Nase konnte er am besten schreiben. Ich wette, dass er vorab mal ein einschneidendes Erlebnis damit hatte. Dabei hat er irgendwie wahrgenommen, dass das Ergebnis, seine Texte, die nur so aus seiner Feder flossen, etwas mit dem Geruch fauler Äpfel zu tun hatte. Diese einmalige Erfahrung wirkte sich dann selbstverständlich auf sein zukünftiges Schreiben aus. Gerüche sind gute Anker: Wenn ich heute frische Bohnen rieche, muss ich automatisch an meine Oma denken – die machte die beste Bohnensuppe der Welt.

Anker funktionieren aber nicht nur bei uns selbst. Wir können sie auch durch unser Verhalten bei anderen Menschen setzen und vieles damit auslösen. Der amerikanische Trainer Jerry Richardson gibt ein sehr nachvollziehbares Beispiel für einen unbewusst gesetzten Anker: Ein Vater umarmt seinen Sohn, weil der sich wehgetan hat oder weil er traurig ist. Der Vater denkt, die Umarmung hilft seinem Kind, sich schnell besser zu fühlen. Das trifft aber nur dann zu, wenn er sein Kind vorher auch anlässlich positiver Ereignisse umarmte. Nur dann ist die Umarmung eng mit einer positiven Emotion verknüpft und kann Trost spenden. Dann vermag sie bei seinem Sohn Berge zu versetzen. In dieser Geschichte ist aber das Gegenteil der Fall: Der Vater umarmt den Sohn nur sehr selten und fast nur, um ihn zu trösten. Das Verheerende, was er nicht bedenkt: Die Umarmung wird vom Sohn automatisch mit negativen Situationen verknüpft. Die Konditionierung erfolgt also nicht durch günstige Assoziationen, und die Umarmung wird im Gegenteil zum Anker für schlechte Gefühle. Passiert so etwas einige Male hintereinander, werden die negativen Assoziationen damit bestätigt, und die Umarmung gerät komplett in den Bereich «Gefahr». Statt den Sohn zu trösten, signalisiert ihm der Vater etwas Negatives. Es kann deshalb auch passieren, dass der Sohn sich zunächst wohl fühlt, der Vater ihn umarmt und er sich aufgrund des zuvor gesetzten Ankers schlechter fühlt als vorher.

Kommt eine Berührung nur dann vor, wenn jemand sich schlecht fühlt, werden negative Emotion und Berührung auf diese Weise verbunden. Bis schließlich die Berührung Auslöser für Gefühle wird. Vielleicht – so folgert Jerry Richardson – empfinden viele unserer Mitmenschen Berührungen deshalb als unangenehm. Bei ihnen sind Berührungen mit schlechten Erlebnissen verankert – mit Erlebnissen, die eigentlich Trost nötig gehabt hätten. Sie sehen: Anker funktionieren immer.

In meinem ersten Abendprogramm versuchte ich, eine Zuschauerin in ihrem Entscheidungsverhalten zu beeinflussen. Sie sollte zwischen zwei imaginären Türen wählen, einer roten und einer blauen. Da ich ihr vor dem Experiment einen Umschlag gegeben hatte, in dem stand, wie sie sich entscheiden würde, probierte ich natürlich, ihr zu suggerieren, die Tür zu nehmen, die ich vorher für sie ausgewählt hatte. Und das geht so: Angenommen, ich möchte, dass sie die rote Tür wählt. Die Dame sitzt mir gegenüber. Ich schaue sie an und sage: «Vor Ihrem geistigen Auge sehen Sie jetzt zwei Türen: eine *rote*» – dabei hebe ich meine rechte Hand und zeige mit der offenen Handfläche nach rechts in Richtung der imaginären roten Tür – «und eine *blaue*» – jetzt hebe ich meine linke Hand und zeige mit der linken Handfläche nach links in Richtung der imaginären blauen Tür. «Durch welche der beiden Türen möchten Sie jetzt gehen?» Während ich dies ausspreche, hebe ich die rechte Hand und mache erneut dieselbe Geste in Richtung der roten Tür. In diesem Moment sind meine Chancen extrem hoch, dass sie genau diese wählen wird, weil sie durch meine Handbewegung verankert wurde. Die Geste wirkt wie ein unausgesprochener

Befehl – er ist hochmanipulativ und der Trick wirklich hinterhältig: «That's Showbiz, meine Damen und Herren.» Auch in meinen Seminaren setze ich meinen Zuhörern bewusst Anker, in bester Absicht natürlich, um sie zu entspannen. Dazu mache ich folgende Übung mit ihnen:

SCHÖNE-AUGENBLICKE-ÜBUNG

- Sie schließen die Augen und werden ganz ruhig. In Ihrem entspannten Zustand visualisieren Sie einen der schönsten Momente Ihres Lebens – mit allen Submodalitäten: Wie sah die Umgebung aus? Wie warm oder kalt war es in diesem Moment? Wonach roch es gerade? Stellen Sie sich alles detailreich intensiv vor und erleben Sie den Augenblick regelrecht neu.
- Jetzt streichen Sie mit Ihrer rechten Handfläche über Ihren rechten Oberschenkel. Während Ihre Hand darüberstreicht, verstärken Sie das Glücksgefühl in Gedanken. Reiben Sie erneut mit der Hand über den Oberschenkel und verdoppeln Sie Ihre Emotion! Ein letztes Mal streichen Sie mit der Hand über Ihren Oberschenkel und verstärken das Gefühl ein weiteres Mal!
- Nun können Sie die Augen wieder öffnen. Das Streichen des Oberschenkels mit Ihrer rechten Hand ist jetzt Ihr Anker für ein bestimmtes Glücksgefühl. Sie werden in Zukunft gar nicht anders können, als daran zu denken, sobald Sie über Ihr Bein streichen. Versuchen Sie's einfach mal!

Kinästhetische Anker – also solche, die mit einem Gefühl wie zum Beispiel Streicheln verbunden sind, sind die stabilsten. Merken Sie's? Unser Klopf-klopf-klopf-Spiel aus dem Kapitel «Unsere Gedanken sind nicht frei» war übrigens auch ein Anker – oder haben Sie gerade nicht zufällig an Feuer gedacht?

Reframen: Perspektivwechsel gefordert

Dieses Bild wurde 1913 von dem damals sehr bekannten Zauberkünstler Nevil Maskelyne in nur 15 Minuten angefertigt. Wenn Sie das Buch nach vorn kippen und das Bild fast waagerecht betrachten, können Sie erkennen, wofür hier Werbung gemacht wird: «Maskelyne and Devant». Beschriftungen an Wolkenkratzern werden nach derselben Technik gefertigt. So kann man von schräg unten lesen, was am Gebäude steht. Der Blickwinkel erst macht aus scheinbar wirren Linien einen sinnvollen Text.

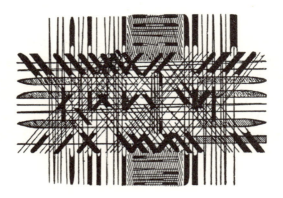

Kennen Sie das befreiende Gefühl, eine Situation irgendwann aus einem anderen Blickwinkel betrachten zu können und dadurch in der Lage zu sein, die Situation völlig neu einzuschätzen? Dieser andere Blickwinkel wird im NLP «Reframing» genannt. Wie der Name schon sagt, geht es darum, seinen «Bezugsrahmen» zu ändern. Nichts Neues, sagen Sie. Klar, bereits Einstein konstatierte, dass die bedeutendsten Probleme, vor denen wir stehen, nicht auf derselben Ebene gelöst werden könnten wie der, auf der wir sie geschaffen hätten. Wie wahr. In der Literatur werden darüber hinaus noch sehr viele Methoden zum Reframing beschrieben. Mir persönlich scheinen vier davon am überzeugendsten zu sein.

Robert-Dilts-Effekt

Der NLP-Experte Robert Dilts beschreibt in diesem Zusammenhang eine Szene mit einer Nahaufnahme von einem schönen Jüngling, der ein Lied wie ein Engel erklingen lässt. Während der Junge herzergreifend singt, wird der Bildausschnitt größer, und man sieht, dass der Junge eine Uniform trägt. Jetzt fährt die Kamera noch ein wenig weiter zurück, und jeder erkennt, dass er eine Binde mit einem Hakenkreuz trägt. Schließlich wird der Ausschnitt noch größer, und es ist deutlich, dass der Engelsgleiche bei einer Nazi-Kundgebung singt. Durch den sich erweiternden Ausschnitt werden die Bedeutung der abgebildeten Szene und die mit dem Bild verbundenen Emotionen komplett verändert. Der Zuschauer bekommt durch den größeren Bildausschnitt immer neue Informationen, die seinen ursprünglichen Erwartungen widersprechen und seine aktuelle Bewertung modifizieren, sogar umkehren.

Falls Sie einer solchen Situation ausgesetzt wären, welchen Ausschnitt nähmen Sie sich vor? Sind Sie sicher, dass Sie alles sehen und einbeziehen, was wichtig ist?

Reality oder Fantasy? Welches Wort können Sie lesen? Sehen Sie das ganze Bild oder sind Sie gerade auf Detailsicht? Drehen Sie das Buch doch einmal um 180 Grad. Dann werden Sie ein anderes Wort erkennen. Beide Sichtweisen im Blick zu haben ist entscheidend. Eine nicht einfach zu bewerkstelligende Aufgabe.

- *Kontext-Reframing.* Ein sehr treffendes Beispiel hierfür erzählte Peter Ustinov. Falls ich mich richtig erinnere, geht es in der Geschichte um einen ranghohen Beamten der UNO, der sich im ehemaligen Jugoslawien verfahren hatte und auf einer Landstraße den richtigen Weg nach Sarajevo suchte. Irgendwo inmitten der Pampa sah er plötzlich am Straßenrand einige serbische Arbeiter stehen. Er machte halt und kurbelte das Fenster herunter. Da er die Landessprache nicht sprach, fragte er zunächst in fehlerfreiem Englisch: «Do you know the right way to Sarajevo?» Die Arbeiter schauten sich erst untereinander und dann den Fragenden ratlos an – und zuckten mit den Schultern. Danach fragte der Beamte in fließendem Französisch: «Est-ce que vous connaissez le chemin vers Sarajevo?» Wieder nur ratlose Blicke der Arbeiter. Als Letztes versuchte er es auf Deutsch: «Kennen Sie den Weg nach Sarajevo?» Als Antwort nur erneutes Schulterzucken. Jetzt gab der Beamte auf, kurbelte sein Fenster wieder hoch und fuhr ratlos weiter. Nun sagte einer der Straßenarbeiter zu einem anderen: «Es ist schon eine Schande, dass wir keine Fremdsprache sprechen.» Daraufhin antwortete der andere kühl: «Mir macht das nichts – ihm hat's schließlich auch nicht geholfen...»

Das ist Kontext-Reframing in reinster Form. Sehr kreativ angewandt, mit dem Nutzen, dass der Bauarbeiter sich weiterhin gut fühlt, obwohl er nicht helfen konnte und den Einwand des zweiten wohl vernahm. Hier geht es nämlich nur darum festzustellen, dass jede Sache von mehreren Blickwinkeln aus betrachtet werden kann: Angenommen, ein Bekannter von Ihnen hat eine neue Partnerin. Sie finden sie weder attraktiv noch klug und haben keine Ahnung, was Ihr Freund an dieser Frau finden kann. Aus seinem Blickwinkel aber sieht die Dame ganz anders aus: Aus seiner Sicht ist sie die attraktivste Frau von allen – in jeder Beziehung. Der deutsche Musiker Klaus Lage hat genau dieses Phänomen in seinem Lied «Mit meinen Augen» sehr treffend beschrieben.

Genauso ist es mit dem Wetter: Während einige sich über Regenwetter ärgern, sind andere glücklich, dass sie ihren Garten nicht so oft gießen müssen. Robert Dilts sagt: «Die Sache an sich ist weder ‹gut› noch ‹schlecht›. Wie sie wahrgenommen wird, hängt von den Konsequenzen ab, die sie in einem bestimmten Moment verursacht.» In Vince Eberts Buch «Denken Sie selbst! Sonst tun es andere für Sie» findet sich ein weiteres Beispiel für die Wirkung von Kontext-Reframing: Ein Mann möchte einen Fluss überqueren. Stundenlang wandert er am Ufer entlang und findet keine Brücke. Irgendwann sieht er einen anderen Mann am gegenüberliegenden Ufer stehen. Er ruft zu ihm rüber: «Wie komme ich denn auf die andere Seite?» Die Antwort des Mannes: «Du bist schon auf der anderen Seite!» Die Welt ist das, wofür Sie sie halten ...

- *Bedeutungs-Reframing.* Die Art und Weise, wie wir die Welt sehen, hängt von unseren eigenen Filtern ab. Die Art wird maßgeblich durch unsere Erfahrung und die Kultur, in der wir leben, beeinflusst. Robert Dilts nimmt als Beispiel ein freies Feld: Ein Buschpilot sieht in dem Feld eine Möglichkeit zu landen, ein Landwirt eine Chance, etwas zu pflanzen, und ein Architekt vielleicht einen Bauplatz für eine Villa. Mir geht es hier darum, dass Sie individuelle Perspektiven entdecken und begreifen, was dahintersteckt und worin die Motive dafür liegen.

- *Kritik-Reframing.* Sicherlich eine der wichtigsten Methoden des Reframings. Sie besagt: Sobald wir kritisiert werden, haben wir die Tendenz, diese Kritik nicht nur als Meinung zur Sache zu betrachten, sondern sofort zu denken, dass unsere Person in Frage gestellt würde. Wollen Sie in Zukunft damit besser umgehen, sollten Sie ab sofort in jeder Äußerung die gute Absicht suchen und sich nur darauf konzentrieren. Alles andere lassen Sie einfach passieren. Mit diesem Grundsatz können Sie auch andere kritisieren, ohne mit erhobenem Zeigefinger dazustehen, und Ihre Vorschläge so anbringen, dass sie annehmbar sind, ohne dass Ihr Gegenüber sein Gesicht verliert. Die berühmten *W-Fragen* helfen, eine neue Sicht zu erlangen. Je mehr Sie die Fähigkeit zu Selbstkritik haben, desto besser kann Ihnen diese Methode gute Dienste leisten. Anstatt beispielsweise zu sagen: «Das klappt sowieso nicht», können Sie einen neuen Frame öffnen, indem Sie fragen: «*Was* kann ich tun, damit das klappt?» Diese Taktik ist so einfach, dass sie von fast allen übersehen wird.

Ich selbst habe erlebt, wie mich eine der *W-Fragen* wieder auf den richtigen Weg gebracht hat. Kürzlich hatte ich ein Gespräch mit dem Produzenten einer großen deutschen TV-Show. Er bat mich, ihm Vorschläge zu machen, welche Effekte ich in der Sendung zeigen könne. Er befand meine Ideen für gut, seine Redaktion forderte allerdings etwas anderes. Ich telefonierte daraufhin mit einem guten Freund und war froh, seine Meinung dazu zu hören. Ich erklärte ihm, dass mich meine neuen Vorschläge selbst nicht überzeugten und dass sie andere sicher auch unbrauchbar finden würden. Mein Freund blieb cool und sagte nur: «Du brauchst keine weiteren Vorschläge zu machen, deine ersten Ideen finde ich klasse, stelle dir lieber die Frage, *was* du tun kannst, um das Team von deinem bisherigen Konzept zu überzeugen.» Das war der entscheidende Hinweis. Ich war auf dem falschen Dampfer und habe verzweifelt neue Ideen gesucht. Deshalb bin ich in die falsche Richtung gerannt. Dementsprechend war das Ergebnis. Durch die einfache Frage meines Freundes fand ich den Weg wieder. Und Sie wissen ja: Die Energie folgt der Aufmerksamkeit. Sobald Sie nach dem Wie fragen, kommen Sie zu neuen Erkenntnissen. Eine kleine Abwandlung davon ist zudem eine gute Methode, auch anderen zu helfen, ihren Frame zu öffnen und selbst die Lösung zu finden.

Letztes Jahr kam eine Teilnehmerin nach einer Lesung zu mir und erzählte mir von sehr persönlichen Problemen. Am Ende ihrer Erörterung fragte sie mich, was sie tun solle. Da es um ernsthafte Schwierigkeiten ging, war mir bewusst, dass ich in diesem Moment große Verantwortung trug. Ich würde sie schließlich nicht einfach stehenlassen können, ohne mich zu äußern – hatte aber keinen blassen Schimmer, was ich ihr in fünf Minuten am Ende einer Veranstaltung dazu hätte sagen sollen. Ich stellte also einfach eine Gegenfrage: «Angenommen, Sie wüssten die Lösung für diese Situation – was würden Sie dann tun?» Die Dame schaute mich kurz an, begann strahlend zu lächeln und bedankte sich herzlich. Ich hatte keine Ahnung, was ihr bei meiner Bitte eingefallen war. Sie schickte mir allerdings ein paar Wochen später eine E-Mail und bedankte sich. Das Irre dabei: Ich hatte die Lösung definitiv nicht gefunden – das hatte sie selbst erreicht. Meine Worte waren nur der Katalysator ihrer Gedanken. Sie konnte die Situation mit einem neuen Blick betrachten, und schon war die Lösung da. Veränderung ist nützlich, und Neues bringt Neues hervor. Schon Konfuzius sagte: «Nur der erhabene Weise und der unwissende Narr verändern sich nicht.»

Was man durch das Verlassen der persönlichen Denkbahnen erreichen kann, zeigt folgende Aufgabe: Sie besteht darin, sämtliche Punkte durch vier gerade und ununterbrochene Linien miteinander zu verbinden, die untereinander ebenfalls verbunden sein müssen.

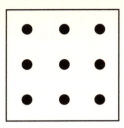

Das Finden der Lösung ist das Entdecken des Eis des Kolumbus: Sie liegt darin, das Kästchen, welches mit dem englischen Wort «Box» bezeichnet wird, zu verlassen.

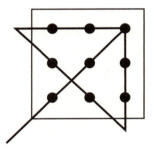

Es geht darum, anders zu denken! Aus den selbstgemachten Grenzen herauszugehen – den Frame zu ändern und seine mentalen Möglichkeiten zu erweitern: «To think outside the box.»

Ich habe lange gezögert, dieses Puzzle in unser Buch aufzunehmen, denn es ist weiß Gott nicht neu und zwischenzeitlich auch sehr bekannt. Ich hatte Sorge, dass Sie dieses Buch in der Buchhandlung durchblättern, dabei das Puzzle erspähen und sich dann denken: «Ach, das kenne ich ja schon ...», und es gleich wieder weglegen. Die Tatsache, dass Sie diese Zeilen gerade lesen, heißt weiterhin, dass Sie sich durch diese olle Kamelle nicht haben abschrecken lassen – also kommt die Nummer doch ins Buch. Ich sage Ihnen nämlich: «Ja, das Puzzle ist alt – hier sehen Sie aber neue Variationen davon.»

Der genaue Ursprung der Formel «Think outside the box» lässt sich nicht ermitteln. Der Managementberater Mike Vance behauptet, dass der Walt-Disney-Konzern das Nine-Dot-Puzzle intern zum Training für seine Mitarbeiter benutzt habe und dass es von dort aus in Managementtrainings Einzug gehalten hat. Vor allem in den achtziger Jahren wurde es von verschiedenen Trainern benutzt, unter anderem von Martin Kihn. Dabei wurde irgendwann der Ausdruck «To think outside the box» geprägt. Die Aufgabe selbst ist sehr viel älter. Sie wurde bereits 1914 in der «Cyclopedia of 5000 Puzzles, Tricks and Conundrums» von Sam Loyd veröffentlicht. In den alten Büchern ist die oben gezeigte Lösung zu finden. Ich habe mir an dieser Stelle weitere Gedanken gemacht und überlegt, ob es noch andere Möglichkeiten geben könnte. Mit vier Strichen ist mir keine eingefallen – aber mit drei:

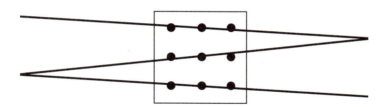

Schließlich habe ich mit Freunden über dem Puzzle gesessen, und uns sind sogar Resultate für nur eine einzige gerade Linie eingefallen: Schneiden Sie die Punkte aus und kleben Sie sie hintereinander auf ein Blatt – dann können Sie alle mit einem einzigen Strich verbinden. Es hat ja schließlich keiner gesagt, dass das verboten sei.

Oder: Kleben Sie das Bild der neun Punkte auf einen Ball. Jetzt können Sie um den Ball eine große Spirale malen und haben alle Punkte miteinander verbunden. Falls Ihnen das zu umständlich ist, ginge auch Folgendes:

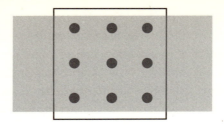

Sie sehen: Alles kann passieren, wenn man die Grenzen einfach ignoriert und über den Tellerrand blickt. Wovon uns selbstgemachte Einengungen abhalten können, zeigt auch der Versuch des herausragenden britischen Künstlers Derren Brown. Er legte einen Geldbeutel auf einer belebten Einkaufsstraße auf den Boden. Zuvor hatte er einige Geldscheine so arrangiert, dass sie ein klein wenig aus dem Portemonnaie herausschauten. Jetzt sein Trick: Er malte um den Geldbeutel auf dem Boden einen dicken Kreidekreis – so als hätte man die Position des Geldbeutels an einem Tatort markiert. Das Resultat: Der Geldbeutel lag den ganzen Tag auf dem Asphalt, und kein einziger Fußgänger hatte ihn mitgenommen! Das wäre im Normalfall sicherlich anders gelaufen – der Kreidekreis machte den Unterschied.

Ein weiteres Beispiel hat mir mein Mathelehrer in der sechsten Klasse gezeigt: In einem arabischen Land stirbt ein Vater von drei Söhnen. Vor seinem Tod hatte er festgelegt, wie sein Besitz unter den Kindern aufzuteilen wäre: Seine Erbschaft bestand aus 17 Kamelen. Der älteste Sohn sollte die Hälfte der Tiere bekommen, der zweitälteste ein Drittel und der jüngste ein Neuntel. Die Söhne fanden dafür keine Lösung. Egal wie sie es auch drehten und wendeten, es ging nicht auf, ohne eines der Tiere zu schlachten. Dafür waren die Kamele jedoch zu wertvoll. Um das Problem zu lösen, fragten sie einen weisen Wanderprediger nach Rat. Nach kurzem Nachdenken kam er auf folgende Lösung:

«Ich schenke euch eines meiner Kamele – damit habt ihr 18 Tiere, die ihr aufteilen könnt. Mit 18 Kamelen sieht das Verhältnis folgendermaßen aus: Der älteste Sohn bekommt 9 Kamele. Ein Drittel von 18 ist 6, der zweitälteste bekommt also 6 Tiere. Ein Neuntel von 18 ist 2. Damit bekommt der drittälteste Sohn 2 Kamele. Fassen wir nochmal zusammen: 9 + 6 + 2 = 17. Damit bleibt noch ein Kamel übrig, das nehme ich dann.» Er nahm sein Kamel wieder aus der fremden Herde heraus, stieg auf, verabschiedete sich und ritt verschmitzt lächelnd davon. Think outside the box!

Wenn wir es erreichen, zum souveränen Schöpfer und Lenker unserer Gedanken zu werden und unsere Ideen sinnvoll zu nutzen, dann erreichen wir einen höheren Grad an Freiheit und schaffen Wertvolles. Eine der einfachsten, aber wichtigsten Folgen davon wird sein, dass wir dann in Lösungen denken. Viele Menschen machen ihr Leben lang ein und dasselbe Falsche und immer mehr davon und wundern sich, dass sich nichts ändert, nein, sich alles sogar verschlimmert. Wenn wir aber die Wirksamkeit als Maß der Wahrheit anlegen, dann machen wir automatisch etwas anderes, etwas Neues, wenn eine bestimmte Denkweise nicht zum gewünschten Resultat führt. Zum Beispiel, indem wir die Punkte auf einen Ball kleben oder ein Kamel vorübergehend zur Rechnung hinzufügen.

Der griechische Philosoph Heraklit drückte es so aus: «Du kannst nicht zweimal in denselben Fluss steigen.» Auf diese Weise betrachtet hat jeder Fluss sein Geheimnis: Der Fluss sieht zwar immer gleich aus, aber er ist es nicht. Das ist nur eine Illusion. Er ist ständig in Bewegung und verändert sich. Angeregt durch Heraklits Gedanken verfasste Goethe folgende Zeilen:

«Gleich mit jedem Regengusse
Ändert sich dein holdes Tal,
Ach, und in dem selben Flusse
Schwimmst du nicht zum zweitenmal.»

Wie der Fluss verändert sich auch unsere Umwelt, unser Körper, ja einfach alles um uns herum stetig und unaufhaltsam. Ihre Gedanken sollten das auch tun – und zwar in die Richtung, die für Sie und Ihre Umwelt am vorteilhaftesten ist!

Denken macht stark

«Nicht die Dinge an sich beunruhigen uns, sondern die Meinung, die wir über die Dinge haben», sagt Epiktet. Vor vielen Jahren las ich Paul Watzlawicks Werk «Anleitung zum Unglücklichsein», das von einer ähnlichen These ausgeht. Für mich ist es nach wie vor eines der besten Bücher über das Thema «Erkenntnis». Journalisten fragen Prominente häufig: «Welche Personen hätten Sie gern mal getroffen?» Hier meine schriftliche Antwort: Paul Watzlawick und Peter Ustinov wären in jedem Fall meine Favoriten. Watzlawick war ein Vertreter des Konstruktivismus.

Hierbei handelt es sich um eine bekannte philosophische Schule, deren Kernthese lautet, dass jeder Mensch seine eigene Wirklichkeit habe. Forscher und Philosophen wissen: Kommunikation zwischen zwei Menschen kann nur dann gelingen, wenn der eine die Wirklichkeit des anderen erahnen kann und – was auf keinen Fall vergessen werden darf – diese Wirklichkeit auch neben seiner eigenen Wirklichkeit gelten lässt. Watzlawick unterscheidet unter anderem zwei Ebenen der Wirklichkeit.

Ein Beispiel dazu: Die physikalischen Eigenschaften von Gold sind bekannt. Hätten zwei Menschen einen Disput über ebenjene physikalischen Eigenschaften, dann könnte man ganz einfach naturwissenschaftlich nachweisen, dass einer von beiden mit seinen Behauptungen recht hat und der andere nicht. Die definierbaren, messbaren Eigenschaften des Goldes gehören zur Wirklichkeit erster Ordnung. Der Wert des Goldes stellt die Wirklichkeit zweiter Ordnung dar. Dieser ist völlig losgelöst von den physikalischen Eigenschaften. Er wird ganz allein vom Menschen bestimmt, und der Wert des Edelmetalls hängt so beispielsweise auch von Marktfaktoren wie Angebot und Nachfrage und dementsprechend von der Knappheit des Rohstoffs ab. Wichtig ist es nun, diese beiden Wirklichkeiten auch tatsächlich als getrennt voneinander zu betrachten. Das verdeutlicht Watzlawick anhand des Beispiels einer Kurzzeittherapie einer jungen Frau, die von Konflikten mit ihrer Mutter berichtete. Die Frau sagte am Ende der Behandlung: «So, wie ich die Lage sah, war es ein Problem; nun sehe ich sie anders, und es ist kein Problem mehr.»

Das, meine verehrte Leserin und mein verehrter Leser, ist die Kraft über die Gedanken, die ich meine. Es hat sich nichts verändert an der Lebenssituation der Dame. Lediglich die Betrachtungsweise ist eine andere. Klassisches Reframing. Die Wirklichkeit erster Ordnung bleibt unverändert, die Wirklichkeit zweiter Ordnung nicht. Die neue Sichtweise der Frau ist weder richtiger noch falscher als die alte. Das bleibt unbewertet. Sie gibt ihr aber die Möglichkeit, die Dinge zu akzeptieren und nicht mehr darunter zu leiden. Die Welt bleibt gleich, aber eine neue Sicht der Dinge hilft weiterzukommen. Eine eigene Welt entsteht durch neues Denken.

Paul Watzlawick geht auch auf den von Ernst von Glasersfeld begründeten radikalen Konstruktivismus ein. Die Kernaussage dieser Philosophieschule lautet, dass die Wahrnehmung nie ein echtes Abbild der Realität liefert. Jede Wahrnehmung der Umwelt ist daher subjektiv. Und von Glasersfeld geht noch weiter: Nach Auffassung des radikalen Konstruktivismus können wir also nie wissen, was die Wirklichkeit ist, sondern immer nur, was sie nicht ist. Das zeigt sich nämlich, sobald unsere Konstruktion der Wirklichkeit zusammenfällt. Hört sich sehr abgefahren an – das ist es auch! Es ist allerdings weitaus einfacher zu verstehen, als es in diesen paar Zeilen den Eindruck machen könnte. Simpler ausgedrückt bedeutet es, dass wir gut leben können, solange unsere Auffassungen von der Wirklichkeit funktionieren. Wenn diese Auffassungen aber zusammenfallen, kommt es beispielsweise zu Depression oder – schlimmer – zu Schizophrenie und Selbstmord. Watzlawick schreibt, dass er sich nicht einbildet, den Menschen, denen er helfen kann, die Wahrheit zu vermitteln. Er vermittele ihnen lediglich eine andere Konstruktion der Wirklichkeit – eine, die möglicherweise besser passe. Er konstuierte Wirklichkeiten. Ich hätte ihn wirklich sehr gern kennengelernt ... Möglicherweise finden Sie diese Betrachtung befremdlich, vielleicht sogar unsinnig. Ich möchte betonen, dass seine Denkmethode sich für mich schon oft bewahrheitet und mir sehr geholfen hat, mich zu orientieren und meine Ziele besser zu verfolgen.

Ich finde es merkwürdig, dass die meisten Menschen ganz selbstverständlich nach dem Grundsatz leben, es gäbe eine einzige objektive Wirklichkeit – nämlich ihre eigene. Dieser Wirklichkeit – so denken viele – seien sich alle bewusst und alle, die sich nicht auf diese «einzig wahre» Wirklichkeit beziehen, gelten als Spinner oder Verrückte. Diese Art zu denken birgt sehr viel Konfliktpotenzial in sich. Den Beweis dafür können Sie sofort finden, wenn Sie heute in den *Tagesthemen* die neuesten internationalen Konflikte präsentiert bekommen. Mich hat die Annahme, dass ich Konstrukteur meiner eigenen Wirklichkeit bin (genau wie Sie übrigens auch, während Sie diese Zeilen lesen), extrem weitergebracht. Falls Sie von nun an annehmen können, dass Sie Ihre eigene Welt um sich herum schaffen, dass die Welt das ist, wofür Sie sie halten, und andere Menschen sie eventuell anders sehen, dann hat das entschiedene Vorteile. Erstens: Sie können Ihre Sichtweise dann jederzeit ändern, wenn das für Sie sinnvoll ist. Das bedeutet, Sie sind frei. Diese Freiheit kann Ihnen niemand nehmen. Zweitens übernehmen Sie mit dieser Art zu denken Verantwortung. Sie hören auf, anderen die Schuld zu geben für das, was Ihnen widerfährt. Und drittens führt diese Denkweise zu Toleranz. Schließlich akzeptieren Sie, dass es Wirklichkeiten erster und zweiter Ordnung gibt. Die Auffassungen anderer Menschen sind also nicht mehr grundsätzlich falsch, wenn Sie Ihrer eigenen widersprechen, sondern einfach nur anders.

Das sind sehr hohe Ziele, die hier zu erreichen sind. Für jeden Menschen. Und gerade hier ist es wichtiger aufzubrechen als anzukommen. Sobald Sie anfangen, so zu denken, sind Sie auf einem Weg, der Ihnen viele neue Möglichkeiten aufzeigen wird. Dann wird's erst richtig spannend – und erst richtig gut.

Kapitel 3

MINDPOWER: DIE WELT AUS DEN ANGELN HEBEN

Zwischenzeitlich ist es auch in der Schulmedizin unstrittig, dass psychische Faktoren sehr hohen Einfluss darauf haben, wie schnell Patienten gesund werden. In einzelnen Fällen entscheidet der kraftvolle Einsatz von Gedanken, sprich die richtige Haltung, sogar über Leben und Tod eines Patienten – darin zeigt sich die wirkliche Kraft unserer Gedanken. Und dahinter steckt weit mehr als eine vage Hypothese: Es gibt viele Belege für ihre Wirkungsweise.

Vom Placebo zum Nocebo und wieder zurück

Der amerikanische Krebsarzt Dr. med Karl Simonton beschäftigte sich intensiv mit den Zusammenhängen zwischen den Genesungsprozessen von Krebspatienten und den Besonderheiten ihrer Gedankenwelt. Laut Simonton sind dabei drei Faktoren prägend:
- das Glaubenssystem des jeweiligen Patienten,
- das der Familie des Patienten und
- das des behandelnden Arztes.

Als Glaubenssystem möchten wir hier die Gesamtheit der Glaubenssätze definieren. Diese wiederum haben sich aus persönlichen Wertvorstellungen und Überzeugungen geformt. Angenommen, ein Patient hat den Glaubenssatz, dass sein behandelnder Arzt der beste seines Fachs ist – eine echte «Konifere» auf seinem Gebiet – wie eine Studienkollegin einmal voller Überzeugung zu mir sagte –, dann hilft allein schon dieses starke Argument, Genesungskräfte zu mobilisieren. Noch wichtiger ist allerdings das Glaubenssystem des Arztes. Nehmen wir an, der Mediziner glaubt, dass das verfügbare Medikament hundertprozentig wirkt. Nehmen wir weiter an, der Arzt ist zu der Überzeugung gelangt, das familiäre Umfeld des Patienten unterstütze dessen Genesung und der Patient könne es schaffen, die Krankheit zu besiegen. Unter diesen Voraussetzungen steigen seine Genesungschancen erheblich. Eins ergibt sich aus dem anderen: Die Haltung des Arztes wirkt sich positiv auf die Einstellung des Patienten aus. Diese wiederum stimuliert auf günstige Weise das familiäre Umfeld, was wiederum den Arzt in seinem Glaubenssystem bestärkt. Alles ist miteinander verzahnt – keiner nimmt Grenzen in diesen Momenten wahr. Eine solche Verzahnung nennt man Interdependenz.

In Kapitel 1 im Abschnitt «Von der Qual zu überlegen und selbstgemachten Hindernissen» haben wir bereits gesehen, wie solche Glaubenssysteme zu einer selbsterfüllenden Prophezeiung werden können. Jeder Gedanke vermag sich zu einer Suggestionsformel zu entwickeln – in die richtige Richtung, also auf die Gesundheit hin, oder auch in die falsche. Denn womit beschäftigen sich die drei obengenannten Gruppen mehr: mit der Genesung oder mit der Krankheit? Es ist erwiesen, dass Patienten, die über nichts als ihre Leiden sprechen, ihre Chancen aufs Gesundwerden damit reduzieren. Diejenigen, die die richtigen Gedanken visualisieren und sich selbst die richtigen Suggestionen geben, stärken nachweislich ihr Immunsystem. Das erinnert mich an einen schönen Ausspruch, der Mutter Teresa zugeschrieben wird. Sie wurde einmal gebeten, an einer Anti-Kriegs-Demonstration teilzunehmen. Sie lehnte ab, mit der Begründung: «Demonstriert nicht gegen den Krieg, sondern für den Frieden – dann nehme ich an eurer Demo auch teil.» Worauf richten Sie also Ihre Aufmerksamkeit? Dieser Fokus ist immer entscheidend für Ihr Leben und wird bald immer häufiger wirken. Beachtung schafft Verstärkung. Erinnern Sie sich an die Übung mit Ihren Augenlidern (vgl. S. 111)? In dem Moment, in dem Sie über diese Bewegung nachdenken, wird sie Ihnen bewusst und stört Sie vielleicht sogar.

Während meines Studiums in Monterey war ich einmal bei einem Arzt. Das war ein echtes Erlebnis, denn in den USA erklärt man den Patienten die Risiken einer bevorstehenden Behandlung bis ins allerletzte Detail. Man tut das, um sich gegen eventuelle Klagen der Patienten zu schützen, denn Schadensforderungen haben dort zwischenzeitlich aberwitzige Ausmaße erlangt. Ein Beispiel: Es gibt in Pebble Beach, direkt bei Monterey, ein Gesetz, das den Menschen verbietet, hohe Absätze zu tragen.

Natürlich hält sich niemand daran. Das ist letztlich auch nicht der Sinn des Gesetzes. Der besteht nur darin, sich gegen eventuelle Klagen abzusichern, denn dort bestehen die Beläge der Hauptstraßen aus Pflastersteinen. Falls jemand mit seinen hochhackigen Schuhen umknickt und sich dabei den Knöchel verletzt, macht das entsprechende Gesetz es demjenigen unmöglich, die Stadt zu verklagen. Das war nämlich in der Vergangenheit häufig passiert.

Was geschieht nun, wenn ein Arzt seinem Patienten genauestens ausmalt, was während der Behandlung so alles schiefgehen kann? Am Ende muss dieser ein Papier unterschreiben, welches besagt, dass er über alle Eventualitäten aufgeklärt wurde. Nichts spricht dagegen zu wissen, was alles eintreten kann – wenn der Arzt seine Aufklärungspflicht aber zu weit treibt, kann das furchtbare Auswirkungen haben.

Haben Sie schon mal einen Beipackzettel von einem scheinbar harmlosen Hustensaft gelesen? Da hören Sie lieber gleich auf zu husten.

Die Wirkung von Packungsbeilagen bei Medikamenten wird momentan wissenschaftlich untersucht. Prof. Dr. Winfried Rief, Leiter der AG Klinische Psychologie an der Universität Marburg, und seine Kollegen werteten hierzu 143 Studien mit fast 13 000 Patienten aus. In den Tests bekamen Patienten zwei Placebos als Antidepressiva verabreicht. Die Teilnehmer wussten, dass eines der beiden echten Medikamente mehr Nebenwirkungen hat als das andere. Das Ergebnis: Die Nebenwirkungen traten auch bei der Einnahme der Placebos genau in dem Verhältnis auf, wie es beim echten Medikament zu erwarten gewesen wäre. Zum Beispiel klagten die Testpersonen bei einem Medikament dreimal häufiger über Nebenwirkungen wie Mundtrockenheit – dabei hatten sie überhaupt keine Wirkstoffe bekommen.

Knapp 5 Prozent aller Testpersonen klagen nach Verabreichung von Placebos über die beschriebenen Nebenwirkungen. Die Zahl nimmt noch zu, sobald die Testpersonen von anderen Teilnehmern erfahren, welche Symptome durch denselben Test bei ihnen eingetreten sind. Damit sind wir bei einem extrem spannenden und noch recht unbekannten Phänomen des Denkens angelangt: dem Nocebo. Den Placeboeffekt kennen Sie alle. Die Kügelchen mit dem blauen Punkt auf Seite 22 zum Beispiel. (Sorry, liebe Tochter, aber ich denke, wenn du diese Zeilen liest, glaubst du sowieso nicht mehr an deren Wirkung. Den Weihnachtsmann gibt es übrigens auch nicht, er ist eine Erfindung von Coca-Cola. Den Nikolaus gab es dagegen schon.) Und den Noceboeffekt? Schon davon gehört?

Das Paradebeispiel aus der Noceboforschung ist der Fall des damals 26-jährigen Derek Adams. Nachdem seine Freundin mit ihm Schluss gemacht hatte, wollte er sich mit einer Überdosis eines Antidepressivums das Leben nehmen. Er schluckte 29 Tabletten und bekam sofort Todesangst. Sein Blutdruck sackte in den Keller. In der Klinik gelang es den Ärzten nicht, seinen Blutdruck zu stabilisieren, trotz Infusionen. Glücklicherweise fanden die Spezialisten heraus, dass Adams die Kapseln im Rahmen einer Medikamenten-Blindstudie erhalten hatte, wie ich sie gerade beschrieben habe. Dabei ist es üblich, zwei Gruppen zu bilden: Eine bekommt das echte Medikament, eine Kontrollgruppe lediglich wirkungslose Zuckerpillen. Die Teilnehmer wissen natürlich nicht, zu welcher Gruppe sie gehören. Deshalb spricht man von Blindstudie. Die behandelnden Ärzte sind übrigens auch nicht im Bilde, wer was bekommen hat, damit sie objektiv urteilen und unvoreingenommen handeln können. Adams gehörte zur Placebogruppe. Nachdem die Ärzte ihn informiert hatten, dass er kein echtes Medikament geschluckt hatte, verschwanden seine Beschwerden auf der Stelle. Er fühlte sich wieder gesund. Kein Wunder: Er war körperlich auch nie krank gewesen. Alles war reine Kopfsache. Diesen gegenteiligen Placeboeffekt, bei dem ein Scheinmedikament krank macht statt gesund, nennt man Nocebo (abgeleitet vom lateinischen «nocere»: «schaden»).

Der Schuss kann also genauso gut nach hinten losgehen: Glaubenssätze vermögen nicht nur zu heilen, sondern auch krank zu machen oder sogar zu töten. Und das alles nur durch die Kraft unserer Gedanken. Überzeugungen wirken sich nachweislich auf unseren Körper aus. Das haben Sie bereits gesehen, als ich Ihnen erzählte, wie durch gezielte Suggestionen der Puls einer Versuchsperson in die Höhe getrieben werden kann (vgl. S. 19 ff.). Durch solche negativen Glaubenssätze sterben Menschen, weil sie sich etwa von einem Voodoopriester verflucht fühlen. Auch gibt es hier Ärzte, die mit falschen Erklärungen oder einer ungünstigen Wortwahl Menschen in den Tod treiben können. Die Angst, die geschürt wird, wirkt zuverlässig. An der Universitätsklinik Marburg wurden im Rahmen einer Studie 130 Patienten mit Rückenschmerzen betreut. Die Mehrzahl der Patienten hörte während der Behandlung Sätze wie: «Ihre Wirbelsäule ist ein Wrack.» Oder noch besser: «Falsche Bewegungen können zu Lähmungen führen.» Mit dieser

Angst im Genick wurden die Schmerzen dann oft unerträglich und ließen erst unter richtiger psychotherapeutischer Behandlung wieder nach.

Das Wissen um diese Zusammenhänge können Sie auch bei Ihren Kindern einsetzen. Sagen Sie ihnen einfach, dass ihnen bei langen Autofahrten bestimmt schlecht werden wird, und sie beginnen schon nach kurzer Fahrt, sich zu übergeben. Prophezeien Sie in solchen Fällen nichts, haben Sie eine viel höhere Chance, mit sauberem Innenraum ans Ziel zu kommen.

Natürlich darf ein Arzt nicht lügen und keinem Patienten eine Scheinwelt aufbauen – zumal es sehr wahrscheinlich ist, dass der spürt, wenn er angelogen wird, und die Wahrheit wirklich wissen will. Die Interdependenzspirale dreht sich in dem Moment sofort nach unten, was sicher nicht erwünscht ist. Erst Empathie und viel Fingerspitzengefühl, gepaart mit medizinischem Wissen, lassen den Kranken eine reelle Chance.

Was für die krankmachende Richtung gilt, hat natürlich auch für die heilende seine Gültigkeit. Wie das aussehen kann, zeigt eine meiner Lieblingsgeschichten. Diese habe ich das erste Mal von dem herausragenden Zauberkünstler René Lavand gehört. Auch der hervorragende Zauberer Jörg Alexander erzählt sie ab und zu in seinem Abendprogramm.

Das letzte Blatt – eine Geschichte von O. Henry

«In einem kleinen Stadtteil westlich des Washington Square sind die Straßen verrückt geworden und haben sich selbst in schmale Streifen aufgespalten, die man ‹Plätze› nennt. Diese ‹Plätze› bilden merkwürdige Winkel und Kurven. Eine Straße überkreuzt sich selber ein- bis zweimal. Ein Künstler entdeckte einmal eine wertvolle Möglichkeit in dieser Straße. Angenommen, ein Kassierer mit einer Rechnung für Farben, Papier und Leinwand würde, während er durch diese Straße geht, sich selbst auf dem Rückweg begegnen, ohne auch nur einen Cent für die Rechnung bekommen zu haben!

Bald durchstreifte das Künstlervolk das seltsame Greenwich-Viertel und suchte nach Nordfenstern, nach Giebeln aus dem achtzehnten Jahrhundert, nach holländischen Mansardenzimmern und billiger Miete. Dann brachten sie noch einige Zinnkannen und ein bis zwei Kohlenbecken aus der Sixth Avenue an und wurden zur ‹Kolonie›.

Im obersten Stockwerk eines gedrungen wirkenden, dreistöckigen Backsteinhauses hatten Sue und Johnsy ihr Atelier aufgeschlagen. ‹Johnsy› bedeutete eigentlich Johanna. Diese stammte aus Maine, die andere aus Kalifornien. Sie hatten sich an der Table d'Hôte bei ‹Delmonico› in der Eighth Street getroffen und so viel Übereinstimmung in ihrem Geschmack für Kunst, Chicoréesalat und Puffärmel gefunden, dass daraus das gemeinsame Atelier entstand.

Das war im Mai gewesen. Im November schlich ein kalter, unsichtbarer Fremder, den die Ärzte Pneumonia nannten, durch die Kolonie und berührte einmal dort und einmal da einen mit seinem eisigen Finger. Drüben im Osten schritt dieser unverschämte Verwüster mit Riesenschritten aus und holte sich seine Opfer zu Hunderten, aber hier, durch den Irrgarten der engen und moosüberwachsenen ‹Plätze›, schritten seine Füße langsam.

Mr. Pneumonia gehörte nicht zu denen, die den Titel eines ritterlichen, alten Kavaliers verdienten. Jenes bisschen von kleiner Frau, deren Blut durch die warmen kalifornischen Winde dünn geworden war, stellte kaum eine richtige Jagdbeute für den rotfäustigen, kurzatmigen alten Dummkopf dar. Aber Johnsy berührte er; und sie lag fast regungslos auf der lackierten Bettstelle und blickte durch die holländischen Fensterscheiben auf die glatte Mauer des anschließenden Backsteinhauses.

Eines Tages bat der vielbeschäftigte Arzt Sue in die Diele und runzelte seine struppigen grauen Augenbrauen. ‹Ihre Chancen stehen eins zu, na, sagen wir zehn›, sagte er, während er das

Thermometer herunterschüttelte. ‹Und diese Chance liegt in ihrem Willen, am Leben zu bleiben. Die Art, wie die Leute beim Totengräber Schlange stehen, macht die ganze Arzneikunst lächerlich. Ihre kleine Dame ist sich darüber im Klaren, dass es nicht besonders mit ihr steht. Hat sie irgendetwas Besonderes, woran sie denkt?› – ‹Sie möchte einmal die Bucht von Neapel malen›, sagte Sue.

‹Malen? So ein Blödsinn. Hat sie nicht irgendwas, wobei es sich auch lohnt, öfter daran zu denken? Zum Beispiel einen Mann?› – ‹Einen Mann?›, fragte Sue, und ihre Stimme klang wie der scharfe Ton einer Maultrommel. ‹Ist ein Mann wert, dass – aber nein, Doktor; sie hat nichts dergleichen.›

‹Das ist natürlich schlecht›, sagte der Doktor. ‹Ich werde alles anwenden, was die Wissenschaft uns gibt, soweit es in meiner Macht steht. Aber sobald meine Patientin die Anzahl der Fahrzeuge bei ihrem Leichenzug zu zählen beginnt, muss ich fünfzig Prozent der Heilkraft aller Medizinen abziehen. Wenn Sie sie aber dazu bringen, dass sie nur eine Frage nach der neuen Wintermode der Mantelärmel stellt, dann verspreche ich Ihnen eine Fünfzig-zu-eins-Chance und nicht wie jetzt eine Wahrscheinlichkeit von zehn zu eins.›

Nachdem der Doktor gegangen war, stürzte Sue in den Arbeitsraum und heulte eine ganze japanische Papierserviette zu einem feuchten Brei. Dann stolzierte sie mit ihrem Zeichenbrett in Johnsys Zimmer und pfiff einen Ragtime.

Johnsy machte kaum die leiseste Bewegung unter der Bettdecke und hatte das Gesicht dem Fenster zugewandt. Sue hörte mit dem Pfeifen auf, da sie meinte, ihre Freundin schliefe. Sie rückte das Zeichenbrett zurück und begann eine Federzeichnung, die als Illustration für eine Magazingeschichte gedacht war. Junge Künstler müssen sich zur Kunst über Magazingeschichten durchschlagen, die junge Schriftsteller schreiben, um sich so ihren Weg zur Literatur zu bahnen.

Als Sue gerade für den Helden, einen Cowboy aus Idaho, elegante Reithosen und ein Monokel entwarf, hörte sie ein schwaches Geräusch, das mehrere Male wiederholt wurde. Schnell ging sie zum Bett. Johnsys Augen waren weit geöffnet. Sie blickte aus dem Fenster und zählte rückwärts. ‹Zwölf›, sagte sie und etwas später ‹elf›; und dann ‹zehn› und ‹neun›; und dann ‹acht› und ‹sieben› fast gleichzeitig.

Besorgt schaute Sue aus dem Fenster. Was gab es da zu zählen? Man sah nur einen nackten, langweiligen Hinterhof und in einer Entfernung von sechs Metern die kahle Ziegelmauer des Nachbarhauses. Eine uralte Weinranke mit knorrigen und verwelkten Wurzeln wuchs bis zur Hälfte der Wand empor. Der kalte Atem des Herbstes hatte die Blätter abgezaust, und die jetzt beinahe nackten Zweige klammerten sich an die verwitterten Ziegel.

‹Was hast du, Liebling?›, fragte Sue. ‹Sechs›, flüsterte Johnsy fast unhörbar. ‹Jetzt fallen sie rascher. Vor drei Tagen waren es fast noch hundert. Vor lauter Zählen habe ich Kopfschmerzen bekommen. Aber jetzt ist es einfach. Da, wieder ein Blatt. Jetzt bleiben nur noch fünf.›

‹Fünf was, Liebling? Sag's deiner Sudie.› – ‹Blätter. An der Weinranke. Wenn das letzte abfällt, dann muss auch ich gehen. Das weiß ich seit drei Tagen. Hat dir der Arzt denn nichts erzählt?› – ‹Oh, ich habe noch niemals so einen Blödsinn gehört›, widersprach Sue mit großartig gespieltem Zorn. ‹Was haben alte Weinblätter mit deiner Genesung zu tun? Und du hast diesen Wein immer so gern gehabt, du schlechtes Mädchen. Sei keine dumme Gans. Der Doktor hat mir heute Morgen gesagt, dass deine Chancen, bald wieder gesund zu werden – lass mich überlegen, was er genau gesagt hat –, ja, er sagte, die Chancen wären eins zu zehn. Das ist dieselbe Chance, wie wir sie in New York haben, wenn wir mit der Straßenbahn fahren oder an einem Neubau vorübergehen. Versuch, etwas von der Bouillon zu trinken, und lass Sudie ihre Zeichnung fertig machen, damit sie sie dem Redakteur verkaufen und dem kranken Kind Portwein und ihrem eigenen gefräßigen Magen Schweinefleisch mitbringen kann.›

‹Du brauchst keinen Wein mehr zu besorgen›, sagte Johnsy, und ihre Augen starrten aus dem Fenster. «Da fällt wieder eins. Nein, ich möchte keine Bouillon. Nur noch vier Blätter. Ich möchte noch sehen, wie das letzte Blatt wegweht, bevor es dunkel wird. Dann gehe ich.›

‹Johnsy, mein Liebling›, sagte Sue und beugte sich über sie, ‹versprichst du mir, deine Augen zu schließen und nicht mehr aus dem Fenster zu schauen, bis ich mit meiner Arbeit fertig bin? Ich muss diese Zeichnung morgen abliefern. Ich brauche Licht, sonst würde ich den Rollladen herunterlassen.›

‹Könntest du nicht im anderen Zimmer zeichnen?›, fragte Johnsy kühl. ‹Ich bleibe lieber bei dir›, sagte Sue. ‹Außerdem will ich nicht, dass du weiter diese blöden Weinblätter anstarrst.› – ‹Sag's mir, sobald du fertig bist›, sagte Johnsy, schloss ihre Augen und lag weiß und still wie eine umgestürzte Statue, ‹weil ich das letzte Blatt fallen sehen will. Ich bin des Wartens müde. Ich will nicht mehr denken. Ich möchte jede Bindung lösen und wegflattern, einfach hinunter, wie eins dieser armen, müden Blätter.› – ‹Versuch doch zu schlafen›, sagte Sue. ‹Ich muss noch zu dem alten Behrman gehen, um ihn zu bitten, mir für den alten, einsamen Bergarbeiter Modell zu sitzen. Ich bleib nur einen ganz kurzen Augenblick. Versuch, dich nicht zu bewegen, bis ich wiederkomme.›

Der alte Behrman war ein Maler, der ein Stockwerk unter ihnen wohnte. Er war über sechzig, hatte einen Kopf wie ein Satyr und einen Bart wie der Moses von Michelangelo, der in Locken über einen knabenhaften Körper wuchs. Behrman war ein gescheiterter Künstler. Seit vierzig Jahren hatte er den Pinsel geführt, aber es war ihm nie gelungen, auch nur den Rocksaum seiner Herrin, der Kunst, zu berühren. Er war immer drauf und dran, ein Meisterwerk zu malen, aber bis jetzt hatte er noch nicht einmal damit angefangen. Viele Jahre hindurch hatte er nichts weiter gemalt als ab und zu ein Plakat für Anzeige- oder Reklamezwecke. Er verdiente sich etwas mit Modellstehen für die jungen Künstler in der Kolonie, die ein Berufsmodell nicht bezahlen konnten. Er trank unmäßige Mengen Gin und sprach noch immer von seinem Meisterwerk. Sonst war er ein bärbeißiger, alter Mann, der jedes Zartgefühl im Menschen schrecklich verspottete und sich für einen besonderen Kettenhund hielt, der die beiden Künstlerinnen im Atelier über ihm bewachte.

Sue fand den stark nach Wacholderbeeren duftenden Behrman in seiner schwach beleuchteten Bude. In einer Ecke stand eine leere Leinwand auf einer Staffelei und wartete seit fünfundzwanzig Jahren darauf, den ersten Strich für das Meisterwerk zu empfangen. Sue erzählte ihm von Johnsys merkwürdiger Idee und dass sie fürchtete, Johnsy würde, ebenso zerbrechlich und leicht wie ein Blatt, wegwehen, wenn ihr Wille, auf dieser Welt zu leben, noch schwächer werden sollte.

Behrman, dessen rote Augen offen tränten, gab schreiend seiner Verachtung und seinem Hohn über solche idiotische Einbildung Ausdruck.

‹Was!›, schrie er. ‹Gibt es denn noch Leute auf dieser Welt, die so dumm sind zu sterben, bloß weil Blätter von einem verfluchten Wein abfallen? So etwas habe ich noch nicht gehört. Nein, ich werde nicht für Ihren blödsinnigen, einsamen Dummkopf Modell sitzen. Wie können Sie nur zulassen, dass sich so eine hirnverbrannte Albernheit bei ihr festsetzt? Ach, diese arme kleine Miss Johnsy.›

‹Sie ist sehr krank und schwach›, sagte Sue, ‹und das Fieber hat ihren Verstand geschwächt und lauter merkwürdige Vorstellungen hervorgerufen. Nun gut, Mr. Behrman, wenn Sie kein Interesse haben, mir Modell zu sitzen, dann lassen Sie es bleiben. Aber ich glaube, Sie sind ein schrecklicher alter Schwätzer.›

‹Und Sie sind eben wie alle Frauen›, schrie Behrman. ‹Wer

hat gesagt, dass ich nicht Modell sitzen will? Los! Ich komme mit. Seit einer Stunde versuche ich Ihnen zu erklären, dass ich bereit bin, Modell zu sitzen. Gott! Miss Johnsy ist viel zu schade, um an so einem Ort krank zu liegen. Eines Tages werde ich ein Meisterwerk malen, und dann werden wir hier alle wegziehen. Ach Gott, ja.› Johnsy schlief, als sie heraufkamen. Sue zog den Fensterladen ganz zu und winkte Behrman, ihr in das andere Zimmer zu folgen. Von hier aus blickten sie ängstlich auf die Weinranke. Dann sahen sie sich einen Augenblick schweigend an. Draußen fiel ein kalter Dauerregen, mit Schnee vermischt. Behrman in seinem alten, blauen Hemd setzte sich als einsamer Bergarbeiter auf einen umgestülpten Kessel, der einen Felsen darstellen sollte.

Als Sue am nächsten Morgen nach einer Stunde Schlaf aufwachte, sah sie, wie Johnsy mit trüben, weit aufgerissenen Augen auf den zugezogenen grünen Rollladen starrte.

‹Zieh auf; ich will sehen›, befahl sie flüsternd. Angstvoll gehorchte Sue ... Aber da! Trotz des peitschenden Regens und der heftigen Windstöße während einer endlos scheinenden Nacht hob sich gegen die Ziegelmauer ein einzelnes Weinblatt ab. Es war das letzte an der Weinranke. Am Stängel war es noch immer grün, aber an den gezackten Rändern sah man schon das Gelb der Auflösung und Zerstörung, und es hing tapfer weiter sechs Meter über dem Boden an einem Zweig.

‹Es ist das letzte›, sagte Johnsy. ‹Ich glaubte bestimmt, dass es während der Nacht herunterfallen würde. Ich habe den Wind gehört. Heute wird es abfallen, und in demselben Augenblick werde ich sterben.›

‹Liebling!›, sagte Sue und beugte sich gespannt über das Kissen. ‹Denk doch an mich, wenn du schon nicht an dich denken willst. Was soll ich ohne dich tun?›

Aber Johnsy gab keine Antwort. Das Einsamste auf der Welt ist eine Seele, die sich auf die geheimnisvolle weite Reise vorbereitet. Die Einbildung beherrschte sie immer stärker, während eine Bindung nach der anderen an Freunde und an die Welt sich löste.

Der Tag ging vorüber, und noch im Zwielicht konnten sie gegen die Mauer das einzelne Blatt sehen, das sich an die Ranke klammerte. Mit der Nacht kam auch der Nordwind wieder, und der Regen schlug immer noch gegen die Fenster und plätscherte aus der flachen Dachrinne.

Als es hell genug war, verlangte Johnsy unbarmherzig, dass der Rollladen wieder hochgezogen würde.

Das Weinblatt war immer noch da.

Johnsy schaute es lange Zeit schweigend an. Dann rief sie nach Sue, die ihre Hühnerbrühe auf dem Gasofen umrührte. ‹Ich bin ein dummes Mädchen gewesen›, sagte Johnsy. ‹Irgendetwas hat dieses Blatt dort festgehalten, um mir zu zeigen, wie schlecht ich war. Es ist eine Sünde, sterben zu wollen. Du kannst mir jetzt etwas Brühe bringen und Milch mit etwas Portwein – nein, bring mir zuerst einen Handspiegel und pack einige Kissen hinter meinen Rücken, damit ich dir beim Kochen zuschauen kann.›

Eine Stunde später sagte sie: ‹Sudie, ich hoffe, eines Tages doch noch die Bucht von Neapel malen zu können.›

Am Nachmittag kam der Arzt, und Sue fand einen Vorwand, um mit ihm allein auf dem Korridor sprechen zu können. ‹Es steht eins zu eins›, sagte der Arzt und ergriff Sues dünne, zitternde Hand. ‹Mit guter Pflege werden Sie gewinnen. Doch jetzt muss ich noch nach einem Patienten einen Stock tiefer schauen. Behrman ist sein Name – ich glaube, irgend so ein Künstler. Auch Lungenentzündung. Er ist ein alter, schwacher Mann, und der Anfall ist akut. Für ihn besteht keine Hoffnung; aber er wird heute ins Krankenhaus gebracht, um es bequemer zu haben.›

Am nächsten Tag sagte der Doktor zu Sue: ‹Sie ist außer Gefahr; Sie haben gewonnen. Gute Ernährung und Pflege – das ist alles.›

An diesem Nachmittag setzte sich Sue an das Bett zu Johnsy, die zufrieden an einem sehr blauen und sehr nutzlosen Schal strickte, und umarmte sie mitsamt den Kissen.

‹Ich muss dir etwas sagen, meine blasse Maus›, sagte sie. ‹Mr. Behrman ist heute im Krankenhaus an einer Lungenentzündung gestorben. Er war nur zwei Tage krank. Der Hausmeister hat ihn am ersten Tage in seinem Zimmer hilflos vor Schmerzen vorgefunden. Seine Schuhe und Kleider waren völlig durchnässt und eiskalt. Sie konnten sich nicht vorstellen, wo er in einer solch schrecklichen Nacht gewesen sein konnte. Dann fanden sie eine Laterne, die noch brannte, eine Leiter, die er benützt hatte, einige herumliegende Pinsel, eine Palette, auf der grüne und gelbe Farben gemischt waren und – Liebling, schau aus dem Fenster auf das letzte Weinblatt an der Mauer. Hast du dich nicht gewundert, dass es nie flatterte oder sich im Wind bewegte? Oh, Liebling, das ist Behrmans Meisterwerk – er hat es in jener Nacht gemalt, als das letzte Blatt abfiel.›»

Vom richtigen Denken

Mittlerweile hat der Begriff «positives Denken» bei vielen Menschen einen negativen Beigeschmack. Das liegt meines Erachtens daran, dass diese Formel überstrapaziert wurde. Etliche Vertreter der Trainings- und Selbsthilfeindustrie behaupten, so könne man einfach und schnell sein Seelenheil sicher erreichen. Egal, ob jemand reich werden will oder abnehmen möchte – völlig egal. Alles ist für jeden machbar. Werfen wir doch mal einen Blick auf die Realität und die persönlichen Schicksale der vermeintlichen Genies: Sehr viele der selbsternannten Heilsverkünder sind pleite, können wegen schwerer Krankheit nicht mehr auftreten oder sind sogar darüber depressiv geworden. Ist das nicht seltsam?

Ich denke, an ein so wichtiges Thema wie die Neuausrichtung des Denkens sollte man mit sehr viel Respekt und Verantwortungsbewusstsein herangehen. Es reicht halt nicht aus zu sagen: «Denk positiv, und alles wird schon wieder gut.» Und überhaupt: Wohin möchten denn die meisten Menschen dadurch gelangen? Letzten Endes ist der kleinste gemeinsame Nenner meist derselbe Wunsch: das Glücklichsein. Egal, ob wir uns ein neues Auto aussuchen, vom perfekten Partner oder dem großen Haus träumen – wir wollen zuverlässig ein Stückchen vom Glückskuchen auf unserem Teller sehen. Nach dem Motto: «Wenn ich erst in meiner Villa wohne, werde ich endlich eins mit mir sein.» Für diejenigen, die ihr Glück an solche Bedingungen knüpfen, habe ich eine schlechte Nachricht: Forschungen haben gezeigt, dass wir langfristig nicht froh werden, wenn wir nur erfolgreich sind, sondern dass es genau umgekehrt ist: Wir werden erfolgreich, sofern wir glücklich sind! Dann denken wir erst günstig über die Welt. Glückliche Menschen haben ein stärkeres Immunsystem, können altruistisch handeln, und sie akzeptieren sich selbst und andere. Daraus resultiert, dass sie in besseren Beziehungen leben, im Beruf vorankommen und letzten Endes ein erfüllteres Leben leben. Der Grund dafür liegt also nie in Äußerlichkeiten. Die Fähigkeit zum Glücklichsein ist eine Kraft, die von innen kommt. Denn: Alle Macht kommt von innen.

Leider zäumen viele das Pferd von hinten auf: Wenn ich endlich Geld habe, bin ich zufrieden, dann werde ich glücklich. Immer wieder tun sie das. «Sie tun unablässig immer mehr des Falschen», so sagt Paul Watzlawick. Vielleicht ist es einfacher, ein gutes Leben zu führen, wenn man genügend Geld hat – die Sache ist nur, dass ein glücklicher Mensch Wege finden wird, ausreichend viel zu verdienen, wogegen einem unglücklichen Menschen auch Reichtum nicht helfen kann. Diesen Zusammenhang hat der Wissenschaftler Philip Brickman von der Northwestern University untersucht. Das Ziel seiner Studie bestand darin, herauszufinden, wie sehr Materielles das Glücksempfinden der Menschen beeinflusst. Für seine Forschungsarbeit traf der Wissenschaftler Menschen, die einen größeren

Geldbetrag gewonnen hatten. Aus dem Telefonbuch suchte er darüber hinaus weitere Probanden nach dem Zufallsprinzip aus. Jetzt wurden alle – Lottogewinner und Nichtlottogewinner – gebeten, ihr Glücksbefinden in einem bestimmten Moment zu bewerten. Zusätzlich sollten beide Gruppen einschätzen, wie glücklich sie in Zukunft wohl sein würden. Darüber hinaus sollten sie angeben, wie sich kleine Freuden des Alltags – ein Gespräch mit Freunden, ein guter Witz oder ein Kompliment – auf ihr persönliches Glücksempfinden auswirken.

Das Ergebnis der Studie war klar: Die Lottogewinner waren nicht glücklicher, aber auch nicht unglücklicher als die sonstigen Teilnehmer. Auch die persönliche Zukunft wurde ähnlich eingestuft. Das heißt: Sobald wir unsere Alltagsbedürfnisse befriedigen können, bedeutet Materielles weniger. Kurzfristig geben uns der neue Anzug oder das tolle Auto vielleicht einen Kick, dennoch wirken sich die Güter langfristig nicht auf unser Glücksempfinden aus. Wir gewöhnen uns schnell an unsere neuen Lebensumstände und denken uns nichts Besonderes mehr dabei, einen schicken Wagen zu fahren. Zugegeben – es kommt auch auf den Wagen an. Ich kenne Menschen, die freuen sich auch nach Jahren noch jedes Mal, wenn sie den Schlüssel umdrehen. Beschäftigen wir uns jetzt mit den Faktoren, die dazu beitragen, dass wir langfristig zufrieden werden. Diese Strategie allein führt übrigens erfahrungsgemäß zu mehr Geld. Sollte das Ihr Ziel sein, sie bekommen es immer noch obendrauf.

Richard Wiseman schreibt in seinem Buch «59 Seconds», dass 50 Prozent unserer Fähigkeit, glücklich zu sein, genetisch angelegt sind. Der deutsche Titel des Buchs lautet übrigens «60 Sekunden» – offensichtlich sind wir Deutschen eine Sekunde später glücklich als unsere Freunde auf der Insel. 50 Prozent genetisch manifestiert ... Die gute Nachricht ist, dass weitere 10 Prozent unseres Glücksvolumens von unseren Lebensumständen beeinflusst werden: Bildung, Einkommen, Familienstand usw. Aber das Beste kommt noch: Die restlichen 40 Prozent werden von unserem Verhalten und unseren Gedanken geprägt. Denken Sie also täglich an die Legosteinchen, aus denen Sie Ihr neues Gebäude konstruieren wollen. Wie wir über uns selbst und über andere reflektieren, beeinflusst zu 40 Prozent unser Glück. Es geht also offensichtlich nicht darum, immer positiv zu denken, sondern *richtig* zu denken. Es bringt nichts, in Motivationsseminaren eine buntgemischte Menschenmenge komplett mit perfekt inszenierten Suggestionen aufzupumpen und sie hochmotiviert aus dem Seminar zu entlassen, wenn die Basis und die Zielrichtung fehlen. Ein Freund erzählte mir, dass viele Teilnehmer einige Wochen nach einem perfekt inszenierten Motivationsseminar einen Psychologen aufsuchen. Ich kann mir gut vorstellen, warum diese Einschätzung zutrifft. Sie kommen mit Power zu ihrer Arbeit zurück und merken sehr schnell, dass sie durch reine Motivation überhaupt nichts in ihrem Umfeld ändern können. Denn: Motivation ohne entsprechende Kompetenz ist gefährlich. Stellen Sie sich vor: Ein Mensch, der noch nie auf Skiern gestanden hat, wird in den besten Anzug gesteckt, den es gibt. Er bekommt die besten Skier, Stöcke und einen wunderschönen Helm. Jetzt motiviert man diesen ahnungslosen Anfänger nach allen Regeln der Kunst. Er startet mit vor Stolz geschwellter Brust und fährt in Schussfahrt eine schwarze Piste hinunter. Wie lange, denken Sie, wird es dauern, bis er stürzt? Ich darf niemanden veranlassen, etwas zu tun, was ihm gefährlich werden kann. Genau das passiert aber bei manchen Trainings. Um beim Beispiel zu bleiben: Die Skifahrer können aus einem Coaching etwas mitnehmen, die anderen wissen mitunter noch weniger als vorher, was sie tun.

Am Anfang steht das Abholen. Das beherrschen viele der Gurus perfekt. Die Zuhörer werden durch Licht und Musik bereits vor Beginn der Veranstaltung auf ihren Plätzen emotional gepusht. Eine perfekt eingesetzte und präsentierte Sprache versetzt sie in Trance. Ohne es zu merken, sind sie innerhalb kürzester Zeit offen für die Suggestionen des Redners.

Dieses Vorgehen beherrscht in Perfektion ein sehr bekannter Trainer, den ich einmal gesehen habe. Er trat damals in einer großen Halle auf. Nachdem er lange auf die Masse eingeredet und rhetorisch perfekt nahezu jeden Teilnehmer in einen euphorischen Rauschzustand versetzt hatte, kündigte er eine Pause an.

«Wir sind heute sehr viele hier, daher ist es mir leider nicht möglich, gezielt auf jeden Einzelnen von Ihnen einzugehen. Glücklicherweise sind in meinem Wochenendseminar noch ein paar Plätze frei. Dort kann ich mich jedem persönlich widmen. Die Teilnehmerzahl ist begrenzt. Sie können sich an diesem Tisch anmelden. Stellen Sie sich bitte hier an, so entsteht kein Gedränge.»

Seine Strategie und Redekunst waren genial: Der Redner konnte Bilder in den Köpfen der Zuhörer entstehen lassen. Den Run auf die letzten freien Plätze hatten die Zuschauer bereits vor Augen, als sie noch auf ihren Stühlen saßen. Und: Vor der Pause wies er immer wieder darauf hin, dass man als eigenverantwortlicher Mensch am besten in sich selbst investiere. Er verließ von allen umjubelt die Bühne. Die Pause wurde dann von stakkatoartigen Rhythmen eingeleitet. Sofort stürmten etliche an den Tisch, an dem man sich anmelden konnte. Die Plätze schienen also wirklich schnell knapp zu werden. Später erfuhr ich, dass die ersten Personen der Schlange Mitarbeiter des Motivationstrainers waren. Auch eine Art, seine Seminare vollzukriegen...

Motivation ohne Kompetenz ist gefährlich. Der Imperativ «positiv denken» ist ohne Ziel inhaltslos. Durch Kalendersprüche, Lebenshilfekabarett und versteckte Suggestionen wird niemand wirklich unterstützt. Der Psychotherapeut Günter Scheich hat ein Buch mit dem Titel «Positives Denken macht krank» verfasst. Anhand zahlreicher Beispiele zeigt Scheich, dass pauschale Heilsversprechen zu selten für die, die daran glauben, zu einem besseren Leben führen. Sehr oft tritt das Gegenteil des gewünschten Effekts ein. Der Autor hatte Hunderte Briefe von verzweifelten Angehörigen bekommen: Eltern fanden keinen Zugang mehr zu ihren Kindern, Angestellte – hysterisch vor Erfolgssehnsucht – wurden von falschen Versprechen, was ihre Leistungsfähigkeit angeht, so sehr fehlgelenkt, dass sie Hals über Kopf ihre Arbeitsstelle kündigten und bald als Selbständige pleitegingen, weil sie nicht gut genug geplant hatten. Natürlich: Es gibt genug Menschen, die Halt suchen. Aber man sollte ihnen den richtigen bieten. Karl Lagerfeld formulierte es in einer Talkshow sehr treffend: «Alle wären gern cool, reich und schön, es gibt aber halt auch Menschen, die sind uncool, arm und hässlich.» Ich weiß nicht mehr, ob das der genaue Wortlaut war, aber seine Aussage lautete so oder so ähnlich. Stellen Sie sich Karl Lagerfeld vor, wie er diese Worte spricht, dann wissen Sie genau, was ich meine! Danach ergänzte der Modeschöpfer einen sehr wichtigen Satz: «Das ist auch völlig in Ordnung so!» Ich kenne viele Menschen mit anderen Zielen als Erfolg, Schönheit und Coolness. Was ist denn überhaupt schön und was nicht? Was ist cool und uncool?

Der innere Dialog – Tyrann oder Kraftquelle?
Kennen Sie auch diese leise innere Stimme, die unablässig zu uns spricht? Wenn Sie diese Zeilen lesen, sind Sie vielleicht zu abgelenkt, um Ihr eigenes inneres Zwiegespräch wahrzunehmen. Wenn Sie aber das Buch zur Seite legen, kehrt Ihre Aufmerksamkeit immer wieder zum inneren Zwiegespräch zurück. Auch Kinder kennen diesen inneren Dialog: Allein im Zimmer externalisieren sie das innere Zwiegespräch und sprechen mit sich selbst. Wenn wir älter werden, internalisieren wir diesen Dialog. Und wenn wir noch älter werden, beginnen wir vielleicht sogar wieder, den inneren Dialog zu externalisieren. «Den einzigen Tyrannen dieser Welt, den ich wirklich

anerkenne, ist meine leise innere Stimme ...», so fasste es der weise Mahatma Gandhi zusammen.

Dieser Dialog läuft immer ab – ob wir ihn beachten oder nicht. Allein im Auto, das Radio ist aus, und – schwups – übernimmt der innere Dialog. Wenn wir einschlafen wollen, aber es nicht gleich können, schon ist er wieder präsent. Auch wenn wir schlafen, läuft er weiter. Und wenn wir träumen, dann erst recht. Nicht wir denken – ES denkt. Gedanken kommen, wenn *sie* es wollen, nicht wenn *wir* es wollen. «Denken Sie nicht an einen blauen Elefanten – bitte jetzt!»

Wie wir wissen, sind die Quellen des positiven und negativen Denkens im Gehirn in unterschiedlichen Arealen untergebracht. Im linken Frontallappen des Gehirns, seitlich über dem linken Auge, befindet sich das Zentrum für positive Emotionen, Gedanken und Gefühle. Auf der Gegenseite, im rechten Frontallappen, sitzt die Quelle der negativen Emotionen, Gedanken und Gefühle. Darum wird dieses rechte Areal in medizinischen Kreisen auch als «Jammerlappen» bezeichnet. Durch eine funktionelle Magnetresonanztomographie (fMRT), ein spezielles bildgebendes Verfahren, können wir genau messen, wie groß die Areale beim einzelnen Menschen sind. Das ist nämlich individuell höchst unterschiedlich. Während man sich innerlich also nacheinander mit negativen und positiven Gedanken beschäftigt, kann man bei diesem Verfahren ganz genau nachmessen, wie groß die entsprechenden Areale sind.

Wer sich in der Vergangenheit viel mit positiven Dingen beschäftigt hat, viele freundliche und heitere Gedanken hatte, dessen linkes Hirnzentrum wird durch diese wiederholten positiven Impulse gewachsen sein. Das Ausdifferenzieren spezieller Hirnareale durch wiederholte Reize ist in der Medizin unter dem Fachbegriff «Plastizität des Gehirns» bekannt. Das Gehirn passt sich immer genau an das an, was wir häufig tun. Ganz typisch ist das, wenn jemand Blindenschrift lernt.

Schon nach wenigen Tagen, in denen man mit den Fingern die Buchstaben der 1825 von Louis Braille erfundenen Schrift einstudiert, wächst anatomisch nachweisbar das entsprechende Zentrum im Gehirn. Dies ist in diesem Beispiel ein ganz spezielles Zentrum, das die sensiblen Fingerkuppen repräsentiert und das durch die neue Herausforderung an seiner Aufgabe wächst.

Das Gleiche passiert durch die Qualität unserer Gedanken. Viele freundliche positive Gedanken und Gefühle lassen den linken Frontallappen ausdifferenzieren, negative lassen den rechten wachsen. Das jeweils größere Zentrum speist den inneren Dialog. Wer sich in der Vergangenheit also häufig mit den positiven Seiten des Lebens beschäftigt hat, dessen größeres positives Zentrum beeinflusst dann hauptsächlich den inneren Dialog. Häufige negative Gedanken und Gefühle in der Vergangenheit dagegen bewirken, dass das nun größere negative Zentrum den inneren Dialog beherrscht.

Durch die funktionelle Magnetresonanztomographie könnte man also ganz genau messen, welches Zentrum bei uns persönlich das größere ist. Doch das braucht man gar nicht. So ein fMRT wartet bereits ganz kostenlos in Ihrem Schlafzimmer aus Sie. Achten Sie einfach mal kurz vor dem Einschlafen auf die Qualität Ihrer Gedanken. Sind die vornehmlich positiv oder negativ?

Wenn Sie häufig vor dem Einschlafen unter der Bettdecke liegen und innerlich jubilieren und jauchzen, dann ist sicherlich das linke positive Zentrum größer und speist dann den inneren Dialog. Wenn Sie aber häufig unter der Bettdecke liegen und innerlich richten mit Gott und der Welt, dann ist das negative Zentrum das größere und ausschlaggebendere.

Bei den meisten Menschen ist leider das negative Zentrum größer als das positive. Zu viele negative Nachrichten prasseln ungefiltert auf uns herein. Das beginnt schon morgens beim Lesen einer Zeitung. Neun von zehn Nachrichten sind negativ.

Wenn man dann im Auto unterwegs ist und Radio hört, werden diese negativen Nachrichten zu jeder vollen und halben Stunde wieder frisch aufgebrüht. Abends im Fernseher sieht man dann all das nochmals in Farbe, was man schon morgens schwarzweiß in der Zeitung gelesen hat. Wem das noch nicht reicht, der liest jede Woche zusätzlich den *Spiegel*. Nach jeder Ausgabe hasst man wieder sieben Menschen mehr, die man vorher gar nicht kannte. Wenn man so über Wochen, Monate oder sogar Jahre hinweg lebt, dann kann das nicht ohne Folgen für unser Seelenheil bleiben. Oder wie die Computerfreaks sagen würden: Wer seinen Rechner tagtäglich mit vielen negativen Bits füttert, der darf sich nicht wundern, wenn dann im täglichen Leben nichts Positives dabei herauskommt.

Die Gemeinheit dabei ist: Der Dialog läuft ja nicht nur dann, wenn man zufällig hinhört. In jeder Minute beeinflusst uns das innere Zwiegespräch – besonders hinterhältig dann, wenn wir am Schreibtisch sitzen und unsere Entscheidungen fällen. Da haben wir immer einen kleinen Mann im Ohr, der entweder von links oder rechts zu uns spricht. Vom linken Zentrum kommen eher die Anfeuerungsrufe nach dem Motto: «Ja toll, weiter so, das schaffst du!» Von einem größeren rechten Zentrum gehen eher Sätze aus wie: «Pass auf, das geht schief, das wird nicht klappen!» – «Why not?» oder «Yes but», «Warum nicht?» oder «Ja, aber», welcher Fraktion gehören Sie an? Viele Menschen «jabern», finden immer ein Haar in der Suppe und wissen vorher schon genau, warum etwas nicht klappen wird.

Genau das aber kann man ändern. Darum heißt es ja Plastizität. Man kann die Hirnareale umformen. Voraussetzung ist, dass man das Problem erkennt und künftig auf seine positive Gedankenhygiene achtet. Wer das Negative ausblendet, sich also zukünftig entweder die Zeitung *oder* die Radionachrichten *oder* die Fernsehnachrichten zu Gemüte führt und sich zwischendurch aktiv mit den richtigen Dingen beschäftigt, wird nach und nach seine Hirnzentren umprogrammieren.

Das negative Zentrum wird schrumpfen, das positive wachsen. Jeden Tag wird der innere Dialog ein kleines bisschen positiver.

Besonders schnell und effektiv kann man die Zentren durch die Meditation verändern. Das größte positive Hirnzentrum, das jemals gemessen wurde, fand man bei einem tibetanischen Mönch. Gute 10 000 Stunden hatte er sich positive Gedanken, Ereignisse und Glücksgefühle vorgestellt. Das ist eine ganz wichtige Erkenntnis. Sie brauchen die glücklichen Gefühle und Ereignisse nämlich gar nicht aktiv zu durchleben. Allein die Vorstellung von Glück erzeugt Glück. Anders ausgedrückt: Allein die Vorstellung führt zu einer körperlichen Reaktion. Denken Sie zum Beispiel an eine schöne quietschgelbe Zitrone. Schneiden Sie die Zitrone gedanklich in vier Teile. Nehmen Sie nun so ein Zitronenviertel in den Mund, beißen Sie kräftig hinein und saugen Sie gedanklich die Zitrone aus. Viele Menschen werden nun merken, dass die Speicheldrüsen vermehrt Speichel produzieren. Die Zitrone ist gar nicht da, sie existiert nur in Ihren Gedanken, und trotzdem folgt eine körperlich spürbare Reaktion. Das Gleiche passiert, wenn Sie sich ein Glücksgefühl oder Erfolgserlebnis erneut möglichst plastisch und naturgetreu vorstellen. Sofort werden auf der positiven Gefühlsseite des Gehirns neue Verknüpfungen geschaffen, die Dendriten (Fortsätze an den Nervenzellen zur Aufnahme und Weiterleitung von Informationen) sprießen, das entsprechende Hirnareal wächst. Was die ganze Zeit aus Versehen auf der negativen Seite geklappt hat, kann man ganz bewusst nun auf der positiven Seite steuern. Die Meditation hilft dabei.

Im Gegensatz zu den westlichen Entspannungstechniken verfolgt die Meditation ein noch höheres Ziel. Zusätzlich zu den heilsamen Wirkungen der westlichen Entspannung, die sich hauptsächlich auf den Körper konzentrieren, wird bei der Meditation auch der Geist gefordert. Der Begriff Meditation kommt aus dem Lateinischen (meditatio = «Ausrichtung zur Mitte», «sich vertiefen»). Sie liegt zwischen aktivem Denken und passivem Dösen. Man konzentriert sich auf das Halten und Sammeln eines Gedankens, ohne dass sich der innere Dialog an möglichen Assoziationen entlanghangelt.

Auch das Blut zeigt bei der Entspannung ganz typische Veränderungen. Unter Stress neigen wir dazu, einzelne Muskelgruppen vermehrt anzuspannen. Das führt zu einer erhöhten Produktion von Milchsäure, dem Lactat. Ganz besonders gern spannen wir unter Stress unsere Nacken- und Schultermuskeln an – und genießen umso mehr die wohltuende Nackenmassage, wenn wir nach einem anstrengenden Tag nach Hause kommen. Über 40 Prozent der Kopfschmerzen sind reine Spannungskopfschmerzen – also auf stressbedingte Verspannungen zurückzuführen.

In den angespannten Muskelgruppen produziert der Körper Lactat, genau wie ein Sportler, der sich überanstrengt. Diese Übersäuerung macht kurzfristig müde und langfristig krank. Viele Krankheiten können nämlich nur in einem übersäuerten Körpermilieu entstehen. Weiterhin konnte in psychologischen Tests nachgewiesen werden, dass Lactatinfusionen ohne körperliche Bewegung bei den Probanden Angst erzeugen. Umgekehrt sinkt mit dem Lactatspiegel im Blut das Angstniveau in der Psyche. Daher die positive Wirkung von Meditation: Bei allen effektiven Entspannungsübungen konnte man ein Absinken des Lactatspiegels im Blut messen.

Auch die Produktion der Nebennierenhormone Cortisol und Adrenalin wird durch die Entspannung positiv beeinflusst. Unter Stress steigt die Zahl dieser Hormone an. Adrenalin wird besonders bei starkem Kurzzeitstress ausgeschüttet. Wenn man beispielsweise aus voller Fahrt einen Autounfall haarscharf verhindern konnte, mit voller Kraft in die Eisen getreten ist und das Auto einen Zentimeter vor dem Hindernis zum Stehen gebracht hat – dann kommt das Adrenalin. Die

Knie werden weich, die Haut blass, das Herz schlägt spürbar bis zum Halse, und der kalte Angstschweiß tritt auf die Stirn – das sind die typischen Auswirkungen des Adrenalins.

Das Cortisol dagegen ist ein vergleichsweise träger Vertreter der Stresshormone. Es steigt eher langfristig an und wirkt sich in erhöhter Konzentration besonders gefährlich auf Körper und Geist aus. Es ist das stärkste abbauende Hormon und unterdrückt die Produktion der aufbauenden Hormone, denn Gas geben und bremsen gleichzeitig geht nicht. Dem versuchen viele Menschen künstlich entgegenzuwirken. Aus dem Sport kennen wir die anabolen Hormone, allen voran das Testosteron. Diese Stoffe wirken aber nicht nur auf den Körper aufbauend. Auch auf unsere Stimmungslage entwickeln diese mentalen «Rückenwindhormone» eine beflügelnde Wirkung. Bei hohen Hormonspiegeln verfügen wir über die begehrte Und-das-schaff-ich-auch-noch-Mentalität, bei tiefen Spiegeln herrscht eher die Wie-soll-ich-denn-das-noch-schaffen?-Stimmungslage. Die gefühlte Arbeitsbelastung steigt bei hoher Anzahl des Stresshormons Cortisol. Durch psychologische Tests konnte nachgewiesen werden, dass die Stresshormone durch Entspannungsübungen um 25 Prozent gesenkt werden können.

Insgesamt gibt es unüberschaubar viele Meditationstechniken, wobei einige schon seit Tausenden von Jahren überliefert werden. Bereits in den Upanishaden circa 500 vor Christus, den Schriften der indischen Gelehrten, werden diese Methoden beschrieben. Upanishaden bedeutet etwa «sich zu Füßen des Lehrers niedersetzen», wobei die Lehre vom Meister an den Schüler weitergegeben wird.

Eines haben alle Techniken gemeinsam: Immer gibt es ein Element der Wiederholung. Im Osten benutzt man ein sogenanntes Mantra, das man während der Meditation immer wieder unablässig innerlich vor sich hin spricht und sich so von seinem inneren Dialog ablenkt. Bei der (kostenpflichtigen)

Lehre der transzendentalen Meditation werden diese Mantras in einem feierlichen Akt verkauft. Beispiele für diese östlichen Mantras sind Wörter beziehungsweise Silben wie: Om – Aum – So-Ham – Om mani padme hum – Ham – Yam – Ram – Vam – Lam – Gum – Krim – Shrim – Aim. Wichtig ist immer, dass diese Wörter möglichst keinen Sinn ergeben, an dem sich dann der innere Dialog wieder aufhängen könnte. Wenn Sie sich zum Beispiel innerlich immer wieder das Wort «Steuererklärung, Steuererklärung, Steuererklärung» vorbeten, werden sich Ihre Hirnwellen mit Sicherheit nicht wie erwünscht beruhigen und sich der innere Frieden nicht einstellen.

Aber auch der Westen kennt Meditationstechniken, die das Element der Wiederholung aufweisen. Beim Rosenkranz beispielsweise werden so oft das Avemaria und das Vaterunser wiederholt, dass sich die einzelnen Wörter zu sinnlosen Worthülsen verschleifen. Auch der monotone Gesang der gregorianischen Choräle führt zu einer messbaren Beruhigung der Hirnwellen.

Wenn wir im normalen Tagesgeschäft unterwegs sind, «taktet» das Gehirn im Betarhythmus (14–30 Hertz). Hierbei ist die Aufmerksamkeit nach außen gerichtet. Die elektrischen Entladungen des Gehirns kann man wie die elektrischen Entladungen bei der Herztätigkeit messen. Hierbei handelt es sich um eine spezielle Hintergrundaktivität des Gehirns, die unsere Wachheit widerspiegelt, aber nichts über die Qualität unserer Gedanken verrät. So wie das Klappern einer Schreibmaschine zwar auf eine Aktivität hindeutet, dabei aber doch nichts über die Qualität des dabei entstehenden Textes aussagt. So auch im Gehirn: Wenn die Schreibmaschine schneller klappert, wird mehr geschrieben. Das Gehirn ist dann aktiver und die Aufmerksamkeit meist nach außen gerichtet. Wenn die elektrischen Hirnentladungen also im Frequenzbereich von 14–30 Hertz liegen, spiegeln sie einen Wachheitszustand bei geistiger Tätigkeit wider. Wenn man Ihr Oberstübchen während der geistigen Arbeit am Schreibtisch besucht, sollte man an Ihrem Gehirn tunlichst dieses Frequenzmuster ableiten können – andernfalls wäre Ihr Chef nicht begeistert von Ihnen. Dieses Frequenzband wird auch mit den Buchstaben ZDF charakterisiert: Zahlen, Daten, Fakten – der Fokus liegt zielgerichtet auf der Außenwelt.

Durch die Meditation wechselt das Gehirn in den Alpharhythmus (8–13 Hertz). Dies ist ein entspannter Wachzustand, bei dem die Augen geschlossen, der Geist aber nach innen gerichtet und trotzdem hellwach ist. Bei noch tieferer Entspannung wechseln wir in den Thetarhythmus (4–7 Hertz), der jedoch ausschließlich im Schlaf eintritt.

Durch äußere Reize kann man diese Hirnwellen beeinflussen. Grelle Lichtblitze, hohe innere Anspannung und Stress beschleunigen die Hirnwellen. Eine reizarme Umgebung und Entspannung dagegen verlangsamen sie. Vielleicht haben Sie das auch schon einmal erlebt: Sie fahren auf der Autobahn bei entspannten 180 Kilometern pro Stunde auf der rechten Spur und sehen aus dem Augenwinkel – ohne wirklich darauf zu achten – die monotone Wiederholung des weißen unterbrochenen Mittelstreifens: und weiß – und weiß – und weiß – und weiß. Manchmal passiert es, dass uns diese monotone Wiederholung einlullt, die Hirnwellen verlangsamen sich in Richtung Alpharhythmus. Und plötzlich «wachen» wir auf und wissen gar nicht, wie lange wir in diesem nicht mehr ganz wachen Zustand gewesen sind. Denn im Alpharhythmus verliert die Dimension der Zeit ihre Bedeutung. Diese Phase hat nichts mit Sekundenschlaf am Steuer zu tun, bei dem man wirklich einnickt. Dieser Schlaf ist natürlich höchst gefährlich. Im Alpharhythmus dagegen kehrt die Aufmerksamkeit schnell zurück, wenn zum Beispiel ein Lastwagen ausschert und die Monotonie der Mittellinie unterbricht. Trotzdem sollte man im Straßenverkehr natürlich nur mit höchster Konzentration unterwegs sein.

STOPPEN SIE DEN INNEREN DIALOG

Wenn wir eine monotone Wiederholung in unseren inneren Dialog einfädeln beziehungsweise den inneren Sinn-Dialog durch einen Unsinn-Dialog ersetzen, verlangsamen sich wie oben beschrieben die Hirnwellen. Die innere Schreibmaschine klappert langsamer und langsamer. Bei normalem Bewusstsein haben Sie immer Rückmeldung über Ihren Körper im Raum. Im Alphazustand aber ist der Körper so entspannt wie der eines satten Säuglings und gibt kaum noch Rückmeldungen – genauso wie während der Tiefschlafphasen in der Nacht.

Ganz praktisch lautet die Gebrauchsanweisung zur Erlangung des Alphazustands:

- Setz dich hin!
- Schließe die Augen!
- Wiederhole eine sinnlose Worthülse (Mantra)!
- Weise störende Gedanken ab!

Das klappt zuerst natürlich nur wenige Sekunden, und schon versucht der innere Dialog wieder, das Zwiegespräch zu entfalten. Dann folgen wir erneut der Anweisung Nummer vier, weisen die störenden Gedanken freundlich ab und zentrieren unser Bewusstsein auf das sinnleere Mantra.

Manche Menschen denken nun: Das ist ja wie in einer Sekte. Mantra-Meditation – irgendein indischer Yogi steckt dahinter und will mir das Geld aus der Tasche ziehen. Seien Sie beruhigt: Es handelt sich um eine Technik, die sich seit Jahrtausenden bewährt hat. Auch die christliche Religion kennt das Element der Wiederholung, wie es der heilige Ignatius von Loyola (1491–1556) in seinen Exerzitien beschrieben hat. Und Papst Pius XI. ging sogar so weit, dass er die Exerzitien rühmte als «den weisesten und umfassendsten Schlüssel der Gesetze des Heiles und der Vervollkommnung der Seelen, ein wunderbares Werkzeug für das Heil der Seelen von unvergleichlicher

Wirkkraft», und zwar in der Enzyklika «Mens nostra» von 1929.

Den Zustand der Entspannung über das Element der Wiederholung kann man aber nicht nur in Ruhe und im Liegen oder Sitzen erlangen. Auch in der Bewegung kann man das Muster der Hirnwellen beeinflussen. Die afrikanischen Massaikrieger haben das Element der Wiederholung bei ihren monotonen Luftsprüngen. Immer wieder springen sie auf der Stelle in die Höhe, bis der Geist in Trance ist. Dr. Herbert Benson von der Harvard Medical School lehrt die Meditation sogar beim Laufen. Bei jedem Schritt sagt der Jogger innerlich: and left – and left – and left ... und entspannt so seinen Geist.

Zu Beginn fällt es den meisten Menschen aber deutlich leichter, im Sitzen diesen Entspannungszustand herbeizuführen. Erfreulich ist, dass dieser immer schneller einsetzt, je öfter man es übt. Später muss man sich das entspannte Gefühl nur vorstellen, und schon erreicht man diesen Alphazustand. Wenn man dann so entspannt ist wie ein satter Säugling, kann man die Murmelübung auslaufen lassen und sich gedanklich an die schönsten Entspannungsorte versetzen. Sie liegen zum Beispiel auf den Malediven im Liegestuhl, die Sonne brennt Ihnen auf den Pelz, Sie hören das Rauschen des Meeres und wie sich in der Ferne die Wellen am Atoll brechen. Dieser Zustand ist Entspannung pur, gleichzeitig werden im Glückszentrum des Gehirns die Nervenzellen dazu angeregt, neue glückliche Vernetzungen sprießen zu lassen. Das allein ist schon Gold wert, aber nun geht es erst richtig los. Genau in diesem Zustand – der innere Dialog ist gestoppt – steht die Tür zu Ihrem Unterbewusstsein sperrangelweit offen. In diesem Zustand programmieren sich die Leistungssportler auf Sieg. Ihnen wird das so auch gelingen.

Zauberwort «Unvoreingenommenheit»

Sie sollten genau wissen, welches Ihre wirklichen Ziele sind! Sobald Sie sich darüber im Klaren sind, was Sie wirklich wollen, können Sie Ihre Gedanken und Ihre Energie in die richtige Bahn lenken. Versuchen Sie positives Denken, dann beginnen Sie unweigerlich zu bewerten. Ab dem Moment sind Sie in Ihren Gedanken nicht mehr frei. Sie unterwerfen sich womöglich dem Zwang, das Gute zu sehen. Automatisch wendet sich das Blatt: Negative Gedanken bestimmen Sie. Sie können unmöglich positiv denken, ohne sich darüber bewusst zu sein, dass es das Gegenteil davon auch gibt. Irgendwann kommt durch die mentale Hintertür der Gedanke: «Denk nicht negativ.» Aber genau das ist ab diesem Moment unmöglich. Ständig attackieren negative Gedanken die positiven. Das ist nun mal so.

Ein Ausweg: Nehmen Sie eine neutrale Grundhaltung ein. Es ist, wie es ist, und erst die eigenen Gedanken machen eine Sache gut oder schlecht. Die Welt ist das, wofür Sie sie halten. Statt der schlichten Formel «positiv denken» scheint mir folgende Strategie sinnvoller zu sein: Sie sollten sich Ihrer Ziele bewusst werden und eine offene Grundhaltung einnehmen, sodass diese Ziele auch erreicht werden können. Sehen Sie den Unterschied? Offen zu sein heißt nicht gleich, positiv zu denken. Optimistisch denken ist nicht gleich positiv denken. Dieses kleine Detail macht einen entscheidenden Unterschied. Damit kommen wir zum nächsten Punkt, der für das Erreichen Ihrer Ziele wichtig ist: der Macht eines Plans.

Masterplan für Ziele

In der letzten Phase meines Studiums ging ich mit einigen Kommilitonen nach Stunden harter Arbeit oft noch in unser Lieblingsbistro, um etwas zu trinken. Die Regel war: Der Besuch durfte nie länger als eine Stunde dauern. Wir hielten uns fast immer daran. Eines Abends haben wir über unsere Zukunftspläne nach dem bestandenen Abschluss geredet. In der Clique waren nicht nur angehende Übersetzer. Genau genommen war ich sogar der einzige, die anderen waren Juristen, Betriebs- und Volkswirte und Musiker. Wir beschlossen, unsere Zukunftsvisionen auf einen Zettel zu schreiben. Jeder sollte notieren, wo er in sieben Jahren leben, was für einen Beruf er ausüben würde und was er bis dahin erreicht haben will. Nur ein Einziger hat nicht mitgemacht. Er fand die Idee dümmlich. Nachdem jeder seine Träume festgehalten hatte, trafen wir folgende Abmachung: Der Zettel wurde noch am selben Abend in ein Kuvert gesteckt, das versiegelt und erst sieben Jahre später wieder von uns geöffnet werden sollte. Der Jurist unter uns behielt es bis dahin zur Verwahrung.

Diese Zeit ist mittlerweile schon lange vorbei. Erst vor kurzem trafen wir uns mit sehr wenigen Ausnahmen in der alten Konstellation wieder – und der Jurist hatte den Umschlag tatsächlich dabei. (Ich hatte die Sache schon längst vergessen.) Das Erstaunliche: Alle, die ihre Ziele auf dem Zettel notiert hatten, hatten sie auch erreicht – obwohl auch gewagte Vorstellungen dabei gewesen waren. Ich hatte zum Beispiel notiert, dass ich gern mit einer Abendshow durch Deutschland touren würde, Bücher schreiben möchte und gern regelmäßig im Fernsehen zu sehen sein will. Ein anderer Freund hatte festgehalten, dass er in New York leben und als Kulturmanager arbeiten möchte. Er wohnt schon seit Jahren in Manhattan und organisiert klassische Konzerte für die New York Philharmonics, nachdem er lange am Lincoln Center gearbeitet hatte! Die einzige Person aus dem Kreis, die ihre Ziele nicht erreicht hatte, war unser Freund, der bei dem kleinen Spiel damals nicht mitgemacht hatte. Offensichtlich steckt hinter einer aufgeschriebenen Idee mehr Kraft als hinter einem nur dahergesagten Wunsch. Genau dieser Tatsache bin ich weiter auf den Grund gegangen. Dabei habe ich zahlreiche Studien entdeckt, die meine These bestätigen.

Bevor allerdings die richtige Planung zum Erreichen der

eigenen Ziele beginnen kann, muss ein erster grundlegender Schritt erfolgen: Sie müssen ganz genau wissen, worin Ihre Ziele wirklich bestehen. Was macht Sie glücklich? Wie wir bereits gesehen haben, ist Reichtum kein wahres Ziel. Schlagen Sie sich den also aus dem Kopf. Weiterhin ist es unsinnig, sein Glück an eine Bedingung zu knüpfen – nach dem Motto: Falls ich mir XY leisten kann, werde ich glücklich sein. Es ist eher genau umgekehrt: Führen Sie ein glückliches Leben, kommt alles fast von allein zu Ihnen. Um herauszufinden, was für einen persönlich wirklich wichtig ist, gibt es eine tolle Strategie.

ZIELE FÜRS LEBEN

Notieren Sie auf einem weißen Blatt Papier, was Sie alles tun würden, wenn Sie im Lotto gewonnen hätten. Stellen Sie sich vor, Sie seien finanziell unabhängig. Was würden Sie *langfristig* (!) mit Ihrer Zeit anfangen? Die Beantwortung dieser Frage zeigt Ihnen, was Ihnen wirklich wichtig ist in Ihrem Leben.

Würden Sie wirklich als Erstes Ihren Arbeitsvertrag kündigen? Auch nach zweimaligem Nachdenken? Wenn das so ist, dann sollten Sie überlegen, was Sie stattdessen machen würden. Die meisten Menschen, die ich kenne, würden vielleicht nicht mehr so viel schuften wollen, aber der Beruf bliebe. Was täten Sie sonst? Langfristig! Sie würden wahrscheinlich auch nicht Ihr Leben lang die Welt bereisen wollen. Falls doch, dann ist dieser Wunsch bei weitem nicht so unrealistisch, wie er scheint. Eine gute Studienfreundin von mir aus Monterey macht genau das: mit ihrem Mann die ganze Erde bereisen. Über ihre Erlebnisse bloggen die beiden und schreiben Reportagen für diverse Magazine. Das Paar gehört zu den ausgeglichensten und glücklichsten Menschen, die ich kenne. Schauen Sie mal auf die Internetseite http://www.uncorneredmarket.com, und Sie werden sehen, was ich meine.

Denken Sie bitte auch daran, dass es nicht darum geht, Ihr ganzes Leben in einer Woche komplett umzukrempeln. Die Menschen überschätzen meistens maßlos, was man in einem Jahr erreichen kann, und unterschätzen, was man in sieben Jahren schaffen kann. Veränderungen brauchen Zeit. Michelangelo hat auch lange nur auf den Marmorklotz geschaut, bis er mit der eigentlichen Arbeit begann. Allerdings heißt das nicht, dass Sie nicht sofort anfangen sollten, kleine Schritte zu gehen. Ihr neues Leben beginnt genau in diesem Moment. Handeln können Sie genau jetzt, denn: Jetzt ist der Augenblick der Macht. Also: Notieren Sie sich auf einem weißen Blatt, was Sie täten, wenn Sie finanziell unabhängig wären. Folgende Bereiche sollten Sie dabei abdecken:

- Was täten Sie beruflich?
- Welche Hobbys übten Sie aus?
- Wie sähe die familiäre Situation aus, in der Sie leben möchten? Mit welchen Menschen verbrächten Sie gern viel Zeit?
- Was täten Sie für Ihr körperliches Wohlbefinden und Ihre Gesundheit?

Diese vier Bereiche sind alle gleich wichtig. Nimmt einer von ihnen langfristig überhand, dann kippt das ganze Modell. Wenn beispielsweise ein Manager nur noch arbeitet und sein Familienleben dabei vor die Hunde geht, dann ist er zwar beruflich voll bei der Sache, aber letztlich unglücklich. Schließlich kommt die Burn-out-Phase, und das Kartenhaus stürzt ein. Mentaler Totalschaden.

Wenn dagegen ein Mensch nur seinen Hobbys nachgeht, er dabei aber seinen Beruf vernachlässigt, dann führt das zu Unzufriedenheit bei der Arbeit – oder im schlimmsten Fall zur beruflichen Pleite. Dann folgen Geldsorgen und überschatten alle anderen Bereiche. Sie können die Schräubchen an diesem Modell drehen, wie Sie wollen: Sobald das Gleichgewicht ins

Wanken gerät, kippt das Ganze. Beim Notieren sollten Sie sich außerdem auf Ihre Stärken konzentrieren.

Fällt es Ihnen schwer, Ihre Träume aufzuschreiben, habe ich einen Tipp für Sie von Stephen R. Covey, einem amerikanischen Berater, Redner und Autor:

Visualisieren Sie Ihre eigene Beerdigung. Makaber, oder? Und effektiv. Was sollen Ihre Mitmenschen über Sie sagen? Welcher Vater oder welche Mutter wollen Sie sein, welcher Ehepartner? Mit welchen Worten sollen sich Ihre Freunde von Ihnen verabschieden? Was sollen Ihre Arbeitskollegen über Sie sagen? Woran soll man sich von Ihnen erinnern? Genau diese Visualisierung hat mir persönlich vor knapp 17 Jahren gezeigt, was ich wirklich will. Es ist eine seltsame Erfahrung – und eine sehr lehrreiche. Das, was Sie dort in Ihren Gedanken sehen, hören und fühlen, kommt – wenn Sie die Visualisierung so gemacht haben, wie sie in Kapitel 2 beschrieben wurde – direkt aus Ihrem Unterbewusstsein. Und Ihr Unterbewusstsein weiß, was Ihnen wirklich wichtig ist. Hören Sie auf Ihre Gedanken und werten Sie (noch) nicht. Diese Übung ist übrigens auch ein schönes Beispiel für Reframing (vgl. S. 166 ff.): Noch weiter können Sie den zeitlichen Rahmen kaum spannen...

Falls Sie darin geübt sind, können Sie den Rahmen setzen, wie Sie wollen: Visualisieren Sie Ihren nächsten Hochzeitstag oder Ihre Rente – was sollen die betroffenen Personen in Ihrer Visualisierung zu Ihnen sagen? Haben Sie dieses Wissen aus Ihrem Unterbewusstsein hervorgeholt, können Sie die richtigen Schritte einleiten, um Ihre Visualisierung zu realisieren. Haben Sie bei Ihrer Zielsetzung bereits von Anfang an das Ende im Sinn, so verheddern Sie sich nicht in Einzelheiten. Covey sagt dazu: «Alles wird zweimal geschaffen» – einmal in Gedanken, die auf Papier festgehalten werden, und dann in der Realität. Genau wie ein Architekt ein Haus zunächst in Plänen konzipiert und erst danach das Haus bauen lässt. Gedanken sind der Ursprung von allem – Sie erinnern sich?

Nehmen Sie sich Zeit und Ruhe für diese Übung. Das Ergebnis der Gedanken ist Ihr Masterplan. Ihm wird sich alles andere unterordnen. Sind Sie mit der ersten Version nicht zufrieden, ändern Sie den Text so lange, bis er Ihnen hundertprozentig zusagt. Sie müssen sich mit diesen Zielen und Werten unbedingt identifizieren. Auf dem Blatt werden Ihre eigenen Werte verbalisiert, Ihre ganz persönliche Vision. Es ist möglich, dass allein diese eine Übung Sie bereits stark verändert. Sie lassen sich ab sofort von Kleinigkeiten, wenn überhaupt, nur noch wenig ärgern. Da alle Macht von innen kommt, führt diese Autosuggestion unter Umständen zu sehr starken Verschiebungen. Jetzt kennen Sie Ihre wirklichen Ziele, was Beruf, Hobby, Familie, Freunde und Gesundheit angeht. Nun können Sie den zweiten Schritt gehen: Treten Sie in die Planungsphase über.

Welche Regeln stecken hinter einer erfolgreichen Planung? Vor einigen Jahren führte der englische Wissenschaftler Richard Wiseman eine Studie zu genau dieser Frage durch. Über 5000 Menschen nahmen daran teil. Die Ziele der einzelnen Testpersonen waren weit gefächert: der Erwerb neuer Fähigkeiten, abnehmen, den richtigen Partner kennenlernen, aufhören zu rauchen, umweltbewusster leben – um nur einige zu nennen. Wiseman unterteilte die Probanden in zwei Gruppen. Die eine wurde ein halbes Jahr lang begleitet, die andere ein ganzes. Alle Teilnehmer waren anfangs motiviert und überzeugt, ihre Ziele erreichen zu können. Das Ergebnis der Studie: Nur zehn Prozent der Probanden haben das auch tatsächlich geschafft. Diese haben folgende Methoden angewandt:
- einen schrittweisen Plan aufgestellt,
- anderen von ihren Zielen erzählt,
- darüber nachgedacht, was sich positiv verändert, wenn das Ziel erreicht wird,
- sich bei Erreichen der Teilziele belohnt,
- den Fortschritt (zum Beispiel in einem Tagebuch) festgehalten.

Unwirksame Techniken waren:
- sich ein Vorbild zu suchen und diesem Vorbild nachzueifern,
- zu visualisieren, was passiert, wenn das Ziel *nicht* erreicht wird,
- negative Gedanken zu verdrängen,
- sich auf die eigene Willenskraft zu verlassen.

Diese letzten Punkte hatten überhaupt keine Auswirkung auf den Erfolg. Mit diesen Überlegungen trennt sich also die Spreu vom Weizen. Um an dieser Stelle keine falschen Gedanken aufkommen zu lassen: Auch bei den unwirksamen Techniken taucht das Visualisieren auf. Bedeutet das nun, dass Visualisieren doch nicht klappt? Nun, wenn ich davon ausginge, dann hätte ich dieser Methode nicht so viel Platz in diesem Buch eingeräumt. Sie funktioniert und ist wertvoll, *wenn sie richtig angewandt wird.*

Hier ein Beispiel, in dem Visualisierung durch falsche Anwendung negative Auswirkungen hat: Lien Pham und Shelley Taylor haben sich mit dieser Form der Visualisierung in einer Studie beschäftigt. Sie baten hierfür Studenten, sich vorzustellen, wie sie eine Klausur mit guten Noten bestehen würden. Sie sollten visualisieren, wie toll sie sich fühlten, wenn sie die Prüfung bestünden. Eine Kontrollgruppe wurde gebeten, sich einfach nur gut vorzubereiten und nicht zu visualisieren. Das Ergebnis: Die visualisierenden Studenten waren erheblich fauler als die anderen und haben schlechtere Noten bekommen. Sie fühlten sich während der Vorbereitung besser – aber das hat ihnen langfristig nicht geholfen. Da die Wirksamkeit das Maß der Wahrheit ist, bleibt festzuhalten, dass diese Form der Visualisierung sich bei den meisten Menschen nicht bewährt hat. Wiseman beschreibt eine weitere Studie von Gabriele Oettingen und Thomas Wadden. Teilnehmer waren übergewichtige Frauen, deren Ziel darin bestand abzunehmen. Sie wurden gebeten zu visualisieren, wie sie fettes Essen oder Süßes ablehnten, wenn es ihnen angeboten werden würde. Die Kontrollgruppe hat diese Methode nicht angewandt. Nach einem Jahr hatten die Frauen ohne Visualisierung durchschnittlich zwölf Kilogramm mehr abgenommen.

Die Studien zeigen, dass diese Form der Visualisierung in verschiedenen Bereichen überhaupt keine Auswirkung auf das Endergebnis hat. Wenn die Methode auf diese Weise angewandt wird, dann führt sie offensichtlich dazu, dass die Teilnehmer sich weniger anstrengen und sich in eine Scheinwelt flüchten, sobald es Schwierigkeiten gibt. So haben sich zum Beispiel auch laut einer anderen Studie Uni-Absolventen seltener zu Vorstellungsgesprächen beworben, weniger Stellen angeboten bekommen und sehr viel weniger als ihre Mitbewerber verdient.

Noch einmal also die Frage: Heißt das nun, dass die Technik nicht funktioniert? Nein! Es bedeutet nur, dass sie nicht richtig benutzt wurde. Die Visualisierung soll Ihren Gedanken die richtige Richtung geben und Sie zum Handeln bringen. Ziel einer perfekt angewandten Visualisierung ist es, Sie zu motivieren. Es ist Unfug, sich ruhig in eine Ecke zu setzen, sich seine Traumwelt in Gedanken zu erschaffen und dann genauso weiterzumachen wie bisher. Sehr viele Menschen tun genau das und wundern sich dann, dass sich nichts verändert. Dabei ist es an sich ganz einfach: Wenn ich einem gewissen Ziel mit meiner bisherigen Strategie nicht näher gekommen bin, dann mache ich halt in Zukunft etwas anderes, um mein Ziel zu erreichen.

Es geht darum, dass Sie sich durch die Visualisierung darüber klar werden, was Sie wirklich wollen. Wenn Sie das wissen, machen Sie einen Plan und befolgen die fünf Punkte der zehn Prozent, die ihre Ziele erreicht haben. Ich selbst habe meinen Plan nach folgenden Kriterien aufgestellt:

- *Wortwahl:* Ich habe notiert, was ich erreichen will – und nicht, wovon ich *weg* will oder was ich *nicht* erreichen will.

Diese Ziele habe ich ohne Füllwörter notiert. «Es wäre schön, wenn, vielleicht, eigentlich ...» – solche Begriffe gehören nicht in einen Plan.
- *Zeit:* Alle Ziele werden im Präsens notiert. So haben Ihre Gedanken mehr Power. Ein Beispiel: Ich befinde mich sieben Jahre in der Zukunft. Ich lebe in einer glücklichen Beziehung und habe drei Kinder. Ich verdiene meinen Lebensunterhalt mit Vorträgen usw.

Übrigens frische ich diese Pläne jedes Jahr wieder auf. Meine Frau und ich haben schon seit 15 Jahren jährlich dasselbe Ritual: Jeder nimmt sich an den Weihnachtsfeiertagen eine Stunde Zeit. Der andere entlastet ihn in diesem Moment, kümmert sich zum Beispiel um die Kinder, geht ans Telefon und lässt den anderen ungestört.

Wir notieren – jeder für sich auf ein eigenes Blatt –, was uns im vergangenen Jahr besonders viel Freude gemacht hat und wofür wir dankbar sind. Weiterhin schreiben wir unsere Wünsche für das kommende Jahr auf. Diese Notizen sind sehr persönlich. Deshalb bekommt sie auch keiner zu lesen, und sie werden sofort in einen Umschlag gesteckt. Sobald wir beide unsere Gedanken und Ziele eingetütet haben, treffen wir uns vor unserem Kamin und verbrennen die Zettel. Das Aufschreiben sorgt dafür, dass wir uns unserer Gedanken bewusster werden, sie konkret verbalisieren und visualisieren. Wenn das einmal geschehen ist, brauchen wir die Papiere nicht mehr. Das klappt wunderbar.

Die zwei Gesichter der Susan Boyle

Eines meiner Lieblingsvideos auf YouTube ist ein Ausschnitt aus der englischen Talentshow «Britain's Got Talent». In dem Video sieht man, wie Susan Boyle, eine dickliche und scheinbar farblose Frau, einem Millionenpublikum vorgeführt werden soll. Sie hat graue Haare und eine Frisur, die an einen alten Pudel erinnert. Sie trägt ein goldenes Kleid, das aussieht, als hätte die fast 48-Jährige es bereits zu ihrem dreißigsten Geburtstag getragen. Das zynische Publikum grinst freudig: Gleich sehen wir wieder, wie eine richtig baden geht. Susan Boyle wird unverhohlen ausgelacht. Die Jury besteht aus Piers Morgan – dem ehemaligen Chefredakteur des britischen Magazins *Daily Mirror* –, Simon Cowell, dem Erfinder der Sendung, und Amanda Holden, einer attraktiven Schauspielerin. Die drei schauen sich wortlos an, und man muss kein Experte in Sachen Körpersprache sein, um ihre Gedanken zu lesen: «Was will denn die hier?» Augenrollen, Schnaufen mit dicken Backen. Als Boyle nach ihrem Vorbild gefragt wird, nennt sie die sehr bekannte Musicalsängerin Elaine Page und wird vom Publikum für diese Antwort ausgelacht.

Welches Lied sie denn singen wolle. Ihre Antwort: «I Dreamed a Dream» aus dem Musical «Les Misérables». Die Antwort der Jury: große Augen, Kopfschütteln, Grinsen – es ist offensichtlich ein schwieriges Stück, an dem die Dame sich gleich überheben wird. Die Musik beginnt, und die Jury lacht – nach ein paar Takten beginnt Boyle zu singen, und die Jury weint. Die Stimmung im Publikum schlägt vollständig um: Die Zuschauer reißt es vor Begeisterung von ihren Sitzen. Alle spüren, dass unter der scheinbar farblosen Hülle jede Menge Schönheit steckt. Die Euphorie überträgt sich sogar auf den Betrachter, wenn man sich das Video nur in dem kleinen YouTube-Fenster ansieht. Hier hat eine unscheinbare Frau alle überrascht. Ein Mensch, der nicht dem momentanen Schönheitsideal entspricht, hat eine unglaubliche Stimme und kann den Menschen damit etwas geben. Diese wenigen Minuten sind für mich ein extrem motivierendes Kabinettstückchen. Wenn mal alles schiefläuft, schaue ich mir dieses Video an, und schon geht es mir wieder besser – dabei finde ich Musicals abscheulich ... Offensichtlich geht es vielen Menschen wie mir, denn das Video wurde weltweit millionenfach angeklickt.

Die Reaktion der Jury: «*the* biggest surprise» – «biggest wake-up call ever» («*die* Überraschung überhaupt» – «ein Auftritt, der wachrüttelt wie nichts anderes»).

Dabei hätten gerade die Jurymitglieder erkennen müssen, dass unter der scheinbar unansehnlichen Hülle viel mehr steckt. Ein genauer Beobachter sieht sofort, dass Susan Boyle locker und zügig die Bühne betritt. Sie weiß, wie man sich dort bewegen muss und sich präsentiert – das sieht man, wenn man es sehen will: keine Bewegung zu viel beim Gehen und kein nervöses Rumhampeln beim Stehen. Die Dame zögert nicht. Sie spricht laut, ohne zu schreien, sie verspricht sich nicht, artikuliert klar und mit deutlicher Stimme. Auch wenn sie nicht unserem Schönheitsideal entspricht, zeigt sie doch viel Präsenz. Es ist erstaunlich, dass diese klaren Signale der Jury – die ja aus Kennern der Showbranche besteht – entgangen sind. Nur deshalb konnte der folgende Auftritt derart überraschen und einschlagen wie eine Bombe.

Hätte die Jury sich von den völlig unwesentlichen Äußerlichkeiten nicht ablenken lassen, neutral und unvoreingenommen den Auftritt abgewartet, wäre sie nicht so überrascht worden. Die Mitglieder aber waren von Vorurteilen geblendet und übersahen daher alle eindeutigen Signale von Boyles Bühnenpräsenz. Mit dieser Geschichte möchte ich eine der zentralen Methoden zur Gedankenfreiheit verständlich machen: die Technik der Unvoreingenommenheit.

Alle Beispiele und Experimente, die ich im Kapitel «Unsere Gedanken sind nicht frei» (vgl. S. 15 ff.) beschrieben habe, funktionieren ab dem Moment nicht mehr, in dem wir etwas unvoreingenommen betrachten. Sobald uns das gelingt, hören wir auf zu werten. Ab diesem Zeitpunkt akzeptieren wir, dass wir nicht alles wissen, und können die Dinge hinnehmen, wie sie sind – ohne sie unbedingt immer und überall hundertprozentig verstehen zu müssen. Unvoreingenommenheit und Neutralität sind zentrale Methoden, das zu erreichen. Begriffspaare wie positiv – negativ, schön – hässlich, gut – schlecht verlieren plötzlich an Bedeutung. Aus diesem Grund ist es auch unsinnig, positiv zu denken, denn damit schließen Sie die Existenz des Gegenteils automatisch mit ein. Und nicht negativ zu denken funktioniert genauso wenig wie die Aufforderung im Titel dieses Buchs. Eine optimistische Einstellung zu haben ist etwas ganz anderes. Abgesehen davon hängen die obengenannten Begriffspaare sowieso immer vom Auge des Betrachters ab: Die Welt ist das, wofür Sie sie halten. Ist es Ihnen nicht schon passiert, dass im Nachhinein etwas, das Sie anfangs als negativ bewertet haben, plötzlich auch gute Seiten hatte? Es geht mal wieder ums Vergleichen. Es geht nicht um schön oder hässlich, richtig und falsch ..., sondern eher um schöner und hässlicher, besser und schlechter. Wir bestimmen die Messlatte und den Rahmen. Schön und hässlich im Vergleich zu was?

Hier schließt sich ein Kreis, den ich im Kapitel zum Thema Entscheidungen begann (vgl. S. 39 ff.): Man muss lernen, die Dinge zu akzeptieren. Oder wie der Guru zu Helge Timmerberg gesagt hat: «Ich akzeptiere die Dinge, wie sie sind. Und wenn ich merke, dass ich die Dinge nicht so akzeptieren kann, wie sie sind, dann akzeptiere ich eben das.» Nehmen Sie sich vor, alles und jeden ohne Bedingung anzunehmen. Das bedeutet nicht, dass Sie nicht Ihre Interessen vertreten oder nicht einschreiten sollten, wenn Ihnen das sinnvoll erscheint. Darum geht es nicht. Es ist wichtig, die Dinge als das zu sehen, was sie sind (wenn das überhaupt möglich ist) – und nicht als das, was unsere Gedanken daraus machen. Ab dann können Sie angemessen reagieren. Ab dann beginnt ein großartiger Prozess: Sie werden lockerer, entspannter und stärker. Meine Kinder würden sagen: «Sie werden cool.»

Durch diese Ausstrahlung werden Sie anders von anderen wahrgenommen, und plötzlich geht alles leichter von der Hand. Erinnern Sie sich an die selbsterfüllenden Prophezeiungen? Plötzlich erledigen sich die Probleme wie von selbst.

Sie akzeptieren und respektieren den anderen und werden dadurch ebenso respektiert. Sie reagieren, ohne zu werten. Die Kampfkunstlegende Bruce Lee wurde einmal nach seiner Technik gefragt. Seine Antwort: «Meine Technik ist die Technik des Gegners.» Ohne nachzudenken, gleicht er sich seinem Gegner an und ist dadurch nicht zu schlagen. Das kann man freilich nur erreichen, wenn man alle Methoden meisterhaft beherrscht. Sie zu erlernen nimmt auf jeden Fall Zeit in Anspruch, die Belohnung ist die Investition aber wert. Was ich hier schreibe, ist schon seltsam, das gebe ich zu: Sie können Gedankenfreiheit dadurch erlangen, dass Sie gerade *nicht* mehr denken. Unvoreingenommen betrachtet ist dieser scheinbare Gegensatz allerdings logisch und verständlich.

Hier ist klar der Weg das Ziel – oder, wie Zsa Zsa Gabor es ausgedrückt hat: «Kriegen ist wichtiger als haben.» Sie brauchen (wieder einmal) Zeit. Es ist allerdings schon sehr hilfreich, sich an diese Methode immer wieder zu erinnern, wenn Sie sich selbst dabei ertappen zu werten. Mit Übung kommt dann der Moment, in dem der Knoten platzt. Die Unvoreingenommenheit geht Ihnen in Fleisch und Blut über. Ab dem Moment, ab dem wir nicht mehr denken, werden wir überhaupt erst richtig gut, oder glauben Sie, dass Anne-Sophie Mutter noch nachdenkt, wenn sie ein Stück auf der Violine spielt? Die Musik kommt durch viel Übung einfach so. Würde sie denken, wären die Stücke mechanisch gespielt, ohne Feeling und seelenlos.

Alles läuft einfach rund, die Finger finden von allein ihren Weg, man geht im Tun so sehr auf, dass man die Zeit vergisst. Diesen Zustand nennt man «Flow». Der Name geht auf den amerikanischen Psychologen mit dem typisch amerikanischen Namen Mihaly Csikszentmihalyi zurück. Flow ist das perfekte Zusammentreffen von Konzentration, Fertigkeit, Motivation und Umgebung. Im Flow denken Sie nie – sobald Sie denken, sind Sie wieder raus. Die Tätigkeit braucht Ihre volle Konzentration – Sie sind nicht *über*fordert und nicht *unter*fordert, sondern im perfekten Verhältnis zwischen beiden Extremen *gefordert*. Diese Momente sind Augenblicke reinen Glücks – mit der Voraussetzung, dass Sie *nicht* denken. Alles gelingt ohne Mühe, Handlung und Bewusstsein verschmelzen.

Erinnern Sie sich an das Beispiel Ihrer ersten Fahrstunde aus Kapitel 1 (vgl. S. 113)? Denken hindert uns in diesen Fällen daran, gut zu sein. Im falschen Moment zu viel zu überlegen kann tragische Folgen haben.

In Wettkämpfen können Sie die Tatsache, dass Gedanken uns an Höchstleistungen hindern können, für sich nutzen. Mein Vater beispielsweise ist begeisterter Golfspieler. Es läuft für ihn am besten, wenn alles einfach so funktioniert – im Flow. Wenn nun ein Gegner besonders gut spielt, dann sagt er einfach: «Unglaublich, dein Schwung, wie machst du das denn genau?» Damit ist der Gegner mental schachmatt. Statt unbewusst und ohne Denken zu spielen, wandert die Technik plötzlich auf die Ebene des Bewusstseins. Der Gegner beginnt, über seinen Schlag nachzudenken, und schlägt automatisch nicht mehr so gut wie vorher.

Dass Nichtdenken weiter führen kann, als ständig allem und jedem einen Sinn zu geben, beweist ein Test, der sowohl mit Männern als auch Frauen durchgeführt wurde. Bei dieser Studie mussten abstrakte Gegenstände innerhalb einer bestimmten Zeit gedanklich gedreht werden. Bei diesem Versuch waren Männer eindeutig den Frauen überlegen. Hirnforscher entdeckten, warum das so ist. Frauen fragen sich bei jedem abstrakten Gegenstand: «Was könnte das wohl sein?» Sie suchen nach einer Bedeutung, wo es keine gibt. Sie geben ihre Neutralität auf und beginnen zu denken. Dieser Vorgang braucht Zeit. Männer machen das nicht. Sie schauen sich den Gegenstand an und drehen ihn einfach – ohne darüber zu reflektieren. Frauen sind bei diesem Test also nur deshalb nicht so schnell, weil sie zu viel denken. Liebe Leserinnen, bitte haben Sie manchmal

Nachsicht mit uns Männern – wie gerade wissenschaftlich bewiesen wurde, hat es auch Vorteile, dass wir manchmal weniger denken.

Das neurolinguistische Programmieren unterscheidet vier Stufen von Kompetenz:
- *Unbewusste Inkompetenz:* Wir machen etwas nicht richtig, sind uns dessen aber auch nicht bewusst.
- *Bewusste Inkompetenz:* Wir machen etwas nicht richtig und wissen das auch. Wir wissen aber noch nicht, wie wir es richtig machen können.
- *Bewusste Kompetenz:* Wir haben gelernt, wie etwas gemacht wird, und wir achten darauf, dass wir keine Fehler machen.
- *Unbewusste Kompetenz:* Wir tun etwas einfach, ohne dabei noch nachdenken zu müssen. Beim Gitarrespielen sausen die Finger über das Griffbrett. Die Finger wissen einfach, wo sie hinmüssen. Bei dieser Stufe machen wir automatisch alles richtig.

Die vierte Stufe ist die, bei der uns die Tätigkeiten am leichtesten von der Hand gehen. Nur hier kommen wir in den Flow. Diesen Zustand beschreibt Heinrich von Kleist wunderbar in «Über das Marionettentheater». Wir denken nicht mehr, wir tun es einfach. Wir sind nicht überfordert und nicht unterfordert. Dieser Zustand berauscht uns. Unsere Gedanken lärmen nicht. Es gibt ausschließlich Konzentration auf das Wesentliche und die erforderliche Bewegung. Sonst nichts. Alle störenden Gedanken sind ausgeblendet. Dieser Zustand ist Absicht jeder Meditation und auch der Atemübungen aus Kapitel 2. Das Ziel besteht darin, die zufälligen Gedanken, den Müll, das endlos Kreisende zu beenden. Wir tun bei der unbewussten Kompetenz immer noch alles mit vollem Bewusstsein. Aber Bewusstsein ist nicht gleich Denken. Aufmerksamkeit bedeutet nicht, dass wir überlegen. Zu viel denken führt ins Nichts – erinnern

Sie sich an das Gefangenendilemma? Wenn man denkt und denkt und denkt, wird man verrückt. Dann ist man nicht mehr Herr, sondern Sklave seiner Gedanken. Das ist das genaue Gegenteil von Gedankenfreiheit. Einem neutralen Menschen passiert das nicht. Wenn wir die Dinge akzeptieren, wie sie sind, dann sind wir frei.

Übertriff dich selbst

Endlich ist es vollbracht – nach sechs Stunden Autofahrt von München nach Niedernberg sitze ich im Hotelzimmer und bin noch immer begeistert. Die Fahrt selbst war viel zu lang, normalerweise braucht man gerade mal die Hälfte der Zeit für die Strecke. Wer plant auch schon ein Tagesseminar am ersten Ferienwochenende ...? Dennoch war die Fahrt eine echte Übung. Ein weiteres Mal konnte ich selbst ausprobieren, was ich meinen Seminarteilnehmern immer vortrage: «Auch wenn die anderen Autofahrer noch so doof sind: Immer ruhig bleiben. Sei neutral, es ist, wie es ist.» Ich habe mich also entspannt und die schönen Häuser und Seen betrachtet, die mir auf schnellen Autobahnfahrten sonst entgehen. Nachdem ich dann im fünften Stau doch beinahe an meine selbstgemachten Grenzen gestoßen wäre, hat sich allerdings etwas ereignet, das meine Stimmung sofort gehoben hat: Die «Kings of Convenience»-CD war zu Ende, und ich habe das Radio eingeschaltet. Das mache ich nur, wenn ich wirklich verzweifelt bin, denn die deutschen Radiosender sind nicht wirklich mein Fall. Ich fuhr einmal mit meinem Schwiegervater im Auto von Hamburg nach München. Wir ließen auf der Fahrt den ganzen Tag das Radio dudeln. Ob Sie es glauben oder nicht: Während der zehnstündigen Fahrt haben wir vielleicht zwölf verschiedene Lieder gehört. Über die ganze Republik laufen auf jeder Radiostation exakt dieselben Titel. Überall hört man den besten Mix der Achtziger, das Beste der Neunziger und die Megahits von heute – kaum auszuhalten, wenn man da wirklich zuhört.

Sorry, liebe Radioleute, ich bin wirklich gern bei euch zu Gast, aber das ändert nichts daran, dass ihr alle dasselbe spielt...

Aus diesem Grund habe ich in meinem Speicher den Sender Bayern 2 programmiert. Da laufen oft gute Beiträge. Auf der Fahrt von München nach Niedernberg war diesbezüglich offenbar ein Glückstag. Es lief eine Sendung zum Thema «Experten». Die Autoren unterschieden selbsternannte Experten in mehrere Kategorien: Klugscheißer, Besserwisser und die allerschlimmste Sorte: Sachbuchautoren! Diese seien die postmodernen Oberlehrer schlechthin. Alles, was sich – wie auch immer – als Problem auffassen ließe, würde zwischen zwei Buchdeckel gepackt. Fürsorge von außen bis zum Exzess. Ratschläge bis zum Knock-out. Das saß natürlich. Dennoch muss ich den Radioredakteuren zugestehen, dass sie mit dieser Behauptung nicht ganz unrecht haben.

Es trifft zu, dass derzeit sehr vielen Menschen suggeriert wird, es gäbe für jedes persönliche Problem, für jede Herausforderung einen Außenstehenden, der genau das für sie lösen könnte: Habe ich Schwierigkeiten mit meinen Kindern, kommt die Super Nanny und regelt das für mich. Führe ich mein Restaurant nicht richtig, kommt Rach, der Restauranttester, und alles wird bestens. Habe ich einen mehr als fragwürdigen Geschmack und meine Wohnung zahnbelagfarben tapeziert und die Tapete noch mit popelgrünen Möbeln kombiniert, kommt Tine Wittler und verzaubert alles wunderbar.

Bitte verstehen Sie mich richtig: Hilfe von außen ist in vielen Fällen sehr wertvoll, und auch ich habe Mentoren und Freunde, deren Rat mir sehr wichtig ist. Dennoch können alle Ratschläge dieser Welt nur fruchten, wenn sie auch auf fruchtbaren Boden fallen. Die Lösung meines Problems kann zwar von außen angeregt werden, dennoch müssen es *mein* Weg und *meine* Lösung für *mein* Problem sein. Alle Macht ist in Ihnen! Es gibt keinen, der mit einem Zauberstab daherkommt und Ihre Probleme für Sie löst – das können nur Sie selbst!

Sehr oft haben wir den Eindruck, es fehle noch irgendetwas zu unserer Zufriedenheit – wir sind auf der Suche und verlieren dabei das Wesentliche aus den Augen, wie Wolfgang Niedecken in «Verdamp lang her» singt:
Ich weiß noch, wie ich nur dovun gedräump hann,
wovunn ich nit woss, wie ich et sööke sollt,
vüür lauter Söökerei et Finge jlatt versäump hann
un övverhaup, wat ich wo finge wollt.

«Ich weiß noch, wie ich nur davon geträumt habe,
wovon ich nicht wusste, wie ich es suchen sollte,
vor lauter Sucherei das Finden glatt versäumt habe
und überhaupt, was ich wo finden wollte.»

Wie so oft hat er die Aussage exakt auf den Punkt gebracht. Ab und zu ist es durchaus sinnvoll, kurz auf Distanz zu gehen und sich wieder aufs Wesentliche zu besinnen: Was habe ich schon, und fehlt mir wirklich noch etwas, um zufrieden zu sein? Offenbar lebt unsere Gesellschaft ziemlich orientierungslos dahin: Es gibt sogar Bücher darüber, wie man seine Leidenschaft entdeckt. Wer – wenn nicht Sie selbst – soll denn bitte wissen, wofür Sie brennen? Wir haben schon alles und suchen trotzdem weiter, weil wir vergessen haben zu finden.

Die Tochter eines Freundes kam letzte Woche ins Krankenhaus, weil die Ärzte nicht wussten, was dem Kind fehlt – es hatte tagelang hohes Fieber, und keiner wusste so richtig, warum. In diesen Tagen wurden für meinen Freund schlagartig alle anderen Probleme ganz klein. Das einzig Wesentliche war die Gesundheit seiner Tochter. Die abrupte Änderung seiner Sicht der Dinge hat gezeigt, dass vorher alles okay war. Ein Fleck auf dem Hemd oder ein abgesagter Termin werden völlig nichtig, wenn man als Messlatte die Gesundheit der Tochter nimmt. Genauso ist es mit anderen Sachen.

Hektik, Hetze, Termine und Leistungsdruck – alles muss

schnell gehen. Unter diesen Voraussetzungen können wir nur selten klar denken. Unsere Gedanken helfen uns dann meistens nicht, sondern sie lärmen. In Anlehnung an eine Zen-Geschichte kann man auch sagen: «Wenn wir sitzen, dann stehen wir schon, und wenn wir stehen, dann gehen wir schon.» Dabei sind Zeit und Ruhe wesentliche Elemente, um zu wissen, was wirklich in einem steckt. Kürzlich bin ich mit meiner Familie nach einer Bergtour über den Staffelsee gerudert. Es war ein wunderschöner Herbsttag, und der See war ruhig. Seine Oberfläche war spiegelglatt. Mein Sohn nahm plötzlich ein Steinchen aus seiner Tasche und warf es in den See. Es sorgte dafür, dass im Wasser schöne konzentrische Kreise entstanden, die immer weiter ihre Bahnen zogen und sich ausbreiteten. Ihr Bewusstsein und Ihr Unterbewusstsein sind genau wie dieser See – in der Ruhe können selbst die schwächsten Impulse große Wirkung haben und sich entfalten. In Hetze geht das nicht. Ein stürmisches Handeln gleicht einem reißenden Gebirgsbach – dort können Sie ganze Felsbrocken hineinwerfen, ohne auch nur die geringste Veränderung zu sehen. Ständig sind Sie getrieben auf der Suche nach neuen Erkenntnissen über Sie selbst. Dabei haben die meisten von uns bereits alles, was sie brauchen, um zufrieden sein zu können.

Das erinnert mich an eine andere Geschichte: Ein Schüler lernte bei den großen Zen-Meistern. Alle hatte er kennengelernt, bis auf einen. Nach jahrelanger Suche traf er endlich diesen Meister und bat ihn um Rat. «Meister, was fehlt mir noch, um selbst Meisterschaft zu erlangen?» – «Bevor ich dir antworte, möchtest du noch etwas Tee?» – «Gern», antwortete der Schüler und hielt seine Schale hin. Der Meister begann, Tee aus der Kanne in die Schale zu gießen. Als sie randvoll war und überlief, hörte er aber nicht auf. Er goss weiter den Inhalt der Kanne in die dafür viel zu kleine Schale. Sie lief weiter über, und der Tee triefte über die Hände des Schülers auf den Boden. «Hör auf!», rief der Schüler, aber der Meister goss unbeirrt und stoisch so lange Tee in die übervolle Schale, bis die Kanne leer war. «Warum hast du das gemacht?», fragte der Schüler entgeistert. «Weil du wie diese Schale bist, du weißt bereits alles, was du wissen musst – mehr als das brauche ich dir nicht zu zeigen.»

Kapitel 4

MNEMOTECHNIK: UPDATES FÜRS GEHIRN

Haveners kleine Denkschule

Folgende Szene ereignete sich vor einigen Jahren: In einem Theater in Wien holte ich bei einem Auftritt ein Paar zu einem Experiment auf die Bühne. Beide saßen auf Stühlen, während ich zwischen ihnen stand: rechts von mir die Dame, links von mir der Herr. Ich sorgte dafür, dass sich die beiden bei mir wohl fühlten, und versetzte die Frau anschließend in einen leichten Trancezustand. Sie schloss die Augen und ging unter meiner Anleitung auf eine Mentalreise; die Augen ließ sie dabei weiterhin fest geschlossen. In dem Moment, in dem sie den optimalen Zustand erreicht hatte, berührte ich den Mann dreimal an seiner Schulter. Ich fragte nun die Dame, ob sie eine Berührung gespürt habe, und sie berichtete, dass sie drei Kontakte an ihrer Schulter wahrgenommen habe. Dann berührte ich den Mann an der Hand. Auf meine Frage hin, ob sie etwas merke, sagte die Frau, dass sie eine Berührung an ihrer Hand gespürt habe. Das Publikum war wie gebannt, es herrschte absolute Stille! Ich holte die Frau aus ihrer Trance zurück und fragte Folgendes: «Was würden Sie sagen, wenn ich Ihnen jetzt verriete, dass ich ein bisschen geflunkert habe und in Wirklichkeit nicht die ganze Zeit neben Ihnen, sondern viel länger neben Peter stand und nur ihn sowohl an der Schulter als auch an der Handfläche berührt habe – und nicht Sie? Würden Sie das glauben?»

Ihre staubtrockene Antwort: «Also, wenn Sie sagen, Sie haben neben Peter gestanden, würde ich es nicht glauben, weil er Oliver heißt.» Lautes Lachen im Zuschauerraum. Solche Momente sind einfach göttlich und waren lehrreich für mich. Das Behalten von Namen bereitet mir unter gewissen Umständen noch heute Probleme, obwohl ich mich schon seit über zehn Jahren mit Methoden beschäftige, die mir helfen, mir Ereignisse, Zahlen, Fakten und eben Gesichter besser zu merken.

Ein weiterer schöner Anlass, bei dem mir Namen das Leben schwermachten, war eine Weihnachtsfeier des FC Bayern München. Sie müssen wissen, dass ich von Fußball wirklich überhaupt keine Ahnung habe. In Deutschland dürfte es nur wenige Männer geben, die davon noch weniger verstehen als ich. Und ausgerechnet ich war nun als Künstler für die Münchner Kicker engagiert. Ich hatte also weltbekannte Fußballstars im Publikum, kannte deren Namen nicht und hatte auch vorher keine Zeit gehabt, sie mir einzuprägen. Also behalf ich mir mit folgendem Kniff: Ich fragte einfach nicht nach ihren Namen und zeigte meine Effekte, ohne die Mitwirkenden zu identifizieren. Erstaunlich: Keiner schöpfte Verdacht, es funktionierte...

Dass ich es so darauf ankommen lasse, passiert allerdings sehr selten. Denn ich weiß, wie wichtig das Kennen der Namen für mich ist. Aber ich muss immer gewisse Hürden überwinden, was mir auch ein bisschen schwerfällt. Ich musste schon in meinem Studium Massen von Fakten lernen, ganz abgesehen von den vielen – auch absonderlichen – Vokabeln. Mein Lieblingswort bei einer Übersetzung aus dem Französischen ist seither der Begriff «Pantograph». So eine Vokabel sollte man schon kennen...

Glücklicherweise erzählte mir ein guter Freund, Markus Beldig, zu Beginn des Studiums von verschiedenen Merkhilfen und erklärte mir einige davon. Solche Mnemotechniken beziehen sich auf Methoden zur Steigerung der Gedächtnisleistung. In diesem Kapitel möchte ich Ihnen die vorstellen, die mir persönlich am wirkungsvollsten erscheinen, die am schnellsten funktionierten und Wirkung zeigten, nachdem ich sie anderen Menschen vorgestellt hatte. Mit diesen Methoden können Sie sich Einkaufszettel, Reden – Listen aller Art – einprägen. Sie können sie, wie ich auch, benutzen, um Gedächtnisleistungen zu zeigen und so andere mit Ihrer bemerkenswerten Schnelligkeit und Präzision zu beeindrucken. Ich habe keine der hier vorgestellten Methoden selbst erfunden, aber ich benutze sie täglich fast alle. Manche stammen sogar aus der Antike. Ich habe schon lange bemerkt, dass fast niemand meiner Zuschauer oder Bekannten sie beherrscht, und würze die Methoden darum mit meinen Erfahrungen sowie einigen ergänzenden Gedanken. Sie sind eingeladen, sie zu lernen. Machen Sie mit, auch wenn Sie zunächst keine Notwendigkeit dafür sehen sollten, Ihre Gedächtnisleistungen zu verbessern. Aber mal ehrlich: Wer ist nicht daran interessiert? Die Merkmethoden sind spielerisch anzuwenden. Man lernt nicht nur, sondern hat auch noch Spaß dabei. Den will ich mit Ihnen teilen. Machen Sie sich auf ein Kapitel voller Überraschungen und mit sehr viel praktischem Nutzen gefasst. Es ist alles ganz einfach. Und denken Sie daran: Es besteht ein Riesenunterschied zwischen kennen und können. Wenn Sie dieses Kapitel nur lesen und nicht wirklich mitmachen, dann können Sie sich die Zeit gleich sparen. Vielleicht denken Sie beim bloßen Durchlesen, dass das alles Quatsch ist und so einfach gar nicht funktionieren kann: Aber Sie haben mein Wort! Machen Sie mit, und Sie werden sehen, Sie können die Welt bald verblüffen. Schnappen Sie sich also einen Stift und ein Blatt Papier und lassen Sie uns loslegen.

Schlagende Verbindungen: Link Method of Memory
Es war ein schöner Sommerabend in München. Ich besuchte meine Verlobte und traf mich zu diesem Anlass auch mit besagtem gutem Freund Markus Beldig. Ich erzählte ihm von der Masse Stoff, die ich für eine anstehende Grammatikprüfung

zu lernen hatte. Er schaute mich an und meinte, er könne sich kaum vorstellen, dass es für mich ein Problem sei, mir viel zu merken. Ich kennte doch sicher die entsprechenden Techniken. Ich erwiderte, dass ich von manchen schon mal gelesen habe, mir aber nicht vorstellen könne, dass die etwas für mich seien. Dann folgten fünf sehr wichtige Minuten, die ich nie vergessen werde. Markus erzählte mir, dass es bei bestimmten Methoden besonders darum gehe, visuelle Eselsbrücken zu bauen. Er erklärte mir eine einfache Übung als Beispiel und ließ mich mein neues Wissen direkt anwenden – ich war erstaunt, wie einfach und effektiv sie war. Und genau diese will ich jetzt zuerst mit Ihnen machen.

ESELSBRÜCKE VOR AUGEN

Die folgende Liste besteht aus 20 Wörtern. Sie haben jetzt 30 Sekunden Zeit, diese Liste zu betrachten und sich möglichst viele Wörter in der vorgegebenen Reihenfolge einzuprägen. Nachdem Sie diese Begriffe 30 Sekunden betrachtet haben, legen Sie das Buch bitte zur Seite und versuchen, die Wörter in der richtigen Reihenfolge aufzuschreiben. Machen Sie diese Übung in jedem Fall. Sie dient als Referenz und Basis für unsere weiteren Schritte. Fangen Sie jetzt an.

1. Nagel
2. Zigarre
3. Salami
4. MP3-Player
5. Brille
6. Ente
7. Bleistift
8. Gitarre
9. Meerjungfrau
10. Weihnachten
11. Waage
12. Klopapier
13. Plastikei
14. Spielzeugfigur
15. Postkarte
16. Kerze
17. Espressotasse
18. DVD
19. Hut
20. Kopfhörer

Na, wie haben Sie abgeschnitten? Vielleicht kennen Sie die Methode ja schon und haben alle 20 Wörter ohne Probleme notiert. In dem Fall können Sie trotzdem weiterlesen – möglicherweise lernen Sie dabei ja doch noch etwas Neues kennen. Vielleicht haben einige von Ihnen versucht, die Anfangsbuchstaben der Wörter zu Sätzen zu verbinden (**N**ie **Z**agt **S**o **M**ildes **B**lut …). Oder Sie haben im Geist ein Bild gemalt, in dem alle Gegenstände vorkommen. Nun, dann sind Sie auf der richtigen Spur, denken aber noch zu kompliziert. Es geht viel einfacher. Wie dem auch sei, die meisten dürften ohne Hilfsmittel ungefähr 7 plus/minus 2 Wörter im Gedächtnis behalten haben. Versuchen Sie jetzt, die Begriffe in umgekehrter Reihenfolge aufzuschreiben …

Mit der folgenden Methode können Sie sich nicht nur spielerisch so viele Begriffe merken, wie Sie wollen, Sie können die Wörter auch vorwärts und rückwärts aufsagen. Sie können jemanden eine Liste machen lassen und haben die Wörter bereits gelernt, sobald diese fertig ist. Sie können sie sogar so lange im Kopf behalten, wie Sie wollen – für Tage oder länger, wenn Ihnen das wichtig ist. Ich habe diese Methode dem sehr guten Buch «How to develop a super power-memory» von Harry Lorayne entnommen. Alles, was man über Merkhilfen wissen muss, steht darin. Ich kenne zu diesem Thema nichts Besseres. Es hat mir nicht nur durch mein Studium geholfen, die Methoden sind in jeder Lebenssituation sehr gut zu gebrauchen. Der erste Trick besteht immer darin, sich die Begriffe bildlich vorzustellen und diese Bilder miteinander zu verbinden. Hierbei schlägt Lorayne folgende Vorgehensweise vor:
- Die Bilder sollen ungewöhnlich sein. Je lächerlicher und abartiger sie sind, desto besser kann man sie sich merken. Lächerliches, Ekelhaftes und sexuell anrüchige Bilder bleiben im Gedächtnis haften. Seien Sie an dieser Stelle beruhigt: Welche Sie benutzen, bleibt immer Ihr Geheimnis.
- Die Bilder müssen ineinandergreifen. Eine DVD neben

einem Hut funktioniert nicht. Ein riesiger Zylinderhut, der über und über mit DVDs besetzt ist, bleibt dagegen schon eher haften.
- Das Bild sollte lebendig sein. Langweilige Bilder sind nicht «merk-würdig».
- Ändern Sie im Bild die Proportionen und Farben. Erinnern Sie sich an die Submodalitäten aus dem NLP (vgl. S. 150 f.)? Auch diese Methode findet hier Anwendung.
- Übertreiben Sie in den Bildern.
- Ersetzen Sie Gegenstände. Statt eines Mannes, der eine Zigarre raucht, stellen Sie sich einen Herrn vor, der einen riesigen Nagel qualmt. So haben Sie in einem merk-würdigen Bild zwei Gegenstände verankert.

Kommen wir also zurück zu unserer Liste. Die Gegenstände notierte ich alle, während ich mich in meinem Arbeitszimmer umschaute. Falls Sie sich jetzt fragen sollten, warum in meinem Arbeitszimmer Spielzeugfiguren, Plastikeier und Meerjungfrauen herumliegen: So ist das eben mit drei Kindern ... Schauen Sie sich die Verbindungen zwischen den Dingen nun einfach an. Es geht darum, die Bilder nach obengenannten Kriterien zu verknüpfen. Werten Sie dabei nicht. Und denken Sie daran: Die Bilder müssen ungewöhnlich sein, um haftenzubleiben.

Nagel/Zigarre: Ich stelle mir einen Mann vor, der statt einer Zigarre einen riesigen Nagel raucht. Der Nagel qualmt wie wild.
Zigarre/Salami: In einer Wurst steckt eine riesige Zigarre.
Salami/MP3-Player: In einem MP3-Player steckt statt eines Kopfhörers eine Salami und vibriert, weil die Musik aus dem MP3-Player so laut ist. Da der Kopfhörerausgang zu klein für die Salami ist, wird die Wurst in den Kanal gequetscht. Dabei trieft Fett aus der Wurst und läuft über den MP3-Player. Der MP3-Player ist widerlich fettig.

MP3-Player/Brille: Statt Brillengläsern befinden sich in meiner Brille widerlich fettige kleine MP3-Player.

Brille/Ente: Eine schöne bunte Ente schwimmt über einen See, schaut mich an und trägt eine Miniaturausgabe meiner Brille.

Ente/Bleistift: Statt eines Schnabels hat die Ente zwei spitze Bleistifte im Gesicht.

Bleistift/Gitarre: Meine schöne Gitarre hat kein Griffbrett mehr, sondern stattdessen einen riesigen Bleistift, der mit Gitarrensaiten bezogen ist.

Gitarre/Meerjungfrau: Eine Meerjungfrau schluckt wie ein Schwertschlucker meine Gitarre. Sie könnte auch Gitarre spielen, aber Schwertschlucken ist ungewöhnlicher und damit besser. Sie könnte die Gitarre auch woanders haben, aber so weit wollte ich hier nicht gehen. Sie dürfen das aber, denn die Bilder bleiben ja Ihr Geheimnis!

Meerjungfrau/Weihnachten: Statt Christbaumkugeln hängen am Weihnachtsbaum viele kleine Meerjungfraufigürchen.

Weihnachten/Waage: Die Waagschalen einer riesigen meterhohen Waage sind voller Christbäume.

Waage/Klopapier: Die riesige Waage ist wie von Christo mit Klopapier verhüllt worden. Falls Sie sich das wirklich merken wollen: Das Klopapier muss nicht frisch sein. Denn die Wirksamkeit ist das Maß der Wahrheit – die Bilder sollen ja bleiben ...

Klopapier/Plastikei: Sie öffnen ein überdimensionales Plastikei, und aus diesem Plastikei läuft ein endloses Band aus Klopapier.

Plastikei/Spielzeugfigur: Ein Pirat gackert und legt dabei ein Ei.

Spielzeugfigur/Postkarte: Während er das Ei legt und gackert, schreibt der Spielzeugmann eine überdimensionale Postkarte voll mit den Wörtern «gack, gack, gack».

Postkarte/Kerze: Im Kerzenständer steht keine Kerze, sondern eine zusammengerollte Postkarte, die mit kleiner Flamme brennt und qualmt.

Kerze/Tasse: Eine Espressotasse wird benutzt, um die Kerze zu löschen. Daraus stürzen riesige Wassermassen, um das kleine Flämmchen zu löschen.

Tasse/DVD: Statt Wasser stürzen nun Unmengen an DVDs aus der Tasse.

DVD/Hut: Ein riesiger Zylinder ist über und über mit DVDs besetzt.

Hut/Kopfhörer: Statt der kleinen Lautsprecher befinden sich am Kopfhörerbügel kleine Zylinderhütchen, aus denen Stevie Ray Vaughan laut Gitarre spielt.

Wenn Sie diese Verknüpfungen aufmerksam durchgelesen haben, dann legen Sie das Buch nun bitte kurz zur Seite und versuchen Sie, die Begriffe der Liste zu nennen. Na, ist das nicht unglaublich? Sie haben sich ohne Mühe locker und spielerisch die Begriffe merken können. Sie können sie sogar in umgekehrter Reihenfolge aufsagen. Beginnen Sie mit dem Kopfhörer ... Unser Gedächtnis merkt sich Bilder eben viel besser als Buchstaben. Anstatt also eine Aufzählung immer wieder einfach durchzugehen, sollten Sie stets versuchen, ein Bild zum jeweiligen Begriff zu entwickeln. Das geht viel einfacher, als Sie glauben, Sie müssen es nur tun. Und noch eine Kleinigkeit: Falls Sie bisher dachten, Sie könnten nicht visualisieren – Sie haben es gerade erfolgreich getan. Mit diesem Wissen können Sie Ihren Freunden folgenden Stunt zeigen.

DAS BLITZMERKER-EXPERIMENT

Erstellen Sie mit anderen eine Liste aus 20 Begriffen. Natürlich können es auch mehr sein, wenn Sie möchten. Während die Wörter notiert werden, stellen Sie schon die visuellen Verbindungen zwischen den Wörtern her. An dieser Stelle ein Tipp von dem britischen Mentalisten Derren Brown: Statt die Reihe direkt nach dem Notieren einfach herunterzubeten, sollten Sie ein Riesenbrimborium um die Liste machen. Bitten Sie erst danach, die Liste kurz anschauen zu können, nur drei Sekunden lang. Lassen Sie sich das Blatt aushändigen und schauen Sie stumm und konzentriert drei Sekunden lang nur auf den ersten Begriff. Mehr nicht. Geben Sie anschließend die Liste zurück und fangen Sie auf Zuruf an, die Liste vorwärts und rückwärts aufzusagen. Komischerweise macht Ihr Können jetzt auf Ihre Zuschauer mehr Eindruck, als wenn Sie die Liste sofort und ohne ein weiteres Ansehen wiederholt hätten. Ihre Freunde werden später begeistert erzählen, dass Sie in der Lage gewesen seien, 20 Begriffe in nur drei Sekunden auswendig zu lernen. Lassen wir sie doch in diesem Glauben …

Sie können mit dieser Methode nicht nur Reihen aller Art in kurzer Zeit auswendig lernen. Sie vermögen auch längere Reden zu halten, ohne den Text abzulesen, indem Sie die einzelnen Argumente bildlich miteinander verknüpfen. Sollten Sie dabei kurz nachdenken müssen, um die Bilder abzurufen, so macht das gar nichts. Es ist für Ihr Gegenüber sogar sehr angenehm, einem Menschen zuzuhören, der nachdenkt, bevor er etwas sagt.

Das Loci-System: alles am rechten Platz
So begeistert ich von diesem Link-System auch bin, die Methode hat einen Nachteil: Fällt Ihnen ein Bild nicht mehr ein, dann stürzt unter Umständen das ganze System zusammen. Damit Ihnen das nicht passiert, beschreibe ich eine weitere Methode. Sie funktioniert genau wie das Link-System – mit dem entscheidenden kleinen Unterschied, dass Sie nicht die einzelnen Begriffe miteinander verknüpfen, sondern vorgefertigte Eselsbrücken haben, mit denen Sie die einzelnen Bilder verbinden. Eine der einfachsten Vorlagen für eine Liste ist Ihr eigener Körper, den haben Sie immer dabei. An ihm können

Sie bereits zehn Begriffe festmachen. Hier zunächst die Körperliste:
1. Augen
2. Ohren
3. Nase
4. Mund
5. Hals
6. Brust
7. Hüfte
8. Oberschenkel
9. Unterschenkel
10. Füße

Sie verknüpfen nun die Gegenstände nicht mehr miteinander, sondern mit Ihren jeweiligen Körperteilen. Der Nagel steckt im Auge, die Zigarre verbrennt Ihnen die Ohren, die Salami quillt Ihnen aus der Nase usw. Da der Körper recht begrenzt als Karte dienen kann, können Sie als Verknüpfungsorte zum Beispiel auch Räume in Ihrem Haus nehmen. Wählen Sie markante Bereiche – Loci – aus der Diele, gehen Sie dann ins Wohnzimmer usw. Oder stellen Sie sich eingängige Orte auf Ihrem täglichen Weg zur Arbeit vor. Auf diese Weise steht Ihnen ein unermesslicher Reichtum an Orten und entsprechenden Bildern zur Verfügung. Das ist eine logische Weiterführung des Link-Systems, welches die Basis aller hier beschriebenen Techniken darstellt. Auf diese Weise können Sie in Ihren Gedanken ein Gedächtnisgebäude bauen, das Ihnen alle für Sie merk-würdigen Informationen liefern kann. Thomas Harris hat in seinen Hannibal-Lecter-Romanen über einen solchen Gedankenpalast geschrieben. Dort habe ich zum ersten Mal davon gelesen. Hannibal Lecter schuf sich, in Gedanken, ein Schloss, in dem er zum Beispiel die Adresse und Telefonnummer seiner geliebten Clarice Starling abgelegte. Als er nach Jahren die Nummer brauchte, betrat er diesen Raum in Gedanken und konnte dort die abgespeicherte Nummer abrufen. Das Loci-System ist sehr alt. Es wird bereits in Schriften von 500 v. Chr. erwähnt. Wer sich für seine Historie interessiert, dem seien die Bücher «The Art of Memory» von Frances A. Yates sowie «The Memory Palace of Matteo Ricci» von Jonathan D. Spence ans Herz gelegt.

Königsdisziplin: Peg System of Memory

Die bisher vorgestellten Methoden sind hochwirksam, haben aber zwei entscheidende Nachteile:

- Sie müssen gedanklich immer die konstruierten Routen durchlaufen, um zu einem bestimmten Begriff zu gelangen. Wollen Sie beispielsweise wissen, welches der neunte Begriff war, müssen Sie erst den Körper bis zu den Unterschenkeln durchgehen, um dort die Meerjungfrau zu finden – mit langen Routen aus vielen Begriffen beziehungsweise Bildern kann das eine Zeit dauern.
- Sie können damit noch keine Zahlen memorieren.

Mit dem Peg-System lösen Sie beide Probleme gleichzeitig. Anstatt mit Zahlen zu hantieren, werden sie nach einem System in Bilder umgewandelt. Der englische Begriff «Peg» bedeutet «kleiner Nagel» oder «Stift». Mit diesem hängen Sie die entsprechenden Bilder sozusagen in Ihrem Gedächtnis auf. Auch dieser Trick ist nicht neu. Um das Jahr 1648 wurde etwas Ähnliches bereits von Stanislaus Mink von Wennsshein umgesetzt – er gilt als Erfinder des sogenannten Major-Systems. 1730 wurde es von einem Engländer namens Dr. Richard Grey modifiziert und seither stetig weiterentwickelt. Die Idee ist einfach: Zahlen werden in ein phonetisches Alphabet umgewandelt. Es geht also nicht um Buchstaben selbst, sondern um deren Laute. Aber keine Sorge, das System ist sehr einfach zu erlernen und besteht auch nur aus zehn Lauten, pro Ziffer einer. Jeder Laut ist durch eine Merkhilfe leicht zu behalten.

- Der Laut für die Ziffer 1 ist immer T oder D. Der Buchstabe T hat einen Strich nach unten und ähnelt dadurch der Ziffer 1. Auch das D hat einen Abstrich.
- Der Laut für die Ziffer 2 ist immer N, denn der Buchstabe N besteht aus zwei Strichen nach unten.
- Der Laut für die Ziffer 3 ist immer M, der Buchstabe hat drei senkrechte Striche.
- Der Laut für die Ziffer 4 ist das R. Eselsbrücke: R ist der letzte Buchstabe des Worts vieR.
- Der Laut für die Ziffer 5 ist das L. Merkhilfe: Die römische Zahl für 50 ist L.
- Der Laut für die Ziffer 6 ist das weiche J, das CH und das SCH. Eselsbrücke: SeCHs, das J als Spiegelbild der 6.
- Der Laut für die Ziffer 7 ist das K – in Schreibschrift ist die Ziffer 7 ein Teil des großen K.
- Der Laut für die Ziffer 8 ist das F. Das kleine f der Schreibschrift ähnelt mit seinen zwei Schlaufen der 8. Weiter gelten ph, v und w als Laute für die 8.
- Der Laut für die Ziffer 9 ist das P oder das B. Eselsbrücke: P ist das Spiegelbild zur 9.
- Der Laut für die Ziffer 0 ist das Z. Eselsbrücke: Zero ist Null. Es gehen auch S oder ß.

Diese Liste ist schnell gelernt. Aus den Buchstaben bilden wir im nächsten Schritt Wörter, die für die entsprechenden Zahlen stehen und die man sich bildlich vorstellen kann. Hier die Pegs für die Ziffern 1 bis 10:

1 – **T**ee	6 – **Sch**i (Ski)
2 – **N**oah (Arche)	7 – **K**uh
3 – **M**ai (Blümchen)	8 – **F**ee
4 – **R**eh	9 – **P**oo
5 – **B**ruce Lee	0 – **S**au

Damit können Sie sich über das Link-System bereits zehn Begriffe merken und wissen zusätzlich, an welcher Stelle diese stehen, da über die entsprechende Verknüpfung auch die Zahl verschlüsselt ist. Das ist sehr ausgefuchst und überaus intelligent. Für geübte Gedächtnis-Junkies ist es irgendwann keine Sache mehr, zehn Begriffe aufzuzählen. Eine zu leichte Übung. Über das Peg-System können Sie sich spielend 100 Begriffe merken, wenn Sie ein wenig Zeit und Phantasie investieren. Daher hier Beispielbegriffe für die Zahlen 10 bis 19:

10 – TaSSe
11 – ToTer
12 – TaNNe
13 – TeaM (bei mir eine Fußballmannschaft)
14 – ToR
15 – TeeLöffel
16 – TiSCH
17 – TheKe
18 – TauFe
19 – TauBe

Bei mehr als zwei Ziffern verlieren bei mir die Laute in den Wörtern ihre Bedeutung, das System wird dann weniger durchschaubar. Wenn ich mir vierstellige Ziffern merken möchte, dann suche ich deshalb kein Wort mit entsprechenden vier Lauten, sondern setze die vierstellige Zahl aus zwei Wörtern zusammen. Angenommen, mein Hotelzimmer hat die Nummer 1715, dann stelle ich mir meine Zimmerkarte auf einer «Theke» vor, die von unzählbar vielen «Teelöffeln» überflutet wird. Damit sind wir beim zweiten großen Nutzen des Peg-Systems: Sie können sich damit spielerisch Zahlen merken. Statt Ihre PIN-Nummer also weiterhin auf die EC-Karte zu schreiben – es gibt Leute, die machen so was wirklich –, kreieren Sie lieber ein entsprechendes Bild mit der Karte. Angenommen, die Nummer lautet 8664, dann können Sie sich einen «Fisch» mit der Karte im Maul vorstellen. Der Fisch zappelt und wird von einer «Schere» zerschnitten. (Sie erinnern sich: Ekel ist ein guter Anker, um sich Bilder zu merken.) Hier weitere Wörter für die Zahlen 20 bis 49:

20 – NaSe	30 – MooS	40 – RoSe
21 – NaTter	31 – MeT (Honigwein)	41 – RaTTe
22 – NoNNe	32 – MaNN	42 – RiNNe
23 – NeMo (der Clownfisch)	33 – MaMa	43 – RahM
24 – NeRo (der Kaiser)	34 – MeeR	44 – RohR
25 – NiL	35 – MüLL	45 – RoLLe
26 – NiSCHe	36 – MaSCHe	46 – RauCH
27 – NiKe (Turnschuhe)	37 – MaGGi	47 – RocK
28 – NeFFe	38 – MaFia (Tony Soprano)	48 – RiFF (Aquarium)
29 – NaPPa (Leder)	39 – MoPP	49 – RauPe

Aufgrund der simplen Struktur ist es sehr einfach, diese Listen auswendig zu lernen und mit einigen Wiederholungen auch dauerhaft zu behalten. Ich selbst rezitiere die Ziffern und ihre Entsprechungen von 1 bis 100 immer wieder, wenn ich irgendwo warten muss. Die Begriffe 50 bis 99 zählte ich zum Beispiel zuletzt in einer Hotelsauna auf. Ich war dabei so in Gedanken, dass ich es dort länger aushielt als alle anderen Besucher und mehr als die zwei gewöhnlichen Saunadurchgänge dort blieb. Die anderen Gäste müssen sehr beeindruckt gewesen sein ... Sie können sich Ihre eigene Liste von Wörtern zusammenstellen oder diese hier verwenden. Die Begriffe von 49 bis 99 können Sie auf meiner Internetseite herunterladen. Dort sind sie so angeordnet, dass Sie kleine Kärtchen ausschneiden können, um die Zahlen mit den Begriffen zu lernen. Die hier aufgeführten Wörter sind auch nicht alle von mir. Ich habe sie in einem Gedächtnisseminar von Katja Zenz gelernt und die meisten von ihr übernommen, da sie sich als wirkungsvoll erwiesen.

Falls Sie die hier aufgeführten Systeme miteinander verbinden wollen, dann können Sie sich über Ihre Phantasie und bildhafte Vorstellung praktisch alles merken, was Sie wünschen. Über das Link-System verknüpfen Sie merk-würdige Bilder. Über das Loci-System legen Sie die Bilder an entsprechenden Orten ab und bauen sich Ihren eigenen Gedächtnispalast. Über das Peg-System merken Sie sich Zahlen beziehungsweise die Position von Begriffen. Angenommen, Sie wollen die Telefonnummer eines Bekannten behalten – oder vielleicht sollte ich schreiben: Angenommen, Sie möchten sich Ihre eigene Handynummer merken, denn die kennen viele Menschen nicht. Durch das selbstverständliche Abspeichern von Daten in PDAs und Handys behalten wir nichts mehr im Kopf – ein Phänomen mit dem schönen Namen «digitale Demenz». Also angenommen, Sie wollen die Telefonnummer eines Bekannten im Kopf behalten, dann müssen Sie sich diese Person mit den entsprechenden Bildern verknüpft vorstellen. Nehmen wir an, die Nummer lautet 3355338923. Zunächst unterteilen Sie dann die Nummer in kleinere Einheiten zu je zwei Ziffern: 33 (Mama), 55 (Lolli), 33 (Momo von Michael Ende), 89 (Wappen), 23 (Nemo). Jetzt stellen Sie sich den Bekannten Arm in Arm neben Ihrer Mutter vor. Er lutscht einen Lolli, der keinen Stiel hat, sondern stattdessen von einer minikleinen Momo in den Händen gehalten wird. In der anderen Hand hält Momo ein Wappen, auf dem der Fisch Nemo abgebildet ist. Das alles hört sich viel komplizierter an, als es ist. Es ist der ursprünglichen Technik des stupiden, verbindungslosen Wiederholens haushoch überlegen! Und so macht alles viel mehr Spaß.

Sie sollen die genannten Techniken so sehr verinnerlichen, dass Sie am Ende die Methode selbst vergessen können und trotzdem alles behalten, was Sie behalten wollen, ganz automatisch. Sie erkennen wieder: Es geht langfristig darum, nicht mehr nachdenken zu müssen. Als ich meiner Tochter das Notenlesen beibrachte, gab ich ihr einen einfachen Satz an die Hand, mit dem sie sich die Zeichen zwischen den Linien merken konnte: Fröhlich aß Carlotta Erdbeeren. FACE sind im Violinschlüssel die Noten zwischen den Linien. Sie zählte mit Hilfe dieses einfachen Satzes eine Woche lang die Noten immer wieder ab. Heute muss sie das nicht mehr tun und sieht sofort, welche Note wo steht, und kann sie auch direkt aufs Instrument übertragen. Ich bin dazu bis heute nicht so schnell imstande wie sie. Als Blues-Rock-Gitarrist spielt man mehr nach Skalen und Gehör und weniger vom Blatt – stören würde es allerdings auch nicht, wenn ich es besser könnte ... Meine Tochter benutzte die Merkhilfe so lange, wie sie sinnvoll war. Danach stand das Denkgebäude allein auf festem Grund, und sie brauchte kein Gerüst mehr. Ab dem Moment wird's richtig spannend.

Bei meinem ersten Beispiel – wissen Sie noch, das Namenproblem: Peter, der in Wirklichkeit Oliver hieß – hätte vor allen Dingen eine Methode geholfen: Achtsamkeit! Ich war in Gedanken und nicht ganz bei der Sache, als er mir seinen Namen genannt hatte. So was kann sehr unangenehm für Ihr Gegenüber sein. Wie fühlen Sie sich, wenn jemand Sie nach einem kurzen Gespräch fragt: «Wie war Ihr Name nochmal?» Es muss nicht, aber es kann fast schon eine Beleidigung sein. Wenn wir achtsam sind und uns auf unser Gegenüber konzentrieren, passiert uns das nicht. Am besten, Sie wiederholen den Namen sofort, nachdem Sie ihn gehört haben, und stellen sofort eine bildliche Assoziation her. Bei Oliver hätte ich mir den Mann zum Beispiel mit olivgrüner Haut vorstellen können oder mit Oliven in Nase, Mund und Ohren. Hätte ich ihn noch einmal mit seinem Namen angesprochen, wäre mir der Name danach nicht mehr entfallen.

Achtsamkeit hilft also, eine Sache beim ersten Mal richtig zu verstehen und mit einem wirksamen Bild zu verknüpfen. Ab dann fehlt nur noch die Wiederholung. Wenn Sie von nun an in der S-Bahn oder im Wartezimmer sitzen, dann gehen Sie in Gedanken durch Ihren ganz persönlichen Gedächtnispalast und wiederholen, was Ihnen wichtig erscheint. Es ist Ihr geheimer Ort, an dem alles genau so entsteht, wie Sie es wollen. Dahin sollten Sie sich dann auch ruhig öfter mal zurückziehen. Es kann sehr beeindruckend wirken, wenn Sie in einem Meeting punktgenau zusammenfassen können, was bei der letzten Besprechung gesagt wurde. Es ist schade, dass ich erst an der Uni mit diesen Techniken arbeiten konnte. Wie viel leichter wäre die ein oder andere Arbeit in der Schule für mich gewesen! Verstehen und Behalten sind lebenswichtig. Ich kann aus eigener Erfahrung sagen, dass es in meinem Studium sehr hilfreich war, große Mengen an Informationen dauerhaft speichern zu können. Das verschafft auch Ihnen Selbstvertrauen.

Dem Mindset Beine machen
Wenn Neurobiologen auf Psychotherapeuten trafen, so gab es bisher wenig Übereinstimmung, denn zwei Schulen begegneten sich: Neurobiologen messen elektrische Ströme und chemische Reaktionen im Gehirn und beweisen so, dass jeder Gedanke, jedes Gefühl eine Folge dieser biologischen Prozesse ist. Die Psychotherapeuten dagegen behaupteten lange Zeit, dass Geist und Seele nicht in der Materie des Gehirns zu finden seien. Heute wissen wir mehr, nämlich dass Geist und Seele die Materie des Gehirns formen. «Auf die Dauer der Zeit nimmt die Seele die Farbe der Gedanken an.» So beschrieb es schon Marc Aurel (121–180 n. Chr.).

Unsere geistige Entwicklung ist abhängig von unseren Erfahrungen. Das Gehirn kommt fast ungeformt zur Welt, um möglichst viel Neues lernen zu können. Wir kommen als Generalisten und gehen als Spezialisten. Genetisch haben wir nichts mitbekommen – außer der *Lizenz zu lernen*. Schon im Mutterleib beginnt das lebenslange Lernen und Formen des Gehirns. Töne, Gerüche und Geschmack werden vom Fötus durch das Fruchtwasser aufgenommen und als Informationen gespeichert. So finden Neugeborene immer die Brustwarze ihrer Mutter, da sie deren Duft schon aus dem Fruchtwasser kennen.

Babys können noch mehr. Sie vermögen zunächst 152 verschiedene Laute voneinander zu unterscheiden. Wenn sie sprechen lernen, konzentrieren sie sich mehr und mehr auf die Muttersprache, die sie gerade erlernen. Für erwachsene Deutsche sind so etliche Laute aus der Hindusprache nicht mehr zu unterscheiden. Für Kleinkinder dagegen ist das kein Problem. Ein anderes Beispiel: Amazonasindianer können 120 Grüntöne voneinander unterscheiden und mit ebenso vielen Namen belegen. Die nächste Generation verlernt diese Spezialisierung, sobald sie in die Stadt umzieht.

Ausgestattet mit 100 Milliarden Hirnzellen, einem riesigen Schatz also, kommen wir zur Welt. Jede einzelne Hirnzelle knüpft Kontakte mit bis zu 10 000 anderen. Das bildet die Grundlage für unser ganz persönliches Mindset. Die unterschiedliche Vernetzung durch verschiedene Erfahrung, erlerntes Wissen und gewonnene Weisheit macht unsere Individualität aus. Durch unsere gespeicherten Eindrücke, durchlebte Erfahrungen und gemeisterte Herausforderungen wachsen wir in unsere jeweilige Umgebung hinein – spezialisiert als Amazonasindianer oder als Einzelkämpfer im Großstadtdschungel.

Während das Gehirn altert, verliert es ständig an Fähigkeiten, lernt aber auch noch neue dazu. Ein sechsjähriges Kind schlägt uns locker im Memory. Mit der Pubertät lösen sich die Kinder vom bildlichen Denken und gewinnen dadurch an Abstraktionsvermögen. Dieses wiederum hat seinen Höhepunkt mit Mitte 20. Albert Einstein etwa formulierte 1905 seine spezielle Relativitätstheorie im Alter von 26 Jahren. Bereits mit Anfang 20 hatte er begonnen, daran zu arbeiten. Erfolge in Politik und Geisteswissenschaften feiern meist ältere Semester. Das liegt daran, dass die Sprachgewandtheit – beispielsweise die Fähigkeit, eine Rede zu halten – im Alter gereift ist. Zudem wurden viele Probleme der Vergangenheit bereits erfolgreich gelöst. Ältere Menschen lernen zwar deutlich langsamer, besitzen aber durch früher erlerntes Wissen einen gewaltigen Erfahrungsschatz, der nicht umsonst so heißt.

Spätestens seit der Aufklärung begann man, sich für das Gehirn und das Denken zu interessieren. Doch Descartes' vielzitierter Satz: «Ich denke, also bin ich», ist nach unseren neuen neurobiologischen Erkenntnissen falsch. Unser Mindset hat nämlich weniger mit unseren Gedanken zu tun, als wir gemeinhin glauben. Viel mehr sind es unsere Gefühle, die es prägen. Richtig müsste es heißen: «Ich fühle, also bin ich!» Denn Wissen allein ist ein zahnloser Tiger und selten der wahre Antrieb unseres Schaffens. «Kognitive Dissonanz» nennt man das bewusste Handeln wider besseres Wissen. Ärzte, die rauchen, Politiker, die betrunken im Auto verunglücken, Selbstmord mit Messer und Gabel – wem fallen keine prägnanten Beispiele auch aus eigenem Fehlverhalten ein? Das Wissen allein führt zu keiner zielgerichteten Handlung. Vielmehr ist es das Gefühl dahinter, welches zum entsprechenden Verhalten führt. Wem nichts mehr unter die Haut geht, der kann auch keine Erfahrungen mehr machen. Umgekehrt berühren gefühlte Erfahrungen, verändern messbar unsere Zellen und sind der wahre Motor unseres Handelns.

Viele von uns neigen dazu, Mitmenschen mit einem fotografischen Gedächtnis zu beneiden – doch zu Unrecht! Wer in kürzester Zeit viel Wissen anreichern kann, welches aber nicht mit einem Gefühl unterlegt ist, hat enorme Schwierigkeiten, dieses später zu benutzen. Zwar kann die Information abgerufen werden, aber es fehlt das Gefühl für ihre Wertigkeit. Das macht es für besonders begabte Menschen oft enorm schwer, Entscheidungen zu fällen, wichtiges von unwichtigem Wissen zu unterscheiden.

Optimal lernen

Grundsätzlich lernt und arbeitet unser Gehirn viel leichter mit einem Gefühlsverstärker. Gepaukte Lateinvokabeln benötigen bis zu 20 Wiederholungen, bis sie sicher beherrscht werden. Die Telefonnummer unserer neuen Liebe sitzt aber schon nach einer oder spätestens nach zwei bis drei Wiederholungen fest im Kasten. Was bedeutet das? Zu lange wurde das Gefühl beim Lernen unterschätzt. Heute weiß man mehr: Wichtig sind eine angenehme Lernatmosphäre und positive Emotionen. Denn gefühlsmäßig günstig belegtes Wissen wird im Hippocampus abgespeichert. Diese wichtige Mittelhirnregion speichert Ihr episodisches Gedächtnis, das Einzelwissen, und ist für die räumliche Vorstellung und die Orientierung zuständig. Der Hippocampus kann lebenslang wachsen. Hirnzellen können nämlich mehr werden – ganz im Gegensatz zur landläufigen Meinung. Die Hippocampusregion von Londoner Taxifahrern, das wurde eindrucksvoll bewiesen, wird zum Beispiel größer, je länger sie Fahrgäste durch die Metropole chauffieren.

Negativ belegtes Wissen wandert dagegen in den Mandelkern und macht damit eines unmöglich: nämlich den kreativen Umgang damit. Diese Hirnregion ist für schnelles eindimensionales Denken und Handeln zuständig. Angriff oder Flucht? Säbelzahntiger sehen und weglaufen? Have lunch or be lunch? Solche früher zweifellos wichtigen Verhaltensmuster speichern wir im Mandelkern. Je gestresster wir sind und je mehr Stresshormone im Blut zirkulieren, desto eher bleiben neue Informationen im Mandelkern fest verankert – wir können dann aber nichts Kreatives damit anfangen. Mehr noch: Immer wenn wir diese Informationen abrufen, wird das negative Gefühl auch gleich mit aktiviert.

Serotonin und Dopamin, die beiden Glückshormone, sollten sich immer im oberen Normbereich der Versorgung befinden. Denn ist der Spiegel tief, denkt man in Problemen, sonst in Lösungen. Bei niedrigen Werten droht die Depression, hohe

Werte stehen für freudige Leistungsbereitschaft und ansteckend gute Laune.

> NEURO-ENHANCEMENT
>
> Achten Sie darum immer auf Ihre positive innere Grundstimmung. Denn die bestimmt langfristig unseren Mindset, allem rationalen Wissen zum Trotz! Ist die innere Klangfarbe häufiger negativ als positiv, so kann das an einer ungünstigen Hormonlage liegen. Ursache dafür wiederum ist häufig ein erhöhter stressbedingter Verbrauch essenzieller gehirnaktiver Aminosäuren. Diese kann man dem Körper auf natürliche Art und Weise zuführen, generell über eiweißreiche Nahrung oder ganz gezielt über Nahrungsergänzungen nach entsprechender Blutuntersuchung (vgl. S. 69 ff.). Biologisches Neuro-Enhancement heißt das Zauberwort, welches dieses brandneue medizinische Wissen in den Alltag integriert. Bitte verwechseln Sie das nicht mit einem Doping aus der Pharmaindustrie. Und ganz wichtig: Gehen Sie mit sich vor großen Entscheidungen in Klausur! Wägen Sie weise ab, welche innere Stimme da zu Ihnen spricht. Ist es das Ego – dann vergessen Sie es! Ist es die Ratio, dann hören Sie hin. Wenn der letzte Entscheidungsimpuls aus dem Bauch kommt – dann handeln Sie richtig!

Der Nachtfalter

Viele Ratgeber vermitteln den Eindruck, jeder von uns könnte, wenn er es nur richtig anstellte, jederzeit und überall glücklich sein, dauerhaft und ausschließlich ein ausgefülltes Leben führen. Das klingt nach einem verführerischen Ziel – und hat nur den Nachteil, sehr unsinnig zu sein. Sind wir nämlich rundum glücklich, verlieren wir gleichzeitig unseren Antrieb zur Veränderung. Warum sollten wir auch irgendetwas anders machen, wenn wir über die Maßen froh sind und alles durch eine rosarote Brille sehen? Das vollkommene Glück bedeutet Stillstand, Stagnation – das heißt nichts anderes als: Es geht irgendwann abwärts. Denn erst wenn alles so elendig gleichförmig verläuft, dass wir unzufrieden mit unserer Situation werden, nehmen wir die Dinge wieder in die Hand, um sie nach unseren Wünschen zu gestalten. Nicht hundertprozentig zufrieden zu sein ist daher eine Grundvoraussetzung für ein ausgewogenes Leben, für den Fortschritt. Das ist weder als gut noch als schlecht zu bewerten – sie ist einfach vorhanden. Erneut wird so an dieser Stelle meine Forderung nach Neutralität wichtig, damit man keine unnötigen gedanklichen Barrieren aufbaut.

Immer wieder höre und lese ich vom Gesetz der Resonanz: Gleiches ziehe Gleiches an. Wer gute Gedanken hat und sich Dinge intensiv wünscht, der zieht mit seinen Gedanken nur Positives in sein Leben. Wie dieses Gesetz funktioniert, erlebe ich jedes Mal, wenn ich meine Gitarre stimme. Denn sobald ich auf meiner E-Gitarre die A-Saite anschlage, um den Ton zu verändern, dann beginnt auf meiner Konzertgitarre, die nur ein paar Meter nebenan steht, ebenfalls die A-Saite zu schwingen. In der Musik nennt man das sympathische Resonanz.

An sich ist nichts gegen die Forderung einzuwenden, sich gedanklich auf bestimmte Aspekte zu konzentrieren, die man als wichtig ansieht. Meiner Meinung nach wird's nur ab dem Moment haarig, wenn die These aufgestellt wird, dass jeder für alles, was ihm passiert, allein verantwortlich ist. Es kann nicht sein, dass unser Leben allein durch unsere Gedanken bestimmt wird. Dann gäbe es keine Zufälle. Ausnahmslos alles, was uns widerführe, wäre ein Produkt unserer Gedanken.

Im Sommer 2009 wurde Dominik Brunner an einer S-Bahn-Haltestelle in der Nähe von München von zwei Jugendlichen totgeprügelt, weil er Zivilcourage zeigte und sich schützend vor die Kinder stellte, die von ihnen bedroht wurden. Kann man davon ausgehen, dass dieser Mann durch seine Gedanken dieses Ereignis in sein Leben zog? Ich würde so weit nie gehen wollen – allein schon aus Respekt gegenüber den Angehörigen eines so mutigen Menschen.

Was die Autoren, die das für möglich halten, mitunter verschweigen, ist die Tatsache, dass es nicht nur das Gesetz der spirituellen Resonanz gibt, es existiert zudem ein weiteres, nämlich das der Polarität, das einen weit höheren Rang hat. Dieses besagt, dass jedes Ding einen Gegenpol besitzt: Tag – Nacht, Mann – Frau, Schwarz – Weiß, Gut – Böse und viele andere Paare mehr könnte man an dieser Stelle nennen. Das «Kybalion», die Quelle dieses Gedankens, meint wörtlich: «Alles ist zweifach vorhanden, alles hat zwei Pole; die Welt ist geprägt von Gegensätzlichkeiten.» Damit wird versucht zu erklären, dass Gegensätze in Wirklichkeit nur Extreme ein und desselben Dings sind. Schaut man beispielsweise auf ein Thermometer, kann man nicht erkennen, wo Hitze aufhört und Kälte beginnt. Es gibt keine absolute Hitze oder Kälte. Die beiden Begriffe bezeichnen lediglich verschiedene Grade desselben Phänomens. Sie sind nur die beiden extremen Pole von Wärme. Die Erscheinungsformen, die sich daraus ergeben, sind Manifestationen des Prinzips «Polarität». Wo hört also Dunkelheit auf, und wo beginnt Licht? Was ist der Unterschied zwischen groß und klein, zwischen hart und weich, zwischen schwarz und weiß, zwischen scharf und stumpf, zwischen laut und leise, zwischen hoch und niedrig, zwischen positiv und negativ? All diese Beispiele gehören in dieselbe Kategorie von Gedankenkonstrukt.

Wenn wir uns also mit solchen Gesetzmäßigkeiten beschäftigen, dann sollten wir stets alles Wesentliche mit einbeziehen und nicht nur das Gesetz, das uns gerade passt. Das Gesetz der Polarität zeigt eindeutig, dass Zufriedenheit und Unzufriedenheit, Glück und Unglück nur zwei Pole ein und derselben Sache sind. Das eine kann es ohne das andere nicht geben. Das muss der Mensch akzeptieren. Und das ist der Motor des Lebens. Bitte verstehen Sie mich richtig: Natürlich sollten wir versuchen, unseren Gedanken eine bestimmte Richtung zu geben, weil die uns hilft, unseren Zielen Schritt für Schritt näher zu kommen. Energie folgt schließlich der Aufmerksamkeit. Ich weiß aber aus eigener – bitterer – Erfahrung, dass es Momente gibt, in denen es unmöglich wird, daran zu glauben. Es sind die, in denen das Schicksal uns den Boden unter den Füßen wegzieht und wir in ein sehr tiefes Loch fallen.

Sie wissen: Ich habe nach der zehnten Klasse die Schule gewechselt, weil ich zusammen mit meinem besten Freund in eine Klasse gehen wollte. Einen Tag vor Schulbeginn starb dieser. Am nächsten Morgen fuhr ich wie betäubt zu meiner neuen Schule. Der Lehrer betrat den Raum und begann die Namen von der Anwesenheitsliste vorzulesen. Bei dem meines Freundes sah er auf und suchte sein Gesicht vergeblich. Sein Kommentar: «Er ist noch nicht da, na gut, er kommt bestimmt später ...» Er kam nicht. Ein entsetzlicher Augenblick. Hätte mir jemand dann gesagt, dass irgendwann alles schon wieder gut werden würde und dass Glück und Unglück zwei Pole desselben Dinges seien – ich hätte ihm nicht zugehört. Doch auch meine Erfahrung war: Die Zeit heilt Wunden und bringt die Zuversicht zurück.

Mir fällt an dieser Stelle noch eine Geschichte ein, die einer meiner Lieblingsschauspieler in der Serie «Lost» erzählt. Es geht darum, dass ein Junkie namens Charly immer wieder versucht, von den Drogen wegzukommen, aber rückfällig wird. Ein Bekannter, ein charismatischer Überlebenskünstler mit dem vielversprechenden Namen John Locke, hat noch ein Päckchen Kokain und verspricht, es Charly zu geben, wenn er die Droge unbedingt haben will. Das heißt, Charly muss dreimal darum bitten, und beim letzten Mal – so behauptet Locke jedenfalls – würde er ihm das Kokain wirklich überreichen. Als Charly ihn dann zum zweiten Mal danach fragt, zeigt Locke ihm eine Raupe in einem Kokon. (Vielleicht sollten Sie wissen, dass «Lost» auf einer geheimnisvollen einsamen Tropeninsel spielt. An Raupen und Kriechtieren mangelt es also nicht.) John

Locke, verrucht, dreckig, cool, mit blutverschmiertem gelbem T-Shirt und Messer in der Hand, beginnt so: «Das ist der Kokon eines Nachtfalters. Es ist schon paradox, Schmetterlinge finden alle hübsch, aber die Nachtfalter, die die Seide spinnen, sind stärker, schneller. Siehst du die kleine Öffnung? Der Falter ist dabei zu schlüpfen. Noch ist er drin. Er kämpft. Er gräbt sich seinen Weg durch die dicken Wände des Kokons. Siehst du, ich könnte ihm helfen, mein Messer nehmen, die Öffnung vorsichtig weiten, und schon wäre der Falter frei. Doch er wäre zu schwach, um zu überleben. Die Natur lässt dich kämpfen, damit du stark wirst.»

Ich habe herausgefunden, dass die Geschichte stimmt: Beim mühsamen Schlüpfen bildet der Falter genau die Muskeln aus, die er zum Fliegen braucht. Nimmt man ihm diese Mühe ab, nimmt man ihm auch die Fähigkeit zu leben. Die Tatsache, dass ich hier eine Lebensweisheit aus einer amerikanischen Unterhaltungsserie zitiere, mag auf Sie ein wenig befremdlich wirken. Sekundenlang habe ich darum überlegt, ob ich meine wahre Quelle nennen soll. Interessanterweise las ich an dem Morgen, an dem ich darüber nachdachte, in der Zeitung *Die Welt*, dass Barack Obama, der amerikanische Präsident, ein großer Fan von Bob dem Baumeister ist. Diejenigen von Ihnen, die kleine Kinder haben, werden den quirligen Bauarbeiter kennen. Er verfügt über ein starkes Team von sprechenden Baggern, Planiermaschinen und anderen nützlichen Geräten, mit denen er jedes Problem löst. Ich selbst finde die Sendung toll und bin froh, einen Sohn zu haben, um sie unbehelligt anschauen zu können, ohne dabei verächtliche Blicke meiner Frau zu kassieren. Direkt nach Bob folgt übrigens Shaun das Schaf auf meiner Beliebtheitsskala der besten Serien – auch sehr zu empfehlen ... In der deutschen Fassung fragt der singende Bob zu Beginn jeder Sendung: «Können wir das schaffen?» – «Jo, wir schaffen das», lautet die prompte Antwort. Wirklich interessant wird es in dem Moment, in dem man diesen Spruch wieder zurück ins

Englische übersetzt. Im englischen Original heißt es nämlich vor jeder Sendung: «Can we fix it? – Yes, we can!» – Lesen Sie das nochmal: «Yes, we can!» Barack Obama hat sich offenbar bei der Wahl seines Wahlkampfmottos von Bob dem Baumeister inspirieren lassen! Er wurde auch schon darauf angesprochen und hat es nie dementiert. Aber auch nie ausdrücklich bestätigt. Ich befinde mich also mit meiner Quelle in sehr guter Gesellschaft.

Natürlich sind wir dafür verantwortlich, wie wir die Welt sehen. Das meine ich, wenn ich konstatiere: Wir sind ein Produkt unserer Gedanken und dafür verantwortlich, welche Richtung wir ihnen geben und welche Ziele wir verfolgen. Dennoch wird es immer noch den Faktor X geben, den wir nicht beeinflussen können. Nennen Sie ihn Schicksal, Glück, Karma – wie immer Sie wollen. Lassen Sie mich an dieser Stelle eines ganz deutlich machen: Ich möchte hier *nicht* die Frage beantworten, ob es Zufälle gibt oder nicht. Die ist so komplex, dass allein ihre Beantwortung ein ganzes Buch füllen würde. Aber nur eines: Denken Sie an das Wunder von Bern. Bei der Fußballweltmeisterschaft 1954 hat der Außenseiter Deutschland gegen den Favoriten Ungarn 3 zu 2 gewonnen. Und: Es regnete an diesem Tag, was ein klarer Vorteil für die deutsche Mannschaft war. Noch heute reden Fußballfans von Fritz-Walter-Wetter, wenn es während eines Spiels schüttet. Macht Ihnen aber umgekehrt ein plötzlich eintretendes Ereignis einen Strich durch Ihre schöne Planung, dann halten Sie sich nicht damit auf, zu fragen, warum diese Sache ausgerechnet Ihnen passiert. Dieser Gedanke wird Sie nie weiterbringen. Noch schlimmer: Er bremst Sie aus, weil Sie sowieso keine Antwort bekommen werden. Denken Sie an den Nachtfalter. Es bleibt Ihnen nichts weiter übrig, als die Gegebenheiten zu akzeptieren und die neue Ausgangslage zur Basis Ihrer weiteren Gedanken und Handlungen zu machen. Nur das Meistern von Schwierigkeiten macht wirklich stark.

Dank

Danke von Thorsten an:

Ulrike Meiser und Barbara Laugwitz für die hervorragende Zusammenarbeit und die stets konstruktiven Anregungen – es hat mal wieder großen Spaß gemacht.

Christiane und CaViMa.

Marc Stöckel, der bundesweit meine Interessen vertritt (und darüber hinaus).

Helen Monschan.

Meine Mutter für Ihre Unterstützung.

Meinen Vater, von dem ich viel gelernt habe, was in diesem Buch steht.

Mathias Fischedick – dafür, dass er Mathias Fischedick ist.

Michael Rossié – für diejenigen, die ihn kennen, braucht es keine Erklärung, für diejenigen, die ihn nicht kennen, wird keine Erklärung ausreichen.

Matz Leichtle, ohne den man mich auf der Bühne weder sehen noch hören würde.

Sybille Hörl, die ich beim letzten Mal vergessen habe.

Wolfgang Niedecken – ich habe mich selten so über eine Karte gefreut.

Sandra Hentschel für gelbe M&Ms und Single Malt auf der Bühne.

Jack Shepert, Kate Austen und Sawyer, Jack Bauer.

Er weiß Dinge, die andere nicht wissen!
Er sieht Sachen, die andere nicht sehen!
Er hat Fähigkeiten, die unerklärlich sind!
Er ist „Der Gedankenleser".

THORSTEN HAVENER

Jetzt erleben!

- Galashow
- Vortrag
- Tagesseminar

...und natürlich auf Tournee!

**Mehr unter
www.thorsten-havener.com**